Heinz Grill

Der Archai und der Weg in die Berge

W0295218

Heinz Grill

Der Archai und der Weg in die Berge

Eine spirituell-praktische Anleitung in der Ergründung der Wesensnatur des Berges

Für Wanderer, Kletterer und Alpinisten, die die tiefere Seite des Bergsteigens suchen

Bibliografische Information Der Deutschen Bibliothek
Die Deutsche Bibliothek verzeichnet diese Publikation in der Deutschen Nationalbibliografie; detaillierte bibliografische Daten sind im Internet über http://dnb.ddb.de abrufbar.

Copyright 2002 bei
Lammers-Koll-Verlag e.K.
Leopoldstraße 1
D-75223 Niefern-Öschelbronn

2. Auflage 2002

Alle Rechte vorbehalten
ISBN 3-935925-65-4

Titelfoto: Der Hochkönig - Florian Kluckner
Pflanzenfotos: Martin Sinzinger

Druck: Vochezer-Druck, D-83301 Traunreut

Inhalt

Öffentliche Vorträge

Bergberichte aus der früheren und späteren Jugend

Anmerkung des Herausgebers:

Die öffentlichen Vorträge und ein Teil der Bergberichte wurden aus dem Buch: Karl Elberg »Vom Wesen des Berges«, Bergberichte und philosophische Betrachtungen von und über Heinz Grill, Soyen, 1998, übernommen.

Die in Klammern angezeigten Seitenzahlen geben Verweise auf später erscheinende Textstellen, die das Verständnis erleichtern und zur Vertiefung beitragen sollen.

Einleitung

Liebe Leser,

dieses Buch erscheint für ein erstes Lesen unter Umständen schwierig, da viele Gedanken nicht ganz genau nach unserer gewöhnlichen Logik und Denkart formuliert sind. Vielleicht müssen manche Kapitel bis zu zehn mal gelesen werden, bis sie ihren verborgenen Sinn, der im Wort enthalten ist, offenbaren. Das Buch entspricht in den ersten beiden Teilen einer Studienlektüre, und erst im dritten Teil öffnet es sich mehr zur Unterhaltung und allgemeinen Erzählung der Erlebnisse.

Es ist bei allen Ausführungen, Übungen, Beispielen und Vergleichen, die in diesem Buch vorgeschlagen werden, der Geist oder die Spiritualität in das Denken hineingelegt, die mit einer stillen Meditation den Mittelpunkt, die Absicht und die Führung über den Gedanken bilden. Aus dieser primär geistigen Sichtweise erscheinen viele Bezüge für den Intellekt ungreifbar oder zumindest anders als wir sie nach der Gewohnheit wahrnehmen. Mit diesen Beschreibungen sollen jedoch keine neuen Gültigkeitsprinzipien und Bergsteigerpostulate aufgestellt werden, sondern nur einmal eine Anregung aufgezeigt sein, wie über die gewöhnliche Denk- und Sichtweise metaphysische und offenbarende Analogien gebildet werden, die schließlich das innere Erleben am Berg bereichern können. Die geistige Sichtweise besitzt aber zunächst immer diesen verschlüsselten Charakter. Eine längere Beschäftigung mit den Inhalten ist deshalb immer erforderlich.

Wenn sich der Leser diesem Buch vorurteilsfrei hinwendet und über einige längere Zeit Gedanken und Eindrücke darüber bildet, wird er in seine innere Seite des Seelenlebens geführt, in der er die verborgene Beziehung entdeckt, die in der Tiefe seines Herzens ruht und die er, in einer individuellen Weise gehalten, zu der Materie und den Bergen besitzt.

Heinz Grill

Die Szene der Zeit im Sportklettern – ein Verlust der natürlichen Empfindung

Die Berggipfelerlebnisse gewähren einen Ausblick über die Täler und eröffnen eine weite, freie Sicht über die vielen Spitzen, Türme und Grate. Je höher ein Gipfel über den Wolken ruht, desto mehr Weite und freie Sicht gewährt er dem umherschweifenden Auge. Dieser freie Ausblick, der hoch oben über den konventionellen Verhältnissen des Alltages gewonnen wird, eröffnet zumindest für wenige Augenblicke für das innere Erleben eine tiefe Ruhe, eine entspannende Zufriedenheit und ein gewisses Gefühl des Angekommenseins oder auch des Von-der-Materie-Befreitseins. Wer auf einem hohen Gipfel einmal angekommen ist, wird sich leichter ohne schlechtes Gewissen und ohne beklemmende oder treibende Gefühle niedersetzen, denn er hat jene mühsame Wegstrecke hinter sich, die ihn Schweiß und Atem kostete. Auf dem Gipfel ist der Mensch zumindest einmal ganz oben angekommen, er hat für diesen Tag sein Ziel erreicht und kann sich leichteren Mutes eine Rast gönnen. Der freie Ausblick von einem Berggipfel über die Täler und Hänge hinweg öffnet aber auch für die Seele, die in den feinsten Gefühlen des Herzens ruht, eine Erinnerung über die existente und doch verborgene Wahrheit: Das menschliche Leben ist in der innersten Wirklichkeit nicht von der Erde und ihren Zugriffen, sondern von der überirdischen, unendlichen Feuerflamme des Geistes abhängig.

Das Gipfelerlebnis ist ein Symbol oder eine Art Gleichnis, das zu dem inneren Menschen spricht und ihm seine seelischen Bedürfnisse nach Freiheit oder Befreitsein widerspiegelt. Die Berge schauen ihren Besucher an und offenbaren ihm im Stillen ihr verborgenes Geheimnis. Sie sind eine Welt des Rhythmus, wohlgeordnet in ihrer Melodie, genau abgestimmt in der Tonlänge. Einmal sind die Grataufschwünge wie eine Prim, dann länger, wie eine Sekund oder wie eine Terz. Die langen Flanken sind schließlich wie Septimen oder Oktaven. Wenn die Berge den Menschen anschauen, so blickt ihn ein hohes Auge der Weisheit mit unendlichem Rhythmen an, und wenn der Bergsteiger an den Wegen und Steiganlagen höherturnt, kann er in seiner Antwort gar nicht anders, als musikalisch zu empfinden. Doch es bleibt bei all den inneren Gleichnissen der Rahmen des Erlebens und der wirkliche Erfolg über den Gipfel nur in jenem inneren Eingeständnis, das sich der Bergsteiger selbst zugestehen kann. All dasjenige, was der Bergsteiger dem Berg entgegenbringt, wird er bei sich selbst wieder in einem stillen Strom der Antwort erhalten. Viele der Erlebnisse bleiben unter der Schwelle des Bewußtwerdens und prägen dennoch die individuelle Natur des Bergsteigers mit den entsprechenden Eindrücken und dem intuitiv verborgenen Wissen. Wohl würden die meisten Bergsteiger, wenn man sie fragen würde, aus welchem Grunde sie auf diesen oder jenen Gipfel steigen, keine wirklich plausible Antwort geben können, außer derjenigen, die ihrem eigenen Wunsche oder Drängen eigen ist. Die Bergsteiger besitzen eine willentlich treibende Sehnsucht nach einer höheren oder zumindest anderen Welt, die sie auf elementare Weise im Gipfelsieg und manchmal auch in den verschiedenen Formen der Leistung und Selbstbestätigung erfüllt finden. Sie sind Menschen des Suchens, leidenschaftliche Helden des Abenteuers, rastlose Pioniere der Erde, die ihr Herz in den Bergen verloren haben und manchmal so ganz von deren rhythmischem Geist eingenommen sind.

Vielleicht mögen viele der suchenden Menschen, die in den Bergen auf irgendeine Spielart unterwegs sind, ihre höchste vorstellbare Genugtuung und Zufriedenheit finden, und vielleicht mögen viele im Rausch der Taten jene elementare Stärkung ihrer Persönlichkeit entwickeln, die sie für das weitere Leben zu reiferen und verantwortungsvolleren Bürgern macht. Die Beobachtung der Verhältnisse, wie sie im Bergsteigen und den Szenen des Wanderns, Kletterns, Trekkings und hochalpinen Bergsteigens stattfindet, zeigt aber mehr und mehr ein Erfolgstableau, das sich zunehmend mehr in ein Wettkampfprinzip oder in Äußerlichkeiten des Erlebens verliert.

Würden wir von dem heutigen Standpunkt die Atmosphäre beim Bergsteigen einmal mit jener Atmosphäre, wie sie vor zwanzig Jahren noch gelebt hat, vergleichen können, so würden wir den unmittelbaren Unterschied bemerken. Diese Atmosphäre, die freilich nur der empfindsame Beobachter in seinen feineren Gefühlen des Herzens bemerkt, hat sich ganz besonders in den letzten Jahren erheblich verschlechtert. In den Bergen, und ganz besonders in jenen Gebieten, wo viele Kletterer, Wanderer oder Besucher unterwegs sind, neigt sich eine fahle Unruhe hernieder und zeichnet die Wege, Felsenriffe und Wiesenhänge mit einer anstrengenden, grauen Leere. Die Elementargeistigkeit der Natur zieht sich zurück und dadurch entschwindet der natürliche, zauberhafte und behagliche Mantel der Atmosphäre (siehe Seite 96). Diejenige Tendenz, die allgemein als eine Entfremdung im gesamten Gesellschaftsleben spürbar ist, korrespondiert in gewisser Weise mit diesen Rückzug der Geistigkeit, die sowohl in der Natur als auch im Herzen des Menschseins ist. Dieser Verlust der so angenehmen Elementargeistigkeit der Erdensphäre ist wie ein Verlust der Märchenwelt, jenes Zwergenparadieses von unendlichen Helfern, die die Naturschöpfung beleben und bewegen und ihr eine zauberhafte, erquickende Frische verleihen. Das lockige Haar der Natur und ihre Schönheit, Unschuld und Eleganz lösen sich auf. Unter dieser Entfremdung und Geistleere leiden wir Menschen, ohne daß wir es genau in der Ursache benennen können. Wir finden nicht mehr die rechte Erholung und belebende Freude, wir finden aber auch nicht mehr die natürliche Form der Kameradschaft, die erfüllte Zufriedenheit in der Bewegung und die rechte Ruhe in der Beschaulichkeit der Sinne. Die gesamte Atmosphäre in den Bergen und Klettergebieten hat sich in den letzten Jahren dramatisch verschlechtert.

Die Elementargeistigkeit ist der schützende Mantel der Erde (Bild Seite 113). Es fühlt sich diese unsichtbare Geistigkeit für denjenigen, der einen sensitiven Sinn hat, an, wie ein wärmendes Kleid, das immerfort eine zauberhafte Geborgenheit nach außen verkündet. Dieser Verlust der natürlichen, zauberhaften Sphäre, der sich im allgemeinen in der Natur und ganz besonders auch in der Bergwelt zeigt, ist jedoch nicht zurückzuführen auf eine besondere Eigenart der Natur selbst, sie ist vielmehr eine Antwort auf das Verhalten von uns Menschen. Dieses Verhalten, wie wir uns früher und heute innerhalb der Natur bewegen, hat sich doch ganz entschieden zu Ungunsten einer schönen, impressiven Atmosphäre gewandelt. Die Störungen, die sich im ökologischen Gleichgewicht ausdrücken, sind letzten Endes auf viel tiefere Störungen zurückzuführen, die sich in dem Elementarmantel der Erde befinden. Diejenigen Maßnahmen, die durch den Naturschutz heute geleistet werden, können noch nicht ganz das ökologische Gleichgewicht herstellen, wenn nicht jener wärmende und bergende Elementarmantel der Erde aufgebaut wird. Für diese innere Ökologie oder für jenes innere Gesundwerden der Erde und der Berge bedarf es einer tiefgründigen menschlichen Aktivität, einer Aktivität, die sich mehr auf gebende und versöhnende Weise dem Berg annähert. Der Berg, die Natur und der Mensch bilden miteinander eine tiefe Einheit. Die Natur und die Berge sind aber in ihrer Eigenart mehr jene Schöpfungen, die passiv bleiben, während wir Menschen die Möglichkeit zu verschiedenen Aktionen und willentlichen Betätigungen und damit zu erheblicher Einflußkraft ausüben können. Je nachdem, was wir der Natur und den Bergen entgegenbringen, so wird ihre Antwort in einer freudigen Wärme und harmonischen Ökologie uns wieder entgegengehen. Es ist tatsächlich ein tiefes Gesetz, daß all dasjenige, was wir an Gedanken, Empfindungen und Werken in die Schöpfung hineinbringen, uns selbst wieder aus der Schöpfung entgegenatmen wird. Der Verlust der Elementargeistigkeit, der sich in bedrohlichem Maße zeigt und im weiteren Sinne das ganze ökologische Gleichgewicht der Erde stört, ist ein Ausdruck für die einseitige und in das extreme sich neigende Haltung des Menschseins. Auf den verschiedenen Gebieten des Bergsteigens müssen wir deshalb wieder zu neuen Beziehungsmöglichkeiten und einer mehr gebenden Haltung im Herzen finden. Durch eine rechte Haltung können die Berge ihre Elementargeistigkeit neu erbauen. Die Elementargeistigkeit in ihrer Qualität und in ihrem lebendigen, quantitativen Strömen unterliegt jenem Gesetz, das auf relativ einfache Weise faßbar ist. Wenn wir Menschen an die Natur denken und die Natur empfinden lernen, so erbaut sich in ihr auf ganz natürliche Weise die schützende Elementargeistigkeit auf. Je mehr Gedanken aus einer natürlichen und gewählten Aktivität in die Schöpfung hineinfließen, um so mehr gewinnt der Wärmegürtel in der Schöpfung ein Erkraften. Je weniger wir aber an die Natur, an die Wege, an die Berge und ihre Elemente denken, um so weniger können sie von uns zu ihrer Erhaltung einen Nutzen ziehen. Das Denken ist in Wirklichkeit auch ein Empfinden und Wahrnehmen. Es ist ein Sehen und Erkennen.

In früheren Zeiten, als die Technik des Klettersportes noch nicht so weit entwickelt war und die Sicherungsmethoden ebenfalls nur in dürftiger Art anwendbar waren, mußte sich der Kletterer mit weitaus mehr Einfühlungsvermögen, Beobachtung, Phantasie und Auffindungsgabe in die Wand oder Route hineinleben. Seine Hände lernten das felsige Gelände eingehendst kennen und sein Auge glitt an den Ritzen und Leisten entlang, damit es die Möglichkeit zum Schlagen von Haken ausfindig machen konnte. Die Erkundung einer neuen Route in pionierhaften Leistungen war niemals ein leichtes Unternehmen, denn man mußte sich auf wagnisreichen Wegen vorwärtstasten, die manchmal auch unerwartete Schicksale eröffneten. Wie viele Stunden mußte ein Hias Rebitsch, ein Peter Aschenbrenner oder ein Hans Dülfer am Berg in Gedanken vollbringen, damit er jene Phantasie einer idealen Linie entwickelte und jene Bedingungen, die real vorherrschten, im richtigen Sinne einschätzen konnte? Der Gedanke mußte am Berge ruhen, und mehr sogar noch, er mußte hineindringen bis in die Tiefen der düsteren Kamine, Risse und Ritzen, damit der rechte Materialaufwand auf bergsteigerisch-ökonomische Weise bestimmt werden konnte. Die Holzkeile mußten dem Riß entsprechend passen, und die Haken mußten in die Ritzen mit ihrer Größe hineindringen, die Seile mußten lang genug sein, und der Standplatz konnte nicht auf beliebige Weise inmitten einer Platte erfolgen. Der Bergsteiger mußte sich mit der rauhen Materie des Berges intensivst konfrontieren, damit der Berg auch wirklich seine Linie einmal freigeben mochte. So verbrachten die großen Pioniere der früheren Bergsteigerzeit bis etwa zu den sechziger, ja, nahezu noch siebziger Jahren viele Stunden in Gedanken am Berg, bis sie ihn schließlich mit beiden Händen in pionierhafter Tat zu packen wagten. Der Gedanke glitt immerfort aus dem eigenen Inneren hinüber in eine Welt der Weite, und das Erlebnis öffnete sich, mehr die Materie berührend, von innen nach außen, gleichsam von dem eigenen Erlebens- und Gedankenraum hinaus in die Natur.

Die Leistung, die am Berge vollbracht wird, hat dabei für die Entwicklung eines gesunden Empfindungslebens sehr wenig zu sagen. Sie wird immer ein angemessener Faktor unseres eigenen Tuns sein. Durch die Entwicklung tieferer Empfindungen über die Naturschöpfung und über ihre Elemente, über ihre Äußerungen und über ihre verschiedenen Gesichter, können sich neue Möglichkeiten eines erfüllteren Bergsteigens entwickeln, die sich sowohl für uns Menschen als auch für die Berge heilsam erweisen. Der Gedanke, der aus der reiflichen Auseinandersetzung mit der Natur entflammt und den Berg berührt, ist jene Seele, die sowohl die Atmosphäre reinigt, als auch die innere Reife des individuellen Geistes ermöglicht. Der Gedanke, den wir denken, und das Gefühl, das wir kreieren, ist für den Berg ein Hauch der schaffenden Sphäre und dieser wird für eine zeitlang bleiben.

Die innere Bedeutung von Wandern, Klettern, Alpinismus und Skifahren

Es gibt beim Bergsteigen die verschiedensten Formen der Disziplin und Möglichkeiten des Erlebens. Die bekanntesten Arten des Bergsteigens sind einmal das Wandern, dann das hochalpine Bergsteigen mit Ersteigung von Gipfeln und Höhen, die Eis und Schnee tragen, dann die in den letzten Jahren so bekannte Felsensportart, das Felsklettern, und schließlich das Skitouren-Bergsteigen. Die Bergsteiger suchen sich meist nach ihren Anlagen und Fähigkeiten die geeignete Disziplin, die sie dann mit Vorliebe aufsuchen, aus. Manche suchen aus Sympathie die Winterregionen und andere suchen mit Vorliebe die sommerlichen Kalkfelsen des Südens. Jeder Bergsteiger sucht aber neben einer äußeren Leistung ein Spiel mit der Materie, die er in einer Konfrontation und Berührung mit ihr erlebt. Im Inneren der Seele lebt sich ein Bergsteiger bei seiner Betätigung in eine tiefere Verbindung mit der Materie hinein. Die Materie oder das Element ist ihm so sehr verwandt, daß er es immer wieder unbewußt aufsucht.

Zu den vier genannten Bergsport-Disziplinen, die im allgemeinen bekannt sind, gibt es vier charakteristische Elemente oder materielle Formen: Der Skifahrer sucht das Element des Schnees. Er erfreut sich an dem pulvrigen Weiß. Der Kletterer sucht das Element des Kalkes und des ganz Festen und lebt sich in Gedanken in das Felsige hinein. Der Wanderer aber sucht den Weg als seinen Gedanken, den er mit einem Gehen in die Ferne verbindet. Der Alpinist aber will vorwiegend das Massive und Feste, die direkte Materie der Erde, den Gipfel als Monolithen oder die gediegene Formstruktur der Berge selbst.

Durch die verschiedenen Elemente und ihre Eigenarten ergeben sich die unterschiedlichsten Erlebensformen. Dieses Erleben bleibt jedoch fast immer im Untergründigen verborgen. Der Skitouren-Bergsteiger sucht tatsächlich das Element des Schnees. Die berauschenden Gefühle einer schönen Winterabfahrt im Tiefschnee mögen vielleicht im Moment die Faszination und Anziehung zur Tourenplanung geben. Das ist aber nur der äußere Beweggrund, der das Handeln motiviert. Der innere Anlaß, der den Ski-Bergsteiger durch die Täler und über die Hänge, über die

Kämme und Firnstufen leitet, ist in Wirklichkeit eine Suche nach einer tiefen, verlorengegangenen Geborgenheit. Der Schnee vermittelt ein Gefühl der Wärme und eine leise Erinnerung an die einstmals verflossene mütterliche Wärme. Diese Suche nach Geborgenheit würde der Ski-Bergsteiger jedoch niemals zugeben wollen, denn er ist meist viel zu sehr Abenteurer und viel zu sehr mit der Eleganz einer gelungenen Abfahrtsspur, die er im Tiefschnee hinterläßt, beschäftigt. Die Berührung mit dem Schnee gibt jedoch ein Empfinden von mütterlicher Wärme und Geborgenheit. Zu dieser Geborgenheit sehnt sich der Ski-Bergsteiger insgeheim zurück.

Ganz anders ist jetzt der Wanderer, der mehr den Boden und die Weite auf der Erde auswählt. Das Wandern ist ein Hinausgehen von der mütterlichen Welt in die Weite. Es ist der Weg hinweg von einem Zielpunkt zu einem ferneren, neuen Zuhause. Das Wandern ist gekennzeichnet durch den Weg und seinen sich unendlich fortsetzenden Verlauf (Bild Seite 114). Dieses Wandern hat sich in den jüngeren Jahren von den Alpenregionen hinüberverlagert in die Form des Trekkings, das im Himalaya und auch in anderen Gebieten der Erde stattfindet. Der Wanderer hat in sich eine insgeheime Sehnsucht, die ihn zur Wahl des Weges führt und ihn von einem Punkt hinweg zu einem weiteren, entfernteren bringen möchte. Der Wanderer will mehr seine Heimat verlassen. Sein Spiel am Berge gilt dem Weg selbst. Er sucht den Weg um des Hinweggehens willen. Er sucht die Braut im Erleben des Weges, denn der Weg ist wie eine Braut der Seele.

Eine ganz andere Motivation bringt der Kletterer, der felsige Regionen aufsucht, in seinem Inneren mit. Man könnte meinen, daß der Kletterer als seine primäre Sehnsucht die luftigen Regionen wählen möchte, aber das ist nicht ganz im Sinne der wirklichen, tiefen Empfindung, die in den Kletterherzen ruht, denn die Kletterer, vor allem die Alpinkletterer, haben vor allem Luftigen einen ungemeinen Respekt und eine heimliche Angst. Der Kletterer sucht, so makaber dieser Ausdruck auch auf den ersten Blick klingen mag, den Tod. Dieser Begriff des Todes darf jedoch nicht in direkt wörtlichem Sinne verstanden werden. Es ist dies nur eine innerste Empfindung, die in den innersten Regionen der Seele lebt und so viele auch junge Personen heute zum Felsklettern motiviert. Der Tod bedeutet in einer tieferen Analogie mit dem Leben gedacht so viel wie das Auffinden eines Neubeginns und einer größeren Freiheit. Es ist dies mehr die Freiheit der Seele oder das Freisein von einem körperlichen, begrenzenden Leben. Die Konfrontation mit dem festen Felsenmaterial, sei es nun ein Kalk oder ein Granit, ein poröser Mergel oder funkelnder Kiesel, stellt an den Kletterer insgeheim eine unmittelbare Herausforderung dar, die er nur mit dem Zurückweichen seiner selbst und seines Körpers bewältigen kann. Der Körper muß sich letzten Endes doch dem Felsen anpassen, und nicht umgekehrt. Der Fels in seiner harten Beschaffenheit spiegelt dem Menschen den Tod am deutlichsten wider und zeigt ihm insgeheim Möglichkeiten der Freiheit. Bergsteiger, die mit Vorliebe die Felsen aufsuchen, wollen jenes tiefe, mystische Erleben des Todes oder Ablösens vom körperlichen Dasein näher für sich kosten. Sie müssen deshalb nicht einen Hang zu einem Draufgängertum oder eigenartige lebensabweisende Gefühle besitzen, dies sei gar nicht mit diesen Worten ausgesagt, sie suchen vielmehr ein anderes Leben, eine Art jenseitiges Leben, das sie innerhalb dieser Gefühle und Begrenzungen nicht finden können. Deshalb suchen sie auch die ekstatischen Gefühle am Berg gleichsam als einen Ersatz für das, was sie im gewöhnlichen Dasein und innerhalb der körperlichen Möglichkeiten des Erlebens nicht leicht finden können. Insgeheim sucht der Felsengeher aber mit der Materie des Felsens in sich ein Erlebnis des Ablösens von sich selbst.

Wieder ganz anders ist die innere Motivation des Hochtouren-Bergsteigers und Eisgehers. Das Eis ist eine etwas andere Materie als der Schnee. Der Schnee vermittelt mehr das mütterliche, geborgene und warme Leben der Erde, während das Eis mehr ein Empfinden von gediegener Festigkeit und gewordener Materie verdeutlicht. Der Hochtouren-Bergsteiger mag in seiner Grundfeste über eine pionierskräftige Willensanlage verfügen, und er mag vielleicht in großartigen, langen Aufstiegen und abenteuerlichem Gelände seinen Gipfel erringen, in der Seele sucht er aber die Erde und das Eingebundensein in die Erde. So hoch, wie seine Gipfel auch sein mögen, die er immer wieder in neuen Anläufen erringt, so tief fühlt er sich doch in seiner Seele hingezogen zu der heimatlichen Nähe des Bodens der Erde. Das wird aber auch der Hochtouren-Bergsteiger sich nicht leicht eingestehen können, denn in Wirklichkeit leugnet der Hochtouren-Bergsteiger in seinen äußeren Gefühlen meist nichts mehr als die Konventionen und Traditionen der

Zeit, sowie all dasjenige, was ihn an die Erde binden möchte. Aber es ist eine tiefe Wahrheit, die sich in einer Disziplin wie bei der Bergsteigerei ganz offensichtlich ausdrückt. Dasjenige, was wir Menschen suchen, wollen wir auf Umwegen erlangen. Das Bergsteigen ist der glückliche oder auch unglückliche Umweg. Wer noch einen Hauch von Individualismus in seinem Wesen trägt, kann mit dem, was die Welt anbietet, nicht ganz zufrieden sein. Die Konventionen sind zu starr, zu einseitig oder langweilig für den Individualisten. Dennoch aber lieben wir im Allerinnersten dasjenige, dem wir durch die Bergsteigerei zu entfliehen suchen. Eigentlich möchte der Alpinist die Tiefe seiner irdischen Heimat finden und die Erde gewinnen. Aus diesem Grunde steigt er geradewegs über den Umweg seines Wollens so hoch hinauf. Er steigt höher hinauf als alle anderen und will die Täler hinter sich wissen, in der Seele aber liebt er insgeheim eine Nähe zur Erde, die er in einer Liebe zu den Gletschern, Eiswänden, Wächten und Hochgraten der alpinen Berge erlebt.

An diesen vier Beispielen sehen wir recht deutlich, wie wir in der Seele insgeheim nach tieferen, verbindenden und geistigen Zielen des Lebens trachten und uns mit Vorliebe an eine bestimmte Art der Materie hingeben. Im Bergsteigen kann die Materie wie in einem Spiel erlebt werden, oder sie kann in berauschenden Leistungen und haarsträubenden Abenteuern ihren Ausdruck nehmen. Doch trotz all dieser äußeren Verhältnisse bleibt eine innere Sehnsucht und ein fortwährendes Suchen nach einem tieferen Geist.

Bewußtseinsübungen für Bergsteiger und Berginteressierte

Allgemeine Bedeutung einer Bewußtseinsübung

Eine Bewußtseinsübung, wie sie in diesem Kontext verstanden wird, ist eine unbenannte Liebe zu der Materie. In unserer Zeit, die von sehr mächtigen Wogen des intellektualistischen Denkens aus einer geordneten Mitte gerissen wird, erscheint es sehr wertvoll, wenn zu den verschiedenen Spielarten und Freizeitgestaltungen des Bergsteigens eine entsprechend sorgfältig gewählte Übungsweise geleistet wird, die eine innere Einordnung und ein bewußteres Wahrnehmen zu den jeweiligen Interessensgebieten ermöglicht. Diese Übungen sollten nicht mit dem Training, das Kletterer und Alpinisten betreiben, verwechselt werden, denn dies ist nur der körperliche Aspekt einer Übung. Hier werden aber mehr seelische und mentale Übungen vorgeschlagen, die mit einem körperlichen Training nicht sehr viel zu tun haben. Diese mentalen Übungen geben dem Bewußtsein eine innere Einordnung und führen das empfindsame Herz zu einer freudvolleren Öffnung gegenüber der Außenwelt. Klar gebildete und erdachte Gedanken öffnen die verborgene Herzenstüre und bringen die unruhig treibenden Emotionen der rein an die Wünsche gebundenen Mentalität zu einem ruhigen Zurückweichen. Übungen, die im richtigen Sinne und in einer konkreten Form ausgestaltet sind, ordnen, ganz einfach gesagt, das Seelenleben, öffnen die Empfindungen und geben dem Körper einen ruhigen Schimmer von Anmut. Sie sind Übungen, die über die Ausgestaltung und Formung des Bewußtseins das ganze Wesen ordnen und verfeinern.

Für die Zeitdauer einer Übung ist es notwendig, daß ein Rahmen von minimal zehn bis etwa zwanzig Minuten maximal erscheint. In dieser Zeit wird dem Bewußtsein eine ganz spezielle Richtung gewiesen, die es in der Regel normalerweise nicht einnehmen kann und will. Es ist das Bewußtsein vergleichbar mit einem Strom Wassers, der beständig abwärts entsprechend seiner Schwerkraft treibt. Dieser Strom Wassers bedarf nun einer Kanalisierung, damit er sich nicht im uferlosen Gelände verliert, und er bedarf dabei weiterhin noch einer gewissen andersartigen Leistung gleich einer Pumpleistung, die das Wasser nun aufwärts entgegen der Strömung zu seiner Quelle zurückbringt. So im Bilde verglichen erscheint auch der Ablauf einer Übung, die einerseits eine Kanalisierung der Gedanken und andererseits ein schöpferisches Entwickeln von ganz bestimmten gedanklichen Vorstellungen erfordert. Die gedachten Bilder und Vorstellungen mögen manchmal für unsere natürliche, gewohnheitsmäßige Mentalität nicht sogleich logisch erscheinen. Damit der Übende aber eine tatsächliche Einkehr in die tieferen Empfindungen seines Herzens und in die verborgenen Wahrheiten der Schöpfungen gewinnt, darf er nicht jener oberflächlichen Logik verfallen, die in der Regel unser ganzes materialistisches Dasein trägt, sondern er muß sich viel genauere und vor allem im Zusammenhang wohlgeordnete Eindrücke verschaffen, damit er hinter der sichtbaren Erscheinung das übersinnliche Wesen oder größere Geheimnis erfahren lernt. Die Übungen sind in ihrer wahren Bedeutung eine Disziplinierung des Bewußtseins und stellen eine Erweiterung der Gedankenkapazität in jene Richtung der innersten Wesenhaftigkeit des Gedankens dar. Der Übende nähert sich für die Zeitdauer von zehn oder auch maximal zwanzig Minuten einer Wahrheit an, die im Verborgenen ruht und sich auf oftmals paradoxe und schwer erkenntliche Weise in ihrem äußeren Sinnendasein ausdrückt. Obwohl diese Übungen eine gewisse Anforderung und auch im Moment anstrengende gedankliche Wachheit voraussetzen, schenken sie meist schon nach den ersten Wiederholungen eine angenehme, subtile Ruhe und ein Gefühl des sicheren Empfindens. Der Übende gewinnt meist schon nach wenigen Wochen ein Gefühl, daß er auf dem richtigen Wege ist und daß sein Innenleben sich mehr und mehr gegenüber der Außenwelt weitet.

Eine mentale Übung im richtigen Ansatz und mit einer natürlich präsenten Wachheit ausgeführt, führt zu Achtsamkeit gegenüber dem eigenen Ich. Die Achtsamkeit gegenüber dem eigenen Ich schenkt eine Weite im inneren Raum und führt immer zu einem angenehmen Gefühl des Eingeordnetseins in ein Weltenganzes. Im gewöhnlichen Leben gleitet das Bewußtsein auf ganz autonome Weise hinüber zu den Objekten der Außenwelt, berührt sie, konsumiert sie oder ergreift sie mit irgendeiner Art Geste und Aktion. Durch diese introvertierten und doch konkreten Übungen der Seele aber wird sich das Bewußtsein erst der feineren und ganz andersartigen Welt, die verborgen hinter dem sichtbaren Schleier ruht, gewahr. Es ist dies eine andere Welt, ausgedrückt in einer einstrahlenden Zuordnung des Denkens und Wahrnehmens und erfüllt von einer subtilen, bewegten Freude. Es ist diese verborgene Dimension für das eigene Wesen unbekannt und deshalb geheimnisvoll. Durch das Bewußtwerden jener geheimnisvoll lebenserfüllten, ätherischen Region innerhalb der Weltenschöpfung kann kein anderes Fühlen als Einordnung in eine ganze Welteneinheit entstehen. Eine richtige Übung führt zu Achtsamkeit gegenüber allen Menschen und gegenüber den Wesen in der Gesamtheit der Schöpfung. Der Übende fühlt sich selbst wie unberührt von allen Aktionen und er fühlt sich in einer gewissen Weise jungfräulich, er fühlt sich zunächst schon einmal fremd und auch manchmal etwas heimatlos. Er fühlt sich aber auch gleich leicht und in einem gewissen Sinne von fremden Flügeln getragen. Jene schweren, begehrenden Motive, die der Mensch im gewöhnlichen Leben mit einem eigenen, ungestümen Anspruch unternimmt, können durch die größer entflammende Bewußtheit nicht mehr aufrechterhalten werden. Das jungfräuliche Fühlen ist wahrhaftig ein subtileres und konkretes Gewahrsein und schenkt gleichzeitig den ersten Hauch zu einer Reinheit in der Persönlichkeit. Die daraus resultierende Achtsamkeit gegenüber dem Ich bildet den Grund- und Eckstein in einem seelisch-geistigen Entwicklungsprozeß.

Einige Grundsätze zum Üben

Manche sehr fleißige Personen, die diesen Weg beschreiten, klagen nach einiger Zeit über die Mißerfolge ihrer Übungen. Die Gedanken und Gefühle, die sich im Laufe dieses gesamten Weges entwickeln, bleiben weiterhin mehr oder weniger wie ein undurchsichtiger Urwald, in dem noch keine so rechte Differenzierung von Gefühlen der Wahrheit und Gefühlen der Illusion möglich ist. Einbildungen können mit Realitätsempfindungen verwechselt werden. Eine natürliche Ordnung im Denken und Fühlen entsteht jedoch, wenn sich der Übende vor Beginn seiner Betrachtungen und Überlegungen das Verhältnis des ewigen Geistes zur Materie in das Bewußtsein rückt. Es ist dies das Verhältnis von einem unsichtbaren geistigen Leben, das man sich in der Regel bildhaft oberhalb oder übergeordnet vorstellt zu einem sichtbaren, physischen, stofflichen Leben, das sich in der Regel wie eine untere Dimension im Bilde ausgestaltet. Diese Vorstellung von einem oberen und einem unteren Leben ist genau genommen nicht ganz richtig, denn das, was man so landläufig als den Himmel oder das Jenseits oder die übergeordnete geistige Sphäre der höheren Hierarchien bezeichnet, ist nicht eine räumlich entfernte Region, sondern es ist eine verborgene, geheimnisvolle und damit innere Bewußtseinsschicht unseres Menschseins. Zur Erleichterung und ganz konkreten Vorstellungsentwicklung muß sich jedoch der Übende mehr dieses einfachere räumliche Bild von einem oberen Geist und einer unteren stofflichen Welt vorstellen. Jede Reaktion und jede Erscheinung, seien sie nun von gröberer oder feinerer Art, seien sie nun innerhalb des menschlichen Lebens oder innerhalb des elementaren und vegetativen Lebens, besitzen eine Ursache im Geiste. Der Geist ist vor dem Leben und vor allen Erscheinungsweisen, die das Leben bietet. Der Geist ist der Anfang und die Ursache allen Schaffens und Werdens. Er ist der unmittelbare Täter, der den Tatbestand in dem werkschaffenden Ausgestalten der Welt vollbringt. Dieser Täter ist aber nicht ein physischer Bürger, und er ist nicht ein äußeres Instrument, sondern ein unmittelbarer Bewußtseinswerdevorgang aus einer weisen Intelligenz und höheren Substanz. Der Täter ist ein geistiges Bewußtsein.

Nun stelle man sich für das Üben immer folgende Situation vor: Es ist ein einzigartiges, intelligentes Weben und Leben eines schöpferischen Geistes, das in die Tat hineingeht und selbst bei sich in unmittelbarer Freiheit tätig ist. In allen Erscheinungen, die das Auge wahrnimmt und die Sinne erfühlen oder erfahren können, liegt die tätige Schaffenskraft des Geistes. So wie ein Schreiner ein Möbelstück durch die Gedanken und durch seine handlungsfähige Berufskraft entwirft, entstehen gewissermaßen auch die Pflanzen und elementaren Naturerscheinungen. Der Schreiner könnte ein Möbelstück nicht entwerfen, wenn es nicht die tätige Schaffenskraft eines schon bestehenden Gedankens geben würde. Der Gedanke ist in sich selbst die grundlegende Idee, die sich aus einer weisen Intelligenz durch die entsprechenden Instrumente der weltlichen Möglichkeiten entwickelt. Der Schreiner ist dabei nur jener, der den Gedanken empfängt und ihn in die Tat umsetzt. Der Gedanke selbst jedoch ist Geist. Der Geist wird zu einer Materie, er nimmt eine physische Gestalt an. Dieser Vorstellung sollte sich ein Übender ganz bewußt hingeben, denn all dasjenige, was das Auge wahrnimmt, ist eine geschaffene Form eines einzigartigen und ewigen Geistes. Es ist die in die

Tat gekommene, unmittelbare Täterschaft des Geistes, das ausgegossene Gut von Gedanken, die einmal von höheren Weisheiten kreiert und gedacht wurden. Wenn diese Vorstellung vor Beginn einer Übung aufgenommen wird und eigenständig innerhalb einer ganz konkreten Gedankenstruktur wie ein Bild vor die Seele gerückt wird, entsteht eine erste Einordnung und natürliche Empfindung zur Schöpfung.

Weiterhin kann sich der Übende die Frage stellen, warum er selbst das Tätigsein des Geistes nicht wahrnehmen kann. Über allen Erscheinungsformen und irdischen Begebenheiten herrscht ein Schleier, der die eigentliche schöpferische Wahrheit des tätigen Geistes nicht offenbaren will. Dieser Schleier macht die Augen, wie es im evangelischen Sinne heißt, blind, und die Ohren für das wirkliche, feinere, melodiöse Wirken des einen, ewigen Zuströmens an Geist taub. Die Antwort auf diese Frage, warum wir das eigentliche und beständige Wirken dieses tätigen Geistes nicht sehen, ist relativ einfach, denn wir können uns vorstellen, daß wir immerfort in einer Eingebundenheit in diesem Geiste sind. Wir sind wie ein kleiner Tropfen Wasser, der in ein unendliches Strömen und Fließen eines treibenden Wassers eingebunden ist. Als Menschen sind wir tatsächlich ein unmittelbarer Teil des Geistes und sind uns selbst als ein Glied in der Schöpfung kaum bewußt. Durch diese Gebundenheit in die integrale Wirkungssphäre des tätigen Geistes, sehen wir nur den äußersten Rand einer Wirkungssphäre, und das ist die stoffliche Welt. Die stoffliche Welt ist nur das Ergebnis des tätigen Geistes, aber es ist nicht das Tätigsein des Geistes selbst.

Diesem Eingebundensein sollten wir uns am Anfang einer Übung bewußt sein, denn sonst besteht die Gefahr, daß wir fortwährend innerhalb dieses Eingebundenseins nur die äußersten Verhältnisse kennenlernen und innerhalb dieser nach den Wahrheiten suchen. Die erste Disziplin für das Üben ist deshalb ein Ruhigwerden gegenüber den eigenen Gefühlen und Gedankenregungen, so daß ein Bewußtseinszustand in die Erfahrung gelangt, in dem wir selbst der Zuschauer oder Zeuge eines Tatbestandes werden können. Für alle diese hier genannten Seelenübungen bedürfen wir der ruhigen, kontemplativen und dennoch sehr disziplinierten Klarheit eines Heraussteigens aus den üblichen Gewohnheitsmustern und aus dem Eingebundensein in vorgefertigte Gefühle. Wir dürfen nicht nur Mittäter und damit ein ausführendes Instrument für den größeren Geist sein, sondern müssen uns ruhig auf die beobachtende Warte gleich eines Zeugen begeben, der den Tatbestand im neutralen Sinne wahrnehmen lernt. Wenn diese Disziplin, die anfangs etwas schwierig ist, mit der gehörigen Ausdauer, Klarheit und feinfühligen Distanziertheit entwickelt wird, können die für uns erfahrbaren Tatsachen des Lebens, die zwar für die Sinne leicht identifizierbar sind, aber in ihrer inneren Dimension rätselhaft bleibende Expressionen tragen, zu einer Deutung gelangen.

Wenn jene Fähigkeit einer inneren Ruhe, feinfühligen Distanziertheit und heiteren, gelassenen Beobachtung gegenüber den Erscheinungsweisen entwickelt wurde, sollte innerhalb dem gedanklichen Aufbau eine weitere Disziplin, die heute ebenfalls für die meisten Menschen sehr schwierig ist, Beachtung finden. In der Regel geben sich heute die meisten Menschen mit den ersten Eindrücken, die sie über eine Sache oder über einen Tatbestand des Lebens vorfinden sogleich zufrieden. Es ist selbst in vielfacher Weise die Wissenschaft, die sich bereits mit äußeren Ergebnissen, die sie von einer stofflichen Untersuchung ableitet, zufriendengibt. Dadurch nehmen die Forschungen einen sehr einseitigen und materialistischen Weg an. Das Leben und seine Erscheinungen spielen sich jedoch nicht an der Oberfläche ab, sondern es liegen ihnen Umstände zugrunde, die innerhalb verschiedener Tiefen erforscht werden können. Die tiefste Tiefe ist die Einzigartigkeit des Geistes selbst. Dieser Geist aber, der einmal war und in das Werden der Schöpfung übergegangen ist, benützt die verschiedensten geistigen Hilfskräfte, die namentlich Engelswesen und Wesen des Elementarreiches sind. Mit Hilfe dieser höheren Mächte und Einflüsse tritt der ursprüngliche Gedanke in die Verfestigung und stoffliche Manifestation hinein. Der Übende muß deshalb von dem stofflichen Ausgangspunkt, den das Auge vernehmen kann, mit seinen Gedanken noch eine tiefere Stufe in die Hintergründe des Geschehens eindringen. Es ist praktisch gesehen ein tieferes Beobachten, das nur noch auf einer gedanklichen Ebene eintreten kann, das derjenige, der höhere Erkenntnisse entwickeln möchte, benötigt. Nehmen wir hierfür ein ganz einfaches Beispiel, damit dieser Punkt besser in ein Bewußtsein rückt. Stellen wir uns vor, ein Schreiner erstellt ein Möbelstück. Wir erhalten einen Tisch. Der Tisch ist aus Fichtenholz und die Tischplatte selbst ist aus Buchenholz gezimmert. Wir sind selbst erfreut über die gelungene Kombination, denn der Tisch erscheint uns von seiner natürlichen Farbe und Formation sehr gut und künstlerisch gewählt. Nun wissen wir aber noch nicht, warum der Schreiner gerade jene Komposition von Buchenholz und Fichtenholz für die Anfertigung des Tisches gewählt hat. Die Forschung, die nun beginnen kann, damit wir zu einer besseren Identifizierung der Idee des Schreiners kommen, muß damit eine Stufe tiefer angesetzt werden. Der Schreiner könnte ja das Buchenholz aus Verlegenheit gewählt haben, da ihm das Fichtenholz ausgegangen ist, es könnte aber auch sein, daß der Schreiner ein sehr gutes künstlerisches Feingefühl hat und damit gerade mit Bewußtsein diese Kombination wählte. Damit wir eine bessere Ahnung über eine irdische Konstruktion bekommen, müssen wir uns deshalb noch einen tieferen, in Gedanken erwogenen Blick, als es die momentane Stoffeswelt hergibt, aneignen. Bei der Erscheinung von Naturereignissen, von Naturschauspielen oder allgemein von verschiedenen Begebenheiten, die sich in unserer Schöpfung vollziehen, müssen wir deshalb diese Disziplin eines tieferen gedanklichen Hineinschauens entwickeln. Dies geschieht durch anhaltend längere Konzentration. Dabei bleiben wir bei der Übung immer der beobachtende, in sich selbst ruhige Zeuge. Wir treten aus dem Tätersein des regen Geistes und damit aus unserer unbewußten Rolle heraus (siehe Seite 145 ff.).

Schnee, Regen und Wind und ihre geistigen Sinnbilder

Je tiefer die Erscheinungen der Naturschöpfung in das Bewußtsein rücken, um so mehr wird sich der Übende bewußt, daß alles Sichtbare eine gewisse Widerspiegelung oder manchmal Umkehrung von dem ist, was einstmals im Geistigen war. Wir sehen selbst die Welt spiegelverkehrt oder durch die Gläser einer ganz eigentümlichen Brille, die den wirklichen Täter des Geistes verschleiert. Nehmen wir hierzu sogleich ein praktisches Beispiel, damit diese eigenartige Umkehrung, die von unserem eigenen Verhältnis zu der Materie oder, besser gesagt, von unserem eigenen Blickwinkel zur Materie besteht. Die eigene Blickrichtung von uns selbst verschleiert die Wirklichkeit der Erscheinung. Als Bild kann die Naturerscheinung des Schnees, des Schneefalls oder des winterlichen Schnees ganz allgemein dienen. Wenn wir die Ursache im Geiste, die dem Phänomen des Schnees zugrundeliegt, suchen wollen, so dürfen wir nicht davon ausgehen, daß wir sie direkt über die Beobachtung der alleinigen Stoffeswelt finden. Eine längere Reihe von weiteren Beobachtungen und Gedanken sind notwendig, damit sich das Bewußtsein in ein empfangendes und ruhiges Verhältnis zu der Antwort geben kann. Die Antwort über das wirkliche Bild, das dem Schnee zugrunde liegt, kann durch das eigene Innere letztendlich nicht erfolgen. So können wir als Übende uns nur in eine klare Einordnung und in tiefere und präzisere Gedanken hineinbegeben, damit wir einmal über die ausgeprägte Ruhe und Schärfe der Gedankenbildung das geistige Ergebnis erahnen und im Bewußtsein selbst empfangen lernen. Der Schnee trägt eigentümlicherweise das Sinnbild der Wärme. Der Schnee offenbart mit seiner Impression ganz tief den Charakter der Wärme. Seine Erscheinung ist der Ausdruck der Wärme. Der Schnee ist Wärme.

An diesem Beispiel sehen wir deutlich, wie ein schnellfertiges Urteil, das aus den oberflächlichen, ersten Gefühlen entstehen könnte und das mehr den äußeren, nervlichen Wahrnehmungen entspräche, den Schnee als die Region der Kälte bezeichnen würde. Hier aber zeigt sich bereits die erste eigenartige Umkehrung, die vom Geist zur Materie besteht. Die Kälte ist nur die sensible Nervenreaktion, die der Mensch in sich spürt, wenn er auf Schnee stößt und Schnee in den Händen hält. Vorerst ist das Gefühl eine Kälteempfindung und somit ein Frösteln. Die tieferen Gedanken aber zeigen bereits in die Richtung der Antwort, die sich über längere Zeit der Kontemplation immer besser und klarer herausformen wird. Dazu sind folgende Bilder und Überlegungen wichtig: Während der Winterzeit ruht die Erde mehr in stiller Verlassenheit gegenüber den kosmischen Welten. Das Licht zieht sich weit zurück, und mit dem Licht ziehen sich die Wärmeeinflüsse der Sonne zurück. Während dieser sonnenarmen Wintertage neigt die Erde nahezu zu einem Erstarren. Dieses Erstarren ist aber nicht wirklich der Fall, denn wenn die Winterwolken aufziehen, so schüttet sich eine neue Materie aus. Diese Materie ist der Schnee. Sie gibt einen Schutzmantel für die Erde und sie kleidet die Berge wie auch die Landschaften in ein weiches Kleid. Der Schnee ist die Antwort auf den Rückzug der Sonne, und so ist der Schnee das Bild der Wärme, das dem Menschen und der Erde gegeben wird. Es ist dies wie ein feiner Ausgleich, eine Art Gnadengabe für die kalte und starre Zeit des Winters. Tatsächlich wird jener, der ein feinfühliges Herz besitzt, den Schnee als eine Gabe empfinden und sich an ihm erfreuen. Er wird die Gabe der Wärme empfinden, die die Schöpfung ausschüttet und die die

Seele im Inneren auf feinste Weise zu einem inneren Sonnenleben erwärmt. Der Schnee ist das Sinnbild der Wärme.

An diesem Beispiel zeigt es sich, wie wir über die äußeren Eindrücke und Empfindungen eine Stufe hinausgehen müssen, damit wir das tiefere Geschehen erfassen und anhand einer kreativen Selbstempfängnis die lautere Realität erkunden. Ein weiteres Beispiel zeigt sich an der Naturerscheinung des Regens. Der Regen hat wieder eine ganz andere Bedeutung als der Schnee. Den Bedeutungsunterschied kann der Bergsteiger schon erfühlen, wenn er nur einmal die verschiedenen Stimmungen betrachtet, die mit dem Regen auf der einen Seite und mit dem Schnee auf der anderen Seite verbunden sind. Beide Naturerscheinungen unterscheiden sich ganz wesentlich in ihrer Empfindungswelt. Sicherlich wird der eifrige, tatendurstige Bergsteiger mit den Regentagen niemals ganz glücklich sein, denn er wird an diesen in der Hütte festgehalten. Das ist aber nur die äußerste Gefühlsstimmung, die ein Bergsteiger haben kann, und die er wohl auch mit einer gewissen Unzufriedenheit belegen wird. Die inneren Gefühlsstimmungen, die den Regentagen zugrunde liegen, sind ganz andere. Mit dem Regen tropft das Wasser aus den Wolken herunter auf die Erde, bewässert diese und führt somit zu einem weiteren, fruchtbaren Wachstum. Die Wolken entleeren sich, sie geben ihre Feuchtigkeit aus der Luft hinab zur Erde. Je dunkler die Wolken sich am Himmel ballen, um so mehr türmt sich meist auch ihr feuchtes Wesen auf und hält das Licht in Schach. Die Spannungen, die sich am Himmel bilden können, neigen sich oftmals zu Gewitterschauern. Mit dem Regen aber tritt wieder die ersehnte Ordnung ein, so daß sich die luftige Sphäre reinigt und das Wesen ihrer Feuchtigkeit in die Erde hineindringen kann. Der Regen bringt wahrhaftig eine Reinigung, eine Art Katharsis. Diese Reinigung spürt das sensitive Gemüt, indem es mit dem Regen Ruhe empfindet. Mit der Sphäre der Luft reinigen sich auch die leidenschaftlichen Gedanken und Eiferungen des menschlichen Verstandes. Der Regen ist eine Wohltat, er bringt eine verloren gegangene Ordnung zurück, denn er führt das aufgestiegene Wesen der Feuchtigkeit wieder herab zu seinem Ausgangspunkt, und das ist die Erde. Die Bergsteiger freuen sich nicht gerade über den Regen, doch insgeheim sehnen sie sich doch nach ihm, denn sie lieben ihn mehr als sie sich dies eingestehen. Bei Regen denken die Bergsteiger mehr an die Berge als bei Sonnenschein.

Man könnte nun glauben, daß jede Naturerscheinung für sich gesehen eine ausschließlich positive und im Weltenganzen einzigartige und förderliche Bedeutung hätte. In einer gewissen Weise ist das wahr, dies ganz besonders, wenn die Phänomene in einem Weltenganzen gesehen werden. Insofern müßte jedes Naturschauspiel ebenfalls für den Menschen von bester Bedeutung sein. Dies kann aber nicht immer in eindeutiger Weise gesagt werden. Das sehen wir an dem folgenden Beispiel des Windes. Der Wind kann Positives und Negatives bewirken. Er wird von den einen geliebt und von den anderen verabscheut. Für den beschaulichen Bergsteiger ist der Wind in der Regel ein gewisser Feind. Wohl mögen viele jugendliche und auch leidenschaftliche Bergsteiger den Wind als abenteuerlichen Kompagnon im Bergaufstieg schätzen, denn er trägt den bitteren Ruf der Leidenschaft in seiner Bewegung mit sich. Jener aber, der die Berge um ihretwillen aufsucht und einen erholsamen Ausgleich, eine angenehme Ruhe und einen Abstand von den nervlichen Belastungen sucht, wird den Wind als tatsächlichen Feind erleben. An sehr heißen Tagen kann sicherlich der Wind einen kühlen Hauch der Erfrischung geben, er ist aber auch jener, der sehr leicht zu einer Erkältung und zum Rheumatismus führt. Der Wind ist ein Bote, der neue Prophezeiungen für die Veränderungen des Lebens bringen möchte. Er ist der immer bewegte, rastlose, niemals zufriedene Geselle, der den Menschen gerne etwas an dem Kragen ziehen und ihm seine Unruhe aufdrängen möchte. Der Wind raubt die natürliche Inneneinkehr und die friedvolle Konzentration. Er ist das Nervenkitzel schlechthin, das nichts mehr ablehnt, als wenn sich die Menschen zu früh zur Ruhe setzen. Aus diesem Grunde ist der Wind ein Gegner der Meditation und auch, im einfacheren Sinne, ein Gegner aller Entspannung und Ruhe. Wenn sich die Seele, und das ist ganz besonders beim Bergsteigen der Fall, tiefer mit der Materie und in Form von Gesundheit und Ausgleich auch mit der eigenen Leiblichkeit versöhnen möchte, kommt der Wind von hinten an den Bergsteiger heran, zupft ihn und schlüpft in seine Kleider, bis seine Seele erneut zur eifernden Aktion und somit zu einer Unruhe getrieben wird. Auf diese Weise ist der Wind tatsächlich ein Mammon für den Menschen, vor dem er sich gerne mit Mütze und hohem Kragen schützen möchte. Im allgemeinen wollen die Bergsteiger auf ihren Wegen jene tiefe Erfüllung eines harmonischen Friedens finden, der auf der einen Seite Entspannung schenkt und auf der anderen Seite eine tiefe Nähe zur Natur eröffnet. Wenn der Wind aber zu brausen beginnt, wird der Wanderer auf seinen Wegen schneller marschieren und sich in den Schritten verspannen, und der Kletterer wird mit unkontrollierter Hast die Hände an den Felsen legen. Der Wind möchte tatsächlich die Seele aus dem Menschen herausreißen. Er ist wie ein Unruhestifter, der keine gelassene und friedvolle Hingabe des Menschen zu der Erde dulden kann. Er ist der Versucher des Menschen und der leidenschaftliche Weggefährte des Bergsteigers.

Übungen zur Entwicklung von Ehrfurcht für Kletterer und Bergsteiger

Die erste Bewußtseinsübung betrifft die Tourenplanung. Die Tourenplanung findet in der Regel zu Hause mit dem vorhandenen Führer und der Informationsliteratur statt. Die Kenntnisse, die der Bergsteiger in der Vorausplanung zu seiner Tour entwickelt, geben ihm während der Besteigung eines Berges wertvolle Sicherheiten über die Wegführung, über das Gelände und über das Zeitmaß der Bergtour wie auch über den Abstieg. In der Regel beschäftigt sich der Bergsteiger aber sehr wenig mit dem Beziehungsverhältnis, das er selbst zu dem Berg und der Berg zu ihm als Antwort einnimmt. Durch eine rechte Tourenplanung, verbunden mit einer mentalen, inneren Bewußtheit, kann dieses Beziehungsverhältnis näher in das Bewußtsein rücken und eine weitere Sicherheit und ein gutes Gelingen für die Tour fördern. Zu der Tourenplanung gehört wohl immer die rechte Einschätzung der subjektiven, eigenen Bedingungen im Körper und in der Psyche sowie auch die objektive Inkenntnisnahme der verschiedenen Verhältnisse am Berg. Ganz besonders sollte bei der Tourenplanung, wie auch jeder Bergsteiger aus seinen Erfahrungen weiß, die Bewahrung der Sicherheit eines Abbruches oder Rückzuges in der Tour miteinbezogen werden. Auf diesen Rückzug oder auf die Rückzugsmöglichkeit sollte der Kletterer, wenn er in alpine Wände hineinsteigt, ganz besonders achten. Diese Überlegungen, die der Kletterer unternimmt und vorsichtig auskalkuliert, sind sehr wichtig, da sie dem Wesen der Ehrfurcht und der Ehrerbietung einem Größeren gegenüber gerecht werden. Der Bergsteiger, der allzuleicht dem Eroberungsdrange verfällt und den Berg als ein Objekt bezeichnet, das er mit seiner Besteigung besiegen möchte, ist in Wirklichkeit immer in einer gewissen Gefahr, ohne daß er es weiß. Der Bergsteiger sollte sich aber ganz bewußt herantasten und den Berg so betrachten, daß er sich selbst einen Rückzug von ihm freihält. Je genauer Überlegungen und Vorstellungen über einen möglichen Rückzug aus der Wand kalkuliert werden, um so mehr nimmt der Bergsteiger bei seiner Tourenplanung eine Haltung ein, die man bezeichnen kann als geordnet oder, ganz allgemein, als einer natürlichen Ordnung entsprechend.

Mit diesen Gedanken über den Rückzug ist jedoch gar nicht so sehr das äußere Sicherheitsgefühl und jene Angst vor dem Ausgeliefertsein am Berg gemeint, sondern mehr die innere Haltung, die der Mensch allgemein auf den Wegen am Berg beziehen soll. Der Mensch gibt sich der Schöpfung hin, und so gibt er sich in die Hände des Berges. Er widmet sich freiwillig einer abenteuerlichen Dimension des Erlebens und setzt sich schwindelnden Höhen aus. Dieser Ausgesetztheit, der er sich für eine gewisse Zeit seines Lebens widmet, sollte er aber das nötige Gefühl des Respektes und der Dankbarkeit, ja, der Wirklichkeit des Ausgeliefertseins entgegenbringen. Er sollte sich nicht erobernd auf den Berg begeben, sondern auf leisen Schritten sich in die Welt der Vertikalen tasten und in dieser ein ruhiges Maß des In-der-Höhe-Seins fühlen.

Eine Tour sollte im idealen Falle mehr von dem Wesen des Berges ausgehend geplant werden. Wir sollten nicht zu einseitig von unserem Können und unseren Fähigkeiten das Tourenziel erstellen, sondern im idealeren Falle die Beweggründe, die Faszination und Anziehung, die Ästhetik und die rechte Ausgangssituation vom Berg selbst ableiten. Damit diese doch recht eigentümliche Ausgangsplanung gelingen kann, muß dem Berg eine gewisse Priorität und eine doch recht reale Autorität eingeräumt werden. Der Berg darf nicht allein das Objekt unserer Besteigung sein, sondern er muß zu einem lebendigen Gegenüber mit einem übergroßen Haupte und mächtigen Körper werden.

Das positive und zufriedene Gelingen einer Bergtour hängt von verschiedenen Faktoren ab. Neben den äußeren Voraussetzungen und der inneren Entschlossenheit zum Gipfel, sollten auch die inneren Gefühle der bescheidenen Hingabe und der Ehrfurcht eine Berücksichtigung finden. Diese Gefühle, die wir dem Berg entgegenbringen, tragen im wesentlichen zu einem guten Gelingen der Bergtour bei. Sie unterstützen die bleibenden Erinnerungen und die wirklichen Erfahrungen, die wir am Berge machen. Das tiefe Gefühl der Ehrfurcht, das den Bergsteiger immer in seinem Herzen begleiten sollte, hütet ihn vor einer zu großen Verstiegenheit. Dieses Gefühl der Ehrfurcht, das eine wahrhaftige Tugend und Reife des Menschseins darstellt, ist der größte Sicherheitsfaktor, den ein Bergsteiger bei seiner Tour haben kann.

Bei dieser folgenden Übung sollte der Bergsteiger, der seine Tour oder Kletterroute plant, sich ganz bestimmten Gefühlsstimmungen hingeben, die er vorweg einmal über sein Vorhaben in Gedanken konstruiert. Man denke dabei, wie leichtfertig eine Klettertour im Caféhaus entschieden werden kann, dort, wo man in gemütlichen Runden beisammensitzt und mehr von berauschenden Abenteuern träumt. Die Träume und Wünsche sind nicht leicht mit der wirklichen Größe des Berges vereinbar. Der Kletterer sollte sich deshalb ganz besonders bei der Planung einer Klettertour einmal die schwierigsten Passagen vor Augen rücken und sich eine innere Vorstellung aneignen, wie er über diese schwierigen Passagen hinüberklettert. Ganz inniglich und bewußt sollte er sich dem Gefühl hingeben, daß diese schwierigsten Stellen außerordentliche Anstrengung kosten und ihm die letzten Kraftreserven abverlangen. Der Berg wirkt in dieser Gedankenerwartung mächtig, die Risse bäumen sich steil auf und die Überhänge lauern bedrohlich. Der rostige Sicherungshaken an der entscheidenden Stelle sollte nicht vergessen werden. Bei der Vorstellung über die schwierigsten Schlüsselstellen dürfen durchaus die Hände zur Schweißbildung neigen. Die Wand sollte in der ganzen Steilheit, Schroffheit und mit ihren abweisenden, extrem exponierten Stellen empfunden werden. Selbst der Schweiß des Aufstieges und die Anstrengung sollte bereits vorweg in einem lebendigen Gefühl durch die Glieder fluten.

Indem auf diese Weise lebendige Empfindungen durch die Vorbereitung fließen, entsteht über die Tage und Nächte hinweg bis hin zur Absolvierung der Tour eine innere, individuelle Kraft zu mehr tugendhafter Ehrfurcht. Je mehr die Ängste vorweg erlebt wurden und lebendige Stimmungen über die Steilheit der Wand mit ihrem bedrohlichen Gesichte zur realen Empfindung gelangt sind, desto mehr wird am Tage der Bergtour eine doch freundlichere Aufnahme durch den Berg geschehen. Der Berg wird sich für diese vorbereitenden Stimmungen, die in der Seele geleistet wurden, mit einer gastfreundlichen Empfangsbereitschaft revanchieren. Der Kletterer wird am richtigen Riß entlang nach oben turnen, und er wird in der Verschneidung den entscheidenden Haken an der richtigen Stelle vorfinden. Die Gefühle, die in der Tourenplanung auf diese Weise, wie eben geschildert, gepflegt werden, bereiten ein rhythmisches und zufriedenes, von angenehmer Nähe getragenes Gelingen in der Tour vor.

Diese Übung sollte von einem Kletterer, der sich alpinen Wänden, oder auch von einem Bergsteiger, der sich schwierigeren Flanken und Graten oder Gletscherregionen hinwendet, gemacht werden. Das Ziel dieser Übung ist nicht, daß wir uns eigenartigen, angstberauschenden Vorstellungen hingeben und in uns mit diesen ein vollkommen falsches Persönlichkeitsgefühl der Bescheidenheit ausprägen, sondern daß wir tatsächlich eine möglichst reale, wenn auch vielleicht vorweg etwas übertriebene Realitätsempfindung leisten. Dadurch ordnet sich jenes Verhältnis von Wünschen, Träumen und Sehnsüchten zu dem wirklichen Willen in der tätigen Natur. Der eigene Wille wird in Beziehung zum Berg geführt. Durch diese schon vorweg geleistete Realitätsempfindung kann im Nachhinein der Ablauf einer Tour weitaus harmonischer und zufriedener geschehen.

Die Tourenplanung gewinnt durch die ehrfürchtige Hinwendung, verbunden mit jenen realen, situationsgerechten Eindrücken, eine Loslösung aus dem subjektiven Eroberungsdrang, der in der Regel den Bergsteiger zu sehr aus der natürlichen Nähe des Felsens entfernt. Die Tourenplanung beginnt mehr in der Wesensnatur des Berges und seiner Eigenart und berücksichtigt das innere Ordnungsverhältnis innerhalb der physischen Ganzheit.

Übungen zur Erkenntnis des Berges (schwierig)

Eine zweite und ganz andere mentale Übung zur Erkenntnis der tieferen Bedeutung eines Berges läßt sich entwickeln, wenn man das Bild eines Berges entweder direkt in sichtbarer, authentischer Beobachtung oder in authentischen Erinnerungen über eine Photographie nimmt und sich längere Zeit mit bestimmten Gedanken in dieses hineinvertieft. Als erstes beobachte man die äußeren Eigenheiten des Berges, seine Gestalt, seine Farbe, sein Aussehen, seine Gipfelzone und sein Umfeld. Wenn der Berg eingehendst zur Kenntnis genommen wurde, so sollte über seine innere Bedeutung ein Nachsinnen entstehen. Der Betrachter geht von jenem Standpunkt aus, der besagt, daß hinter jeder äußeren, sichtbaren Gestalt ein Wesen ruht und weiterhin eine tiefere, in der Analogie kosmisch-geistige Bedeutung besteht. Die Übung erfordert für eine erfolgreiche und sinnvolle, der Gesundheit förderliche Ausrichtung ein bewußtes Entwickeln und Bilden von Gedanken. Der Betrachter darf nicht dem Irrtum verfallen, daß er aus dem Bilde oder aus der Beobachtung eine Wahrheit herauslesen kann. Aus den Bergen können wir nicht eine Wahrheit herauslesen, denn sie ist in gewisser Weise in den Bergen nur indirekt vorhanden. Es wäre dieser Irrtum in etwa dem vergleichbar, wenn man glauben würde, daß man in einem Reisebüro das Flugzeug zu seiner Auslandreise besteigen könnte. Das Reisebüro ist nur für die Buchung zuständig, während aber der Flughafen für die Abfertigung und für die Instandsetzung des Flugobjektes tatsächlich gegeben ist. Obwohl ein Reisebüro mit einem Flughafen in einer gewissen Verbindung steht, so stehen auch die Berge mit einem höheren Bedeutungssinn in Verbindung. Der Bedeutungssinn ist aber ganz dem Geiste eigen, während das sichtbare Objekt, und das ist der Berg, ganz der irdischen Welt angehört. So wie wir im Reisebüro das Flugzeug nicht vorfinden, so können wir auch aus dem Berg seine geistige Bedeutung nicht herauslesen. Der Weg, der uns zu dem inneren, tiefen Wesen des Berges und zu seiner inneren Bedeutung verhilft, führt über die bewußte Gedankenbildung in uns selbst. Damit ein brauchbares Ergebnis, das mit Zeitaufwand, Geduld und Mühe einhergeht, entsteht, bedarf es der ganz gezielten, plastisch gehaltenen und lebendig erwogenen Bildvorstellung und der wiederholten, objektiven Beobachtung sowohl zu dem Objekt als auch uns selbst gegenüber, damit wir schließlich das Wesen in seiner Entstehungsform identifizieren.

Dieser Vorgang kann etwa im Bild mit einer Waage verglichen werden. Auf der einen Seite befindet sich ein greifbares Objekt, das ein physisches Gewicht auf die Waagschale bringt, auf der anderen Seite befindet sich die bedeutungserklärende Begrifflichkeit, die nun das entsprechende Gewicht entwickeln muß, damit die beiden Schalen der Waage in ein Gleichgewicht kommen können. Die praktische Ausrichtung in der Übung geschieht in Form von wiederholten Gedanken, die wir uns in Bezug zu dem Berge bilden. In einer gewissen Weise beginnt diese Gedankenbildung mit ersten, ganz konkreten Vorstellungen. Nachdem das Objekt des Berges eingehendst über ein Bild oder in einer praktischen Anschauung beobachtet wurde, entstehen erste seelische Empfindungen, die auf die andere Waagschale gelegt werden. Auf der einen Seite der Waage steht der Berg mit seiner physischen Erscheinung, auf der anderen Seite das Bild seiner seelischen Bedeutung. Im weiteren Verlauf bedarf diese Übung einiger Geduld und Zeit, denn es folgt nun eine Art Beobachtung über die Richtigkeit der ersten Ideen, die ja nur einmal ein gewisses vorsichtiges, vorstellendes Tasten heran an eine verborgene Wahrheit ist. Wir beobachten unsere eigenen Empfindungen und prüfen diese nach der Richtigkeit. Der sich so Übende sollte durchaus über seine Gedanken eine Nacht schlafen und am nächsten Tag die Gedanken wiederholen. Indem er auch seine eigenen Empfindungen beobachtet, bemerkt er in etwa, wie die Waage sich im Gleichgewicht verhält. Ein falscher Gedanke zeigt sich mit einem Empfinden des Ungereimtseins und mit einem doch mehr oder weniger deutlichen Eindruck von Illusion. Schließlich müssen weitere Gedanken zu der Vorstellung gehoben werden und diese wieder auf die Waagschale gebracht werden. Über ein, zwei oder drei Tage hinweg beobachte man die engeren Empfindungen und achte über diese auf die Richtigkeit der angenommenen Ideen. Je mehr ein Gedanke tatsächlich einer Wirklichkeit im Sinne der seelischen Analogie entspricht, um so mehr entsteht ein Bewußtsein der Ausgeglichenheit, Harmonie und Identität. Eine tiefe Nähe zu dem Berge wird empfunden. Die Richtigkeit der Gedanken wird deshalb in einer Art Ausgeglichenheit, Nähe und Übereinstimmung wahrgenommen. Die Waage wiegt sich in die Waagrechte.

Nachdem ein erster, einigermaßen sicherer Eindruck für die seelische oder wesenhafte Eigenart des Berges errungen wurde, kann jener nochmals schwierigere Schritt in die Bildung einer Vorstellung über die geistige Bedeutung erfolgen. Bei dieser weiteren Erkenntnissuche bedarf es der Entwicklung eigentümlicher Vorstellungen, die auf den ersten Blick sehr phantastisch und realitätsfremd klingen, so als ob sie nur ein scherzhaftes Rätselspiel zum Müßiggang darstellen würden. Bei sorgfältigem Üben und ausdauernder Kontrolle der Gedanken und Eindrücke aber ergeben sich subtile und gleichzeitig in die Tiefe wirkende Erfahrungen, die das Gemüt nicht mehr loslassen wollen und den Bergsteiger mit seinem Berg, mit seinem ausgewählten Objekt der Betrachtung versöhnen. Der Bergsteiger wird den Berg als seinen eigenen Berg, als einen Teil seines Körpers, als ein Glied der inneren Identität näher erfahren.

Für diesen anspruchsvollen Erkenntnisschritt bedarf es einer bewußten Übertragung der seelischen Eigenschaften auf den Körper. Für diese Stufe ist es günstig, wenn der Übende die esoterische Lehre der sieben Energiezentren, der sogenannten *cakra*, kennt. Diese Lehre aus den östlichen religiösen Wegen gibt eine Gliederung des Körpers und der Organe in sieben Bereiche an. Diese Abschnitte können nun nicht im einzelnen eine Darstellung erhalten; es sei nur erwähnt, daß die entsprechende Gliederung eine Hilfe darstellt, wie die seelische Eigenschaft des Berges mit einem Organ, Glied oder Körperabschnitt zusammenhängt. Mit Hilfe einer detaillierten Gliederung in verschiedene Ebenen, kann nun die seelische Eigenschaft in eine Analogie zu den Feldern des Körpers gedacht werden. Manche seelische Eigenschaften lassen sich mehr der mittleren Brustorganisation zuordnen, andere mehr dem oberen, stoffwechselfreudigen Bauchraum, wieder andere dem Halsbereich und wieder andere dem Kopf- und Nervensystem. Der Erfolg einer richtigen Zuordnung hängt sehr weit von der Tiefe des entwickelten Empfindungslebens ab. Diese Entwicklung erfordert Reife und Ausdauer. Die Harmonie der Empfindungen schenkt eine Nähe und Einheit zu den Bergen. Das entwickelte Empfindungsleben ist wie das unhörbare Wiegen der Waagebalken. Es ist leise und innerlich, sensitiv und für den Augenblick des Erlebens erlösend. Der Berg ist ein Teil unseres eigenen Körpers. Er liegt in der geistigen Analogie mit Organen, Nerven, Gefäßen, Muskeln und Knochen. Jeder Berg ist einer genauen Region zugeordnet, denn es besteht eine immerwährende Einheit zwischen der äußeren Welt der Stoffe zu den inneren Welten der Seele und des ewigen Geistes (siehe Seite 188 ff.). Denken Sie deshalb einmal an den Berg und stellen Sie sich nach der erwähnten geleisteten seelischen Vorarbeit lebendig vor, wie sie auf einem Teil ihres eigenen Wesens emporklimmen. Schaffen Sie in vorsichtigen Bildern und Erwägungen diese Analogien.

Wenn eine Übung in diesem Sinne auch von langwierigen, aufwendigen und sehr unsicheren Versuchsvorstellungen begleitet ist, so führt sie dennoch zu einer besseren Unterscheidungsfähigkeit in der eigenen Vorstellungswelt und setzt dasjenige frei, was ein lebendiger Sinn und eine lebendige Sinnesbeziehung im Gedanken selbst darstellt. Wir fühlen die Wahrheiten über die Naturschöpfung, über ihre innersten Wesen und über ihre tiefen Bedeutungen, wenn wir selbst in uns die rechten Gedanken zur Wahrnehmung erheben und diese über längere Zeit im Bewußtsein bewahren. Dasjenige, das als Irrtum in unseren Gedanken lebt, wird sich mit der Zeit heraussondern, und dasjenige, was sich als richtige Wahrnehmungen und Denkmuster entwickelt hat, wird sich durch ein Empfinden der Nähe und des Einsseins mit unserer Umwelt bestätigen. So kann auf diesem Wege der bewußten, tastenden, erinnernden und bildenden Gedankenauseinandersetzung und der perspektivreichen Gedankenbildung kein wirklicher Irrtum über längere Zeit bestehen. Jener, der sich auf einem Wege, wie dieser es ist, übt, muß sich langsam erst ein Gleichgewicht im Denken aneignen und die Richtigkeit seiner Wahrnehmungen wiederholt prüfen. Er wird auf diesem Wege zu größerer Wirklichkeitssicht fähig und kann dasjenige, was falsch oder illusionär ist, von dem, was existent und realitätsbezogen ist, dies sowohl im natürlichen Verhältnis zur sichtbaren Welt als auch zu ihrer kosmischen Wirklichkeit, erkennen.

Übungen zur Empfindungsentwicklung der verschiedenen Formationen

Eine dritte und von ihrem inneren Sinn wieder ganz anders gelagerte Übung läßt sich mit einer weiteren Betrachtung entwickeln. Nehmen Sie hierfür das Bild eines Berges in das Auge, der eine auffällige Kante aufweist, und nehmen Sie weiterhin als zweites Bild einen Berg, der einen auffälligen Pfeiler in seiner Formation besitzt. Ein praktisches Beispiel könnte hierfür mit der Sciora di Fuori im Bergell (Bild Seite 115) und der klassischen Fuorikante geeignet sein, und der Pizzo Cengalo mit seinem gewaltigen Nordpfeiler, der eine riesige plattengepanzerte Rundung aufweist. Stellen Sie sich diese Bilder von einem kantigen Berg und einem pfeilerartigen Berg vor, und nehmen Sie nun eine etwas eigentümliche, ja, im Moment wieder sehr absurd erscheinende Vorstellung zum Ausgang der weiteren Übung. Stellen Sie sich vor, daß die Sciora di Fuori mit ihrer mächtigen Kante auf Sie herniederstürzt und

Sie mit der Kantenschneide im Leibe zweiteilt. Stellen Sie sich weiterhin vor, daß auch der Pizzo Cengalo mit seinem mächtigen Nordpfeiler auf Sie herniederprallt und dieser Sie mit dem Pfeiler erschlägt. Geben Sie sich der so eigentümlichen Vorstellung hin, daß Sie zweigeteilt auseinandergerissen, auseinandergeschnitten von der Fuorikante am Boden liegen, und geben Sie sich weiterhin dann dem anderen Bilde hin des Erschlagenseins vom Pizzo Cengalo, der mit seinem gewaltigen Nordpfeiler Sie zu Boden gebracht hat. Achten Sie dabei nicht auf die groteske Art dieser Vorstellungen, die ganz einem unwirklichen Phantasiegebilde entspringen, sondern geben Sie sich nur einmal ganz unkompliziert diesen Gefühlen des Zerschnittenseins und des Zu-Boden-Niedergeschlagenseins hin. Die Übung sollte für einige Tage wiederholt ausgeführt werden. Während der Tage der Ausführung sollen dabei die Empfindungen, wie sie nach innen fortwirken, zur Beobachtung kommen. Mit der Zeit wird ein Gefühl entstehen, daß diese so grotesken Vorstellungsbilder doch eine Wirklichkeit in sich haben. Sie besitzen eine geistige Wirklichkeit, die in der Physis nicht nachvollziehbar ist. Auf diese Weise bemerken Sie die Wirkung der Geister des Urbeginns (siehe Seite 173/174) und wie diese auf ihren Leib und auf ihr Wesen beständig einwirken. Ein subtiles Gefühl eines inneren Zusammenhanges, der im Geistigen zu archaiischen Wesenheiten besteht, entsteht. Sie werden bald das Gefühl bekommen, daß diese Vorstellungen, so grotesk sie auch sind, doch in dem inneren Beziehungsfeld von Mensch und Berg eine existente Realität haben. Im geistigen Sinne wirkt der Berg so wie das Bild äußerlich gesehen beschrieben ist.

Der Erfolg aller dieser Übungen hängt nicht unbedingt vom pausenlosen und vielleicht gar zwanghaften Üben ab, sondern von der Art und Weise, wie die Gedanken geschaffen und in ihrer Eigenart bewahrt werden. Der Weg mit diesen Übungen, die in weiteren Variationen und ähnlichen Mustern ausgebildet werden können, ist ein Heilsweg für die Seele. Es ist der Wille, der in erster Linie durch das Üben zum Erkraften gelangt. Indem der Wille zur Stärkung gelangt und indem bestimmte Gedanken zu einer wiederholten Pflege angehalten werden, beginnt das ganze menschliche Wesen, wie anfangs erwähnt, flußaufwärts zu schwimmen, entgegen der natürlich treibenden Stromrichtung der weltlichen Konventionen. Die Willensstärkung ist gleichzeitig eine Art Individualisierung und bringt eine tiefe Wärmeentwicklung zum Ausdruck. Der Heilsweg über die Berge führt zur Entwicklung des Geistes des Urbeginns und zur Ausgestaltung des Bewußtseins im archaiischen Sinne, das heißt, in einem tiefen Erkraften und Erstarken im Wollen. Der starke Wille erhält die Individualität, und die Individualität ist die höchste Äußerung des Menschseins (siehe Seite 160).

Der Abstieg vom Berge und die Bedeutung von Gipfelpunkt, Wiese und Wald

In der Regel wird ein Berg in seiner sinnbildlichen Bedeutung durch den Gipfelanstieg gedeutet. Ganz besonders in der älteren Bergsteiger-Literatur befinden sich verschiedene Vergleiche und erlebnistiefe Erzählungen, die die Bergsteiger auf ihren Wegen auf den Berge ahnten. Der Aufstieg auf einen Berg ist immer mit einer Sehnsucht zum himmlischen und unerreichbaren Firmament verbunden. Der Berganstieg ist die Leidenschaft der Himmelssehnsucht, die Versuchung nach dem unerreichbaren Kosmos. Der leidenschaftliche Drang nach dem Gipfel ist in Wirklichkeit nicht eine vom Leben zu trennende Sehnsucht, die nur für außergewöhnliche Bergnaturelle zutreffen würde, sondern eine Sehnsucht, die wohl im Herzen eines jeden schlummert. Es ist die eine Seite und Versuchung des Lebens.

So wie der Berganstieg auf immer größere Höhenlagen gewissermaßen eine Art Flucht vor der Welt und ihren bindenden Fangarmen ist, so ist der Abstieg hinunter in die Talgründe ein Weg in die Heimat und in den Mutterschoß der Erde. Ganz wenig wurde in den bisher aufzufindenden Schilderungen der Bergsteiger-Literatur der Abstieg von einem Gipfelpunkt hinunter ins Tal beachtet. Dieser Abstieg von oben nach unten, von einem höheren Niveau in eine tiefer gelagerte und umschlossene Talebene, ist ganz besonders bezeichnend für das Hineingehen in die irdische Welt der Festigkeit. Der Weg von oben nach unten entspricht dem, was man in einer geistigen Lehre mit Transformation oder Vergeistigung benennen würde. Der Mensch tritt in Wirklichkeit nicht von der Erde hinweg in himmlische, sonnenhafte Ebenen, sondern kehrt sich bildhaft um und strebt zu einem Mittelpunkt in der Tiefe der Schöpfung. Es ist dies eine Mitte, die weder oben noch unten, sondern das Mysterium seiner selbst und das Mysterium der Schöpfung gleichzeitig ist (siehe Seite 163).

Was ist das Erleben auf einem Gipfel? Es ist sicherlich für den, der ein natürlicher, frommer Bergsteiger ist, nicht schwer verständlich, daß jene Gefühle, die am Gipfel auf ganz natürliche Weise aufflammen, nichts anderes sind als die Gefühle der Freiheit, der Zufriedenheit und vor allem ein Gefühl des Über-sich-selbst-Hinausgekommenseins. Am Gipfel ist ein Maß der Höhe erreicht oder öffnet sich ein Eindruck einer Wirklichkeit, die als unbegrenzt zu bezeichnen ist und zumindest ein gewisses Gefühl des Nicht-im-Körper-Seins schenkt. Auf dem Gipfelpunkt ist das menschliche Bewußtsein weit hinausgegossen über die Ebenen hinweg, und es ist somit von der materiellen oder körperlichen Ebene freier. Es ist mehr kosmisch und offen für das Einströmen des unendlichen Lebens. Es wäre übertrieben, wenn man sagen würde, daß das Gipfelerlebnis ein gewisses paradiesisches Erleben spiegelt und somit nahezu der Sehnsucht des Menschenherzens gerecht werden würde. Aber es ist realistisch, wenn man von einem Gefühl spricht, das man trefflich bezeichnet mit »über sich selbst hinausgekommen zu sein« oder »sich von sich selbst einmal losgelöst zu fühlen«. Dieses Gipfelerlebnis, das jeder natürliche, fromme Bergwanderer kennenlernt, schenkt dem Selbstbewußtsein Stärke und Vertrauen und klingt meist noch einige Tage nach der Bergtour bis hinein in den Alltag nach.

Wenn aber der Bergsteiger nun über die karsten Schotterhalden den Gipfel verläßt und die ersten Wiesenhänge der gemütlichen Almweiden betritt, so fühlt er wohl, wie ihn ein warmer Sonnenschein aufnimmt und eine Art sylphenhafte Geborgenheit überströmt. Die Wiesenregionen sind wie der frohe Sonnengürtel eines Berges. Sie sind sein wärmendes Kleid. Sie laden zum Niedersetzen und einer gemütlichen Rast ein. Meist gedeihen eine Vielzahl von bunten Alpenblumen, die auf die sonnenhafte Vegetation hinweisen. Die Almweiden geben auch einen gewissen Charakter des Berges wieder, denn sie können steil und unangenehm sein, mühsam in der Wegbewältigung und schroff mit dem Berge verwachsen, oder sie können wie eine Veranda zum Liegen einladen und somit die ganz harmlose Seite des Berges verkünden. Ein, wie man in einer gewissen Art sagen kann, jähzorniger Berg, hat nicht eine angenehme Almweide in seiner mittleren Zone, sondern eine ungemütliche, meist nur für Gemsen zugängliche Wiesenvegetation, während der mehr gutmütige Berg, soweit man dies ebenfalls sagen kann, eine einladende Wiesenvegetation aufweist. Man betrachtet deshalb die Wiesenfelder und sieht an ihnen, ob der Berg mehr ein höfliches Gesicht zeigt oder ob er zornig und verbittert ist. Die Wiesen sind die Gefühlsregion des Berges und sie appellieren mit ihrem Gürtel an das Gefühlsleben des Menschen.

Der Weg von oben nach unten führt über diese Wiesenhänge nun weiter hinein in die kühlende Schattenseite des Berges, und das sind die Waldzonen. In diesen Waldzonen, in die das Sonnenlicht elfenartig hineinblitzt, herrscht meist eine angenehme Feuchtigkeit und oftmals kann ein frisches, kühlendes Wasser aus den Bächen getrunken werden. Die Wälder waren in früheren Zeiten, vor einigen hundert Jahren noch, nicht so wie heute. Heute sieht der Bergwanderer meist Nutzhölzer in Reih und Glied geordnet. Früher jedoch waren die Bergwälder mehr undurchgängige Dickichte mit Gestrüpp und Sträuchern, in denen nur wenige brauchbare Hölzer vorkamen. Die Zivilisation und Kultivierung der Hochregionen brachte in die Berghölzer eine gewisse Ordnung. Wenn einmal die Wiesen passiert sind und der Weg in die nahen Talregionen einmündet, so nimmt der Wald den Bergsteiger in der Regel ganz in sich gefangen. Es ist dies die Schattenseite des Berges, die dem Menschen aber hilfreich zur Seite steht. Man könnte diese Region der Hölzer auch als die Tugendregion bezeichnen, denn der Bergwald symbolisiert ein engelhaftes Gedankenleben, das gleich dem Mond ist, das im Widerschein der Sonne ein Licht reflektiert und doch einen kühlenden Schatten spendet. Die Tugend ist das engelhafte Leben unseres Menschseins. Dort in den Wäldern ist ein großer Schutz gegeben, nicht nur vor herabrollenden Lawinen, sondern für das innerste Gemüt des Menschen. Denn eigentlich fühlt sich das Bewußtsein nicht wohl, wenn es ständig über sich selbst hinausgehoben ist. Und es fühlt sich auch nicht wohl, wenn es ständig von der Sonne in einem liebenden Schimmer beschienen ist. Das menschliche Gemüt braucht ein viel tieferes Eingebundensein in die Materie und so braucht es den Wald als ein Eingebundensein in die Tugendwelt und in die Festigkeit eines kühlenden Schattens. Wir würden das Leben ganz oben auf einer Bergspitze gar nicht so recht ertragen wollen, denn es wäre zu weit, luftig und es wäre zu frei. Indem wir aber in den Wald einkehren, kehren wir viel mehr in die elfenartige Gemütswelt einer Geborgenheit ein, die schon viel näher dem Irdischen ist als die karsten Schotterfelder und blanken Gratkanten der Gipfel. Wir müssen auch, von der spirituell-geistigen Entwicklung her gesehen, immer wieder talwärts marschieren und in die Wälder sowie auch Talgründe eingehen, damit wir nicht gar zu sehr dem Hochmut eines idealisierten und utopischen Gefühls der Freiheit verfallen. Auf dem Gipfel, hoch oben über den Tälern, könnten wir wahrhaftig nichts tun, denn wir wären von der Erde fern und somit auch von der Realität des Daseins losgelöst. In dem Eingebundensein der Wälder und Talregionen erscheint aber das Leben mit einer ganz anderen Anforderung. Es erscheint voller Spannungen, voller Widersprüche, voller Argwohn und Belastung. Durch dieses Eingebundensein ist aber das ganze menschliche Gemüt zu einem höheren und vor allem inneren Aufstieg aufgerufen. Auf dem Gipfel könnten wir niemals die Arbeit leisten, die wir in den Tälern durch die Bedingungen und manchmal belastenden Widersprüchlichkeiten tun müssen. Der Weg unseres Lebens geht deshalb nicht nur gipfelwärts, sondern gleichzeitig auch talwärts über sonnige Weiden hinein in kühlende Wälder und mündet in enge Talgrenzen ein. In diesen Tälern ist das Zuhause des Lebens, wo die Aufgaben warten und die Ideen für die Zukunft gedeihen.

Der Weg ist ein Wechselspiel von oben nach unten, von einem größeren Über-sich-selbst-Hinausgekommensein hinein in die Grenzen und Bedingungen des Daseins. Mit jeder Erkenntnis, die einmal auf dem spirituellen Weg errungen wird und die ein Gefühl des Grenzüberschreitens und Hinausgekommenseins öffnet, erfolgt der Weg hinab über die gemütlichen, sonnigen Almwiesen hinein in die schattigen Wälder und hinab in die Talregionen des Eingebundenseins im Dasein. Dieser Weg von oben nach unten sollte viel mehr in das Bewußtsein rücken, denn es ist ein Weg, den wir aus einer größeren Weite oder Losgelöstheit des Bewußtseins hinein in eine engere Form des Bewußtseins gehen. Es ist dies der Weg der Vergeistigung, der Weg, bei dem wir unseren Geist in die Welt hineintragen. Er wäre ein tiefes Sinnbild für das, was eine christliche Nächstenliebe bedeuten kann. Es ist auch ein Weg des Opferns, ein Weg der Hingabe und ein Weg des Verzichtens. Aus dem Einmal-Hinausgekommensein geben wir uns selbst wieder in die so konventionellen und begrenzten Ebenen des Gesellschaftslebens hinein und bringen doch das innere Bewußtsein, das entstanden ist, zu den anderen hinüber. Das ganze Leben ist ein fortwährender Abstieg hinein in das Mysterium der Welt. Es ist ein Weg von oben nach unten.

Die Bedeutung von Kante, Pfeiler, Wand und Grat

Der Besucher einer Stadt oder eines Dorfes erkennt an den Kirchtürmen und ihren Formen die Zeit, in der sie entstanden sind. Die gotischen Formen mit ihren spitzen, himmelwärtsstrebenden Verjüngungen sind gegen Ende des Mittelalters entstanden, während die etwas pathetischen Formen der Barockzeit und vor allem die Bauten mit Zwiebeltürmen im 17. und 18. Jahrhundert entstanden sind. Die romanischen Kirchtürme mit ihren ganz einfach gedeckten Dächern sind dagegen schon etwa um 1000 n. Chr. erbaut worden. So sieht der Betrachter, wenn er die Kirchengebäude ansieht, an den Gestaltungsformen die verschiedenen Jahrhunderte und kann sich ein vorsichtiges Bild über die damalige Zeit und ihre Denkweise aneignen.

In einem etwas weiter hergeleiteten Vergleich lassen sich an den verschiedenen Formen, die die Felsenberge zeigen, an ihren Kanten, Graten, Pfeilern und Wänden, die Zeiten ablesen. Diese Zeiten sind jedoch große Evolutionsetappen, in denen sich Ausdrucksformen manifestierten, die heute mit einer klaren Selbstverständlichkeit sichtbar sind. Es ist der Geist der Zeit, der sich in den verschiedenen Formationen wie sie beispielsweise die vielseitigen Wandfluchten und Signifikationen von Graten und Kanten geben, manifestiert. Wenn das Auge entlang an den verschiedenen Gestaltungen der Berge gleitet, betrachtet es in Wirklichkeit die Zeit, die als ausdruckskräftige Manifestation durch die verschiedenen Strukturen strahlt. Der Begriff »Zeit« ist in unseren Augen mehr mit dem gleichzusetzen, was wir als Evolution bezeichnen. Die Evolution aber ist eine Art Erschaffung der physischen Materie, eine Entwicklung desjenigen, was Manifestation ist. Die Zeit ist deshalb ein Konzentrationsvorgang, der aus einem Geistigen ein Physisches erstehen läßt. Nicht immer war die sichtbare Materie so, wie sie heute in ihrer gediegenen, kompakten Festigkeit ruht. Sie war einmal ganz anders oder zumindest fühlte sie sich nicht so an, wie wir sie heute mit unseren Händen tasten oder berühren. Durch die Zeit entwickelte sich die Manifestation und somit die physische Form.

Der Grat, der im felsigen Aufbau mit mehreren Unterbrechungen gipfelwärts zieht, und der in den Wiesen und Waldzonen als Bergflanke sichtbar ist, zählt zu den allerältesten Geistesformen (Bild Seite 116). Der Grat ist durch seine Schneide gekennzeichnet, die zwei Himmelsrichtungen voneinander spaltet. Ein Grat, der ostwärts verläuft, trennt Norden und Süden voneinander. Etwas anders als der Grat erscheint die Kante. Diese ist steiler und meist vom Winkel her signifikanter und spitzer zulaufend. Die Kante ist die nächstältere Geistesform, sie ist jene für das Auge anziehende Äußerung des Berges, die ihn wohl am meisten in seiner grazilen Form erhält. Eine jüngere Form, die vor allem der Kletterer in seinen Gängen durch die Wände schätzen lernt, ist die Pfeilerformation (Bild Seite 117). Der Pfeiler unterscheidet sich von der Kante hauptsächlich durch sein mehr abgerundetes Wesen. Er ist häufig etwas kolossaler als die Kante, die im Gegensatz zum Pfeiler meist bizarr oder kühn erscheint. Der Pfeiler ist meist nicht eine Art isolierte Säule, sondern eine vorspringende Rundung, die eine Wandzone begrenzt oder innerhalb einer Wand eine deutliche Abhebung aufweist. Im Gegensatz zu den oftmals hervorstoßenden, schneidigen Kanten, erscheinen die Pfeiler weicher und rundlicher. Der Pfeiler ist eine jüngere Geistesform als die Kante. Das jüngste Glied einer Bergformation ist aber die Wand. Die Charakteristik einer Wand ist ihre Steilheit bis hin zur Senkrechten, in der der Wassertropfen von oben bis unten ohne Aufprall hinunterfällt, und weiterhin ist es ihre Geschlossenheit, die wie eine Mauer ein Oben und Unten und ein linkes und rechtes Ende besitzt. So sehen wir mit der Betrachtung der verschiedenen Formationen der Berge die älteren Formen an den Graten und die jüngeren an Pfeilern und Wänden. Die Zeit blickt uns mit den verschiedenen Bergformationen an.

Zu dieser sehr einfachen und bildhaften Darlegung, die mehr zu der Seele als zu dem Verstande spricht, würde sich von geologisch-akademischer Seite der berechtigte Einwand ergeben, daß die Berge doch ganz anders in der Entwicklung entstanden sind. Die geologische Forschung geht neben der Deutung von Vulkanen von jenem Standpunkt aus, daß die verschiedenen Ablagerungen aus den Meereswesen durch entsprechende Zusammenschiebungen aufeinandergetürmt wurden und somit vor etwa 140 Millionen Jahren sich die alpidischen Gebirge aus dem Meere und aus den Flächen erhoben. Diese Modelle, die die Forschungen und Berechnungen ergeben, sind, wenn sie von unserem Standpunkt aus genommen werden, richtig, sie übersehen aber das

Wesentliche des ehemalig kosmischen und in das Irdische sich hineinversenkenden Bewußtseins des Menschen, das zu dieser Zeit, und das liegt Millionen Jahre zurück, noch nicht identisch mit dem heutigen war. Aus diesem Grunde dürfen wir diese Sicht und die naturwissenschaftliche, geologische Forschung nicht ganz nebeneinander stellen, denn sie widersprechen sich in ihrer Aussage. Die naturwissenschaftliche Erklärung geht ganz von den Stoffen und ihren Entstehungsarten aus, während diese hier dargebrachte Erklärung über die Evolution und die Zeiten, die in den Formationen sichtbar sind, von der Entwicklung des Bewußtseins des Menschen ausgeht. Wir haben deshalb zwei verschiedene Betrachtungsansätze mit unterschiedlichen Zielen und unterschiedlichen Gedankeninhalten. Diese Unterschiede in der Zielsetzung und Zielorientierung einer Betrachtung der Berge sollten deshalb berücksichtigt werden.

Wenn jemand auf die Berge mit dem Auto zufährt oder von einem hohen Berggipfel hinüber auf eine andere Gebirgskette blickt, so sieht er als erstes die Grate und Begrenzungen, die Umrisse und Zeichnungen der ganz äußeren Formation. Je näher er aber an den Gebirgsstock herankommt, desto mehr kann er die Kanten, schließlich die Pfeiler und als letzes erst die wirklichen Wände identifizieren. Obwohl die Berge mit ihrer physischen Festigkeit schon früher existent waren als der Mensch in seiner Leibformation, so ist es für unsere Betrachtung, die mehr eine Art seelische und tiefere, innere, mystische Analogie erkundet, wichtig, daß wir die Berge in der Zeitenevolution so sehen, wie wir sie selbst auch einmal wahrgenommen haben. Als das Bewußtsein zunehmend zu der konkreten Wirklichkeit der Weltenschöpfung erwachte und somit das Menschsein auf der Erde begann, sah das menschliche Auge als erstes den Berg in dem Grat auftauchen. Schließlich blickte das Auge immer mehr auf die verschiedenen feineren Gestaltungen und bemerkte die Einzelheiten in der gesamten Weltenschöpfung. Das Bewußtsein erwachte immer mehr zu einer konkreten Differenzierung, und dieses Bewußtsein, das erwachte, war tatsächlich ein menschliches Bewußtsein. Indem wir die Berge betrachten und die Grate, Kanten, Pfeiler und Wände der Reihenfolge nach mit einer zeitlichen Verjüngung benennen, so bekunden wir dabei die Entstehung des eigenen menschlichen Bewußtseins. Das ist die Zeit, die am Berg sichtbar ist. Das Auge sieht am Berg die Entwicklung des einmal in den Vätern gewesenen Bewußtseins.

Alle diese verschiedenen, oftmals bunt ineinander vermischten Formationen der Berge geben unserem menschlichen Fühlen eine tiefe Stimmung und Anregung, die in der Regel so lange im Unbewußten verbleibt, bis sie durch eine entsprechende mentale Aktivität in das bewußte Wahrnehmen geboren wird. Indem aber das Auge zunehmend mehr über diese Formen streift, sie mit jenen hier vorgetragenen Gedanken wahrnimmt und in ihren entsprechenden Merkmalen erkennt, entwickelt sich ein geordneteres Empfindungsleben. Es lassen sich einfache Übungen ausführen, die die seelische Empfindsamkeit stärken und ein erstes Bewußtsein zur mannigfachen Formenwelt vorbereiten. Für die Ausführung von solchen Übungen, können die Hände als Mittel zur Sprache und als Medium zur Darstellung dienen. Die Hände beschreiben mehr bildhaft dasjenige, was die Vorstellung in Gedanken konstruiert. Die Geste mit den Händen ermöglicht die Plastizierung der gedachten Gedanken. Als erste Aktivität bei der Übung muß jedoch die Vorstellung mit ihrer übergeordneten und weisenden Bildlichkeit stehen. Wir würden uns in der Darstellung und Plastizierung einer bestimmten Form schwer tun, wenn wir keine genaue Vorstellung über die Form besäßen. Aus diesem Grunde ist für diese hier beschriebene Übungsweise die mentale Aktivität zur Entwicklung einer exakten Vorstellung wichtig. Wenn die Vorstellung einmal geschaffen ist, so kann im Nachhinein mit einer Art Geste das Bild in der Realität verdeutlicht werden. Zuerst aber erfolgt der Prozeß des Denkens und schaffenden Bildens in der Vorstellung, und dann erst folgt auf diese mentale Aktivität die Darstellung mit der entsprechenden Geste.

Stellen Sie sich einmal das Bild eines Grates in Gedanken vor. Der Grat kann steiler oder mehr geneigt sein. In der Regel ist der klassische Grat nicht so sehr aufgesteilt, denn je steiler er sich auftürmt, um so mehr nimmt er die Form eines Pfeilers oder einer Kante ein. Der Grat liegt deshalb mehr horizontal und stellt eine Art Rundung oder Schneide dar. Diese charakteristische Formation des Grates kann mit den Händen so angedeutet werden, daß man die Fingerspitzen zueinanderführt und die Hände gleichsam als die Seiten des Grates aufstellt. Dort, wo die Fingerspitzen zueinandertreffen, ist die Höhe des Grates, dort, wo die Hände mit den Handballen ruhen, befinden sich die Seiten. Wenn man auf diese Weise einen Grat bildhaft darstellt und zugleich auch eine klare Vorstellung konstruiert, so wird man damit das Bewußtsein auf den empfindsamen Eindruck der geistig potentiellen Form lenken. Ganz allgemein gesprochen heißt das, daß wir selbst einen viel tieferen Eindruck und ein viel tieferes Gefühl empfinden lernen, wenn wir eine Sache in Gedanken und auch in der Form einmal selbst erschaffen müssen. So wie ein Bildhauer eine ganz deutliche Empfindung von den Formen besitzen muß, da er sie aus dem Stein herausarbeiten möchte, so wird auch derjenige, der eine solche einfache Übung in der gedanklichen und gestikulierenden Form erschafft, eine deutlichere Empfindung von dem, was ein Grat in der Struktur aussagt, entwickeln. Die Empfindung, die der einzelne dabei entwickeln wird, ist etwa diese von einem Geteiltsein. Der Grat teilt zwei Richtungen voneinander. Der Grat ist ein Scheidepunkt. Ein Gefühl des voneinander Getrennt- oder Geschiedenseins wird in der Seele leise seinen Atem verkünden.

Anders wird die Empfindung entstehen, wenn der Aspirant sich die Mühe macht und eine Kante in der Vorstellung erschafft und schließlich in einer Geste mit den Händen zum Ausdruck bringt. Die Kante ist im Gegensatz zum Grat etwas schärfer und vor allem steilt sich ihre Formation auf. Während der Grat mehr das Horizontale oder weniger Steile darstellt, so beschreibt die Kante die aufgestellte und scharfe Vertikale. Die Kante läßt sich bildhaft mit den Händen so beschreiben, daß die Finger scharf im spitzen Winkel zueinandergeführt werden und dabei eine senkrechte Linie andeuten. Bei der Kante wird vor allen Dingen die nach vorne gerichtete spitze Winkelung betont, die zur Vorsicht vor einem Anstoße mahnt. Bei der Kante dominiert das Fühlen des Hereinragenden, des Umrissenen, des Vorspringenden. Wiederum anders aber verhält sich der Pfeiler im Gegensatz zur Kante. Der Pfeiler und die Kante bilden beide vertikale Formen, die aber durch ihre Spitze beziehungsweise Rundung voneinander verschieden sind. Die runde, weiche Seite des Pfeilers bildet mehr ein behäbiges und in sich ruhendes Element. Der Pfeiler wirkt auf die Gefühlsstimmung wie ein stabilisierendes Wesen, das Ruhe und eine Art Gleichmut erzeugen kann. Der Pfeiler läßt sich mit den Händen so darstellen, daß die Finger nun nicht zu einer scharfen, spitzen Winkelung geformt werden sondern eine Rundung beschreiben und damit das weichere Element ausdrücken.

Wieder eine ganz andere Empfindung schenkt die Wand als charakteristische Formation eines Berges. Äußerlich gesehen nimmt die Wand den

Blick mehr in sich hinein und verschlingt diesen in einer gewissen Weise. Die Wand läßt sich wohl am deutlichsten in Form einer Mauer beschreiben und auch mit den Händen so in dieser Art darstellen. Sie hat klare Begrenzungen und bildet in der Regel immer eine geschlossene, fluchtlose Einheit. Die Mauer ist für das Empfindungsleben eine Art Hindernis und trägt in sich damit einen unmittelbaren Eindruck einer Abwehr. Die Wand besitzt in den meisten Fällen doch etwas Ungeheures und erscheint wohl deshalb am deutlichsten als eine wirkliche Mauer mit der Bedeutung des Widerstandes.

Indem mit diesen durchaus sehr einfachen und doch produktiv-schöpferischen Übungen die Formationen etwas besser erkundet und differenzierter erspürt, genau genommen erfühlt und ertastet werden, entwickelt sich ein genaueres Bewußtsein, und der sich so Übende lebt sich gleichsam wie ein Künstler in die Formen hinein. Er entwickelt ein plastisches Bewußtsein für die vielerlei Gestaltungsformen und prägt eine Nähe zu den Empfindungen und Wesensseiten dieser verschiedenen Eindrücke aus, die aus einem Berg herausstrahlen.

Die Berge schauen auf den Menschen hernieder und spenden ihm ein inneres Potential an Kräften, die ganz zu seiner mehr inneren Bereicherung beitragen. Die verschiedenen Formen, die am Berg sichtbar werden, zeigen, wie erwähnt, die Zeiten und die Entwicklung des menschlichen Bewußtseins. Bereits von diesem Gedanken ausgehend, wird es offensichtlich, daß der Berg und der Mensch in der Evolution zusammengehören und bis zum heutigen Tag eine, wenn auch nur auf übersinnliche Weise bestehende, aber doch existente Einheit bilden. Für die weitere Betrachtung der Berge stellt sich die Frage nach dem Wesen des Berges selbst, was er ist und welche innerste Natur er einnimmt. In den später beschriebenen Vorträgen haben wir den Berg als einen Geist der Persönlichkeit definiert (siehe Seite 129 ff.) und ihn auch als denjenigen bezeichnet, der mit dem innersten Feuerwesen oder Feuerelement im Menschen korrespondiert (siehe Seite 173/174). Der Berg beschreibt ein inneres Potential, das sich ganz besonders in einem unsichtbaren und doch bestehenden Feuer ausdrückt. Vielleicht mag so mancher dieses Feuer darin erahnen, wenn er sich an den Umgang mit Steinen, an eine Arbeit mit Steinen, dort, wo er mit den Händen die Steine berühren muß, erinnert. Je mehr der Mensch Steine berührt, an ihnen klettert oder an ihnen meißelt und arbeitet, desto mehr entwickelt er warme Hände. Der Berg ist eine verborgene Feuerflamme, eine Art unsichtbar brennendes und glühendes Heizwerk, das beständig auf den Menschen in latenter Weise einstrahlt.

Nun dürfte aber der gesunde Menschenverstand hier den Einwand hervorbringen, daß der Berg doch eine bloße und kalte Materie darstellt, die niemals eine Wärme nach außen abgeben kann. Wer in den Bergregionen wohnt, der weiß zumindest, daß es auf den Höhenlagen kälter ist als in den Tälern und Flachgebieten. Die Berge ziehen den Schnee und die Winde heran, was ihnen schon eine gewisse rauhe und kühle Atmosphäre einräumt. Wie können die Berge Wärmelager gleich glühender, beheizter Öfen sein, wenn sie doch in ihrer ganzen Umgebung mehr Schnee und Eis tragen und barstige, rauhe, kalte Stimmungen verbreiten? Für den logisch denkenden Verstand scheint hier ein Rätsel vorzuliegen, das er wohl über die herkömmliche Analyse der Stoffe und über das normale Sinnesbewußtsein nicht lösen kann. Die Berge sind aber ganz besondere wärmende Heizlager und können auf das Selbstbewußtsein eine erbauende Wirkung ausströmen.

Das Selbstbewußtsein und das Feuerelement, das die alten Weisen als ein ursprüngliches Leben bezeichneten, gehören in ihrem Bedeutungssinn zusammen. Das Feuer ist das Selbst, und dieses Selbst ist ein großes Potential und es ist der Uranfang und wird als der Archai, als ein Geist des Urbeginns bezeichnet. Es ist dies die Begierde, das, was das Leben des Wollens darstellt. Der Archai verkündet sich in einem Blitz, und dieser ist der Uranfang allen Werdens und aller Erscheinung. Das Feuer und das Selbst mit ihrer heißen Begierde sind die Bezeichnungen für den einen Anfang, der der sichtbaren Schöpfung innewohnt.

Bitte verstehen Sie das richtig. Die Wärme der Berge in ihrem geheimen Urfeuer kann natürlich nicht von demjenigen erfahren werden, der sich nur passiv auf eine Steinplatte setzt und auf eine gewisse Ausstrahlung oder Einstrahlung von wohliger Wärme wartet. Der Berg ist tatsächlich nur einmal ein Stück Stein und wird als ein Stein nicht eine direkte Wirkung in spürbarer Form hervorrufen. Ab jenem Moment, ab dem wir bestimmte Gedanken zu dem Berg pflegen und dem Berg immer mehr in sein Angesicht blicken, so wird er uns mit seinen wärmenden Strahlen auf inniglichste und mystische Weise entgegengehen. In dieser Beziehungsaufnahme, die durch das eigene Denken und durch die innerste, gebildete, weise Vorstellung entsteht, entwickelt sich eine ungeahnte Freude und ein inneres Wärmewirken in uns selbst. Der Berg wird dabei der Untätige bleiben und uns dennoch als ein großartiges Wärmesymbol zur Anregung unserer eigenen Seelenwärme entgegentreten. Indem die Augen zu den Felsen hinüberschauen und die Gedanken mehr auf innigliche und weise Art gebildet werden, beginnt die leblose Materie doch plötzlich mit ihrem Wirkungsfeld in uns selbst wach zu werden. Welches großartige Kraftpotential ist es, das beständig durch die hohen Pyramiden oder zumindest durch Grate, Kanten und Wände geformte Felsburgen auf den Menschen hereinwirkt? Die Berge entzünden die Feuerflamme in der Seele des Menschen zu großem Begehren und großen Leidenschaften. Sie sind die Geister, die das Selbstbewußtsein stärken. Sie schauen mit ihren Gesichtern hernieder und warten auf den Blick des Menschen, der ihnen eine Antwort entgegenbringt.

So ist der Berg in Wirklichkeit ein anonym Wirkender, der über ein intensives, unsichtbares, geistiges Kraftpotential verfügt, das er auf den Menschen immerfort und diesem unbewußt bleibend ausströmen läßt. Erst dann, wenn sich der Wandersmann oder Bergkletterer ein Bewußtsein über den Berg aneignet, empfindet er die großartige Wärme, die er damit beständig aufnimmt. Diese Ausströmung des Berges an Wärme ist aber nicht elektromagnetischer Art, sie ist vielmehr ganz im Unmeßbaren einer Struktursubstanz, die das Leben in heilsame und auf die Dauer gesehen förderliche Richtungen führt. Der Berg besitzt unter allen Schöpfungselementen einen hohen und weisen Heilsauftrag, wenn auch sein Gesicht oftmals dämonenähnlich ist. Diesen hohen Heilsauftrag, der ganz im Geheimen seines inneren Wesens wurzelt, wird man aber durch seine ganz besondere Eigenart in unserer Zeit und Kultur heute noch nicht verstehen können. Dennoch kann diese geheime und archaiische Offenbarung bei viel Mühe und langer Erfahrungssuche als ein Geschenk entgegengenommen werden.

Der Berg wirkt mit seinem ungesehen Einfluß auf diejenigen inneren Strukturprozesse des Menschengeistes, denen sich der einzelne unter den gewöhnlichen Alltagsbedingungen gar niemals bewußt werden kann. Stellen wir uns einmal vor, wie das Bewußtsein im Alltag gehalten und besetzt ist, wie es von vielerlei Eindrücken hin- und hergerissen ist und den Wogen eines pausenlosen Schematismus unterliegt. Das herkömmliche Bewußtsein ist viel zu undurchlässig, kompakt und unentwickelt, als daß es jenes großartige Schöpfungsgeheimnis sogleich erahnen könnte, das mit den Bergen und den Menschen im Innersten gegeben ist. Durch die Übungen der Seele können aber diese Einflüsse leise spürbar werden, und es kann das kompakte, unbewußte und undurchlässige Wahrnehmen mit der Zeit aus seiner gediegenen Festigkeit enthoben werden und fast unmerklich in tastenden Schritten können somit die ersten übersinnlichen Geheimnisse in das Bewußtsein einströmen. Der Geist und das Wissen wie auch der Mensch erwachen in diesem lebendigen Erfahrungsprozeß.

In den Bergen sehen wir die Zeit und den Geist der Zeiten. Der Geist der Zeiten ist der Archai, und dieser ist in Wirklichkeit ein großer Urbeginn, eine Begierde, ein Beginn des Gedankens und ein Beginn des Selbst. Der Berg schaut den Menschen an, und durch die Übung der Seele beginnt der Mensch dem Berg in sein Gesicht zu blicken. So erkennt er im Berg ein Gegenüber, das in Wirklichkeit nicht fern von seiner Seele ruht. Die Zeiten werden zu großartigen Erinnerungen und Eindrücken, die die Seele leise aus ihrem dunklen Schlafe erheben. Diejenigen Formationen wie die Grate und Kanten, die dem älteren Geiste angehören, beeinflussen in der Wirklichkeit der menschlichen Seele mehr die jüngeren Vorgänge, und das sind die aufbauenden Stoffwechselprozesse. Der Kletterer, der an der Kante mit Elan und Eleganz emporturnt, seine Bewegungen im Spiel mit den Felsen genießt, fühlt sich um Jahre verjüngt. Die Wände und Pfeiler dagegen beeinflussen den Menschen geradewegs wieder auf entgegengesetzte Weise und stellen mit ihrem jüngeren evolutionären Bewußtsein die weisheitsvollen Gedanken- und Haupteskräfte dar. Wer in einer geschlossenen Wand klettert, der ist sich des Ausgeliefertseins am Berg mehr bewußt und entwickelt aus diesem latenten Gefühl die reiferen Seelenqualitäten, wie es beispielsweise das Gefühl der Verantwortung ist. So wirkt der Berg mit seinen jüngeren Gesichtern auf diejenigen Anlagen des Menschengeistes, die mehr dem reiferen, älteren Menschen in der zweiten Lebenshälfte entsprechen, während die älteren Glieder des Berges auf diejenigen inneren Anlagen des Menschen wirken, die jüngerer Art sind, und das sind mehr die Stoffwechselelemente der Jugend. Auf dem Grat und der Kante pulsiert deshalb mehr das jugendliche Blut, und am Pfeiler und in der Wand atmet mehr die behutsame Sphäre der gediegenen Anpassungsfähigkeit der älteren Jahre.

Ganz praktisch gesehen kann der Weg in die Berge mit diesen Gedanken bereichert werden, und so können auf diese Bilder hin erste Vorstellungen und erste neue Wahrnehmungen gedeihen, die das Leben in der Seele berühren und eine Freude von innen heraus entfachen. Wer diese Gedanken pflegt, wird mit der Zeit eine größere Weite in seinem mentalen und empfindsamen Bewußtsein entwickeln, und er wird eine lichtere Freude in die Berge tragen. Er wird mit einiger Geduld und einiger Ausdauer eine Kunst entfachen, die wahrhaftig eine Kunst des Bergsteigens ist. Der Mensch erkennt, daß er der Schöpfer seiner selbst ist und er im Geiste einer Alleingebundenheit den Berg in seiner Gestalt erschaffen hat. Es ist in Wirklichkeit Geist, der immer geschaffen hat und im Geiste des Urbeginns seinen Ausdruck in die Materie legte.

Die geistige Bedeutung der Risse am Berg und das subjektive Empfinden bei Rißklettereien

Die Risse und Kamine sind die Signaturen der Berge. Ohne diese einschneidenden Spalten wären die Berge nur plastische Monumente, die durch ihre Geschlossenheit eine große Distanz gegenüber den anderen Reichen der Schöpfung ausstrahlen würden. Durch die Einschnitte, Risse und Spalten, durch die Kamine und Witterungslöcher gewinnen die Berge eine gewisse anmutige Nähe und eine Art reifes, sympathisches Gesicht, das den Berg doch noch zu einem der gebrechlicheren Erde zugehörigen Bürger macht.

Das Gestein verwittert und trägt sich langsam durch die sogenannte Erosion ab. Gleichzeitig hebt sich um unmerkliche Millimeter das Gebirge hoch, wie sie die wissenschaftlich nachgewiesenen Erdverschiebungen und die daraus entstehenden Faltungen erklären. Bei manchen Gebirgen wie es beispielsweise das Karwendel-Gebirge mit dem hellgrauen Kalkfels ist, scheinen die Erosionseinflüsse wesentlich stärker zu sein als bei Gebirgen, wie es das Wettersteingebirge, das Berchtesgadener Gebirge oder der Wilde Kaiser sind. Dasjenige, was wir Erosion nennen, geschieht vor allem durch die Witterungseinflüsse und vornehmlich durch das Element des Wassers. Wenn das Wasser in die Ritzen hineindringt und gefriert, sprengt es durch seine Expansionskraft den Felsen. Diese Erklärung erscheint in allen wissenschaftlichen Büchern, und sie ist jene wohlbekannte Definition für den Abbauvorgang der Gesteine. Diese Erklärung betrifft aber mehr den physikalischen Vorgang, wie er anhand der verschiedenen Elemente und ihren chemischen Einflüssen definiert wird. Hier soll zu dieser Erklärung eine erweiterte Betrachtung aus einer geistigen Sichtweise kommen.

Warum wird das Gestein brüchig und gewinnt immer mehr Einrisse, und warum öffnen sich die Spaltungen auf fast unmerkliche, aber doch nachweisbare Weise immer mehr, so daß die Berge in ihren Türmungen etwas voneinander weichen? Stellen wir uns einmal das Bild lebendig vor die formwahrnehmenden Augen, wie auf der einen Seite die Materie des Berges steht, und auf der anderen Seite der Mensch in der Evolution des Geistes erwacht. Es würde für das Auge der Zusammenhang zwischen geistigem Werden und der Materie entstehen. Während auf der einen Seite der Geist im Leibe erwacht, nimmt der Berg im Gegenüber andere Formen und Einrisse an. Diese Sicht kann heute natürlich nur in Bildern und Vorstellungen gedeihen. Diese Bilder aber weisen in die Tiefe einer integralen Logik.

Im Vergleich dazu ist die wissenschaftliche Definition durchaus richtig, aber sie erklärt noch nicht den wirklichen Wesenszusammenhang in seiner ganzheitlichen Analogie. In einer gewissen Weise sagt die Wissenschaft nur einen Teil einer Wahrheit aus und läßt die höhere Bedeutung und Erklärung außer Acht. Wir könnten uns in einem ironischen Vergleich beispielsweise fragen, warum jemand arm ist, und als Antwort darauf die simple Definition geben: Er ist arm, weil er kein Geld hat. Diese simple Antwort ist wahr, aber nicht wirklich kausal. Die wissenschaftlichen Definitionen erklären daher noch nicht den wirklichen inneren Zusammenhang der gesamten Konfiguration eines schöpferischen Seins, das sowohl aus einem Wesen der Materie als auch aus inneren, tieferen, geistigen Hierarchien existiert. Es ist die Wahrheit eine durchaus vielleicht schwer nachvollziehbare, denn der Mensch arbeitet mit seinem unfaßbaren Geiste im beständigen Wirken an der Schöpfung und somit an der Materie. Immerfort strömen aus einem unsichtbaren und hohen, übersinnlich wirkenden Kraftfeld feinste Strömungen aus dem Menschen hinüber zu der Materie und beeinflussen diese in ihren Auf- und Abbauvorgängen. Es ist wahrhaftig ein höheres Bewußtseinsprinzip, das im Menschen getragen ist, das dem Berg die Wunden von Rissen und Kaminen zufügt. Durch seine Entwicklung zu einer größeren Weite und Manifestation muß der Berg sein Gesicht mit seiner geschlossenen Plastizität aufgeben und sich den zerbrechenden Mächten einer übergeordneten Hierarchie beugen. Unter dem Einflusse von einem geistigen Selbstwerden beginnt die Materie zu zerbröckeln.

Diese für den wissenschaftlich geschulten Verstand zunächst so utopisch klingende Wahrheit kannten jedoch viele Menschen, die auf einem spirituellen Weg sogenannte *kuṇḍalinī*-Erfahrungen sammelten. Wenn jemand das außerirdische Geheimnis, das überkosmische Ewige oder die einzigartige, unberührte Glückseligkeit eines Selbst erschaut, bemerkt er, wie die Materie zu schaudern beginnt und ein Zersetzungsvorgang in seiner Umgebung gegenüber einer sichtbaren Manifestation eintritt. Die Form ist der größte Gegensatz zu dem, was wir Geist nennen. Beide jedoch, sowohl die Manifestation als auch das Unmanifestierte leben in einer unbegrenzten Einheit und in einem immerfort bestehenden Spannungsverhältnis zueinander. Jener Mensch, der das außerirdische Geheimnis des reinen Geistes zu erblicken vermag, wird die Form als ein Absonderungsprodukt erkennen. Wenn aber das eine größer wird, so muß das andere seine Spannung tragen lernen.

Diese Begründung nimmt auch eine Rücksicht auf jenes Verhältnis, das in einer religiösen, initiatorischen Entwicklung stattfindet. Wer eine Verwirklichung im Geiste sucht, darf auf seinem Wege der Bewußtseinsentwicklung nicht zu schnell vorangehen, denn er würde an dem überhandnehmenden, größerwerdenden Bewußtsein eines außerirdischen Geistes im Leibe zerbrechen. Ein großes, hohes und weites Bewußtsein bringt nach außen hin unübersehbare Auflösungsvorgänge und beeinflußt weiterhin die gesamte Materie mit den Kräften des Abbaus. Der Geist, der in seiner außerirdischen und andersartigen Transzendenz gedeiht, bringt die Materie zu einem Zerbröckeln. So leben wir als geistige Bürger dieser Erde mit den verschiedenen Formen in einem beständigen Spannungsverhältnis, und dies ganz besonders mit den Bergen. Durch das Wachstum eines außerirdischen Ewigen in uns selbst, einer lichten Transzendenz, die ganz anders ist als alle erfahrbaren und faßbaren Eindrücke dieser Welt, fügen wir der Umgebung jenen Einfluß zu, der sie abbaut und in ihrer festen Formation einer Durchlichtung und Durchgeistigung weiht.

Dieser Abbauprozeß, der in Wirklichkeit aus dem expansiven Gedeihen des Geistes des Menschen seine Ursache nimmt, folgt einem Weg über die verschiedenen Luftverhältnisse und Witterungslagen und bedient sich vor allem in seiner letzten Konsequenz dem gröberen Element des Wassers, das dem Berg die wesentliche Sprengkraft einverleibt. Das Wasser ist aber das feinere Element, das den Kalk als ein gröberes sprengt. Es ist immer das feinere Element, das die gröberen in die Auflösung führt. Aus dem Feuer des Geistes entsteht das Licht und bringt die Luft in Bewegung, die wiederum das Wasser anzieht und in die Verdunstung führt. Die Luft löst das Wasser auf. Der Weg des Abbaus führt in seiner letzten Station in die Materie. Der Mensch als Träger des Geistes steht am Anfang dieser gesamten Gestaltungsvorgänge, die über viele Strecken ihren unterschiedlichen Ausdruck nehmen.

Wenn wir einige Risse und Kamine nehmen, so sehen wir an ihnen eine Faszination und Anziehungskraft, die gerade einen Berg ganz besonders zur Erkletterung interessant machen. Charakteristische Beispiele für Risse finden wir in vielen der klassischen Routen, wie es beispielsweise die Rebitsch-Route am Fleischbankpfeiler ist, oder wie es die Kamine an der Südseite der Maukspitze sind, die den Namen Spengler-Kamin tragen. Lange, feste Spalten und Einrisse ziehen durch den Berg und geben den natürlichen Weg für einen Kletterer vor. Das Totenkirchl, das ebenfalls im Wilden Kaiser steht, ist von vielen Kaminen und Rissen an der Nordseite gegliedert. Es nimmt fast orgelpfeifenartig einen Ausdruck an. Die Kamine in diesen klassischen Kletterrouten des Wilden Kaisers und auch die Risse, die manchmal schmäler, manchmal etwas breiter sind, so daß entweder die Finger oder auch eine ganze Schulter darin Platz finden, sind sehr kompakt und scheinen ganz zu dem Berg wie eine immerfort bestehende Signatur dazuzugehören. Man könnte mit einem mehr oberflächlichen Blick meinen, daß diese Risse schon immer bestanden haben und daß sie weiterhin in der ganz genau bemessenen Breite weiterexistieren werden. Sicherlich läßt sich der Einriß eines Schmuck-Kamines oder eines Spengler-Kamines nicht in Millimetern von Jahr zu Jahr vergleichen, denn der Spaltungsvorgang und das damit verbundene weitere Einreißen findet so unmerklich und langsam statt, daß es über ein oder zwei Jahre eigentlich gar nicht gemessen werden kann. Diese klassischen Einrisse und Spalten am Berge sind einmal zu einer sehr frühen Zeit der menschlichen Evolution entstanden, und das war, als das menschliche Bewußtsein erstmals einen Sinn für Anschauung, für Beobachtung oder Wahrnehmung der Außenwelt entwickelt hat. Wir haben jene Fähigkeit in uns, die eine Kraft zur Beobachtung oder Anschauungsbildung darstellt. Einerseits sind es die Sinne und andererseits ist es aber auch ganz wesentlich eine mentale Fähigkeit, die in unserem Wesen existiert und die die Fähigkeit zur Anschauung, zur Anschauungsentwicklung, zur Bildung von einer rechten Sicht gegenüber der Außenwelt beiträgt. Die Fähigkeit zu einer mentalen Bewußtheit gegenüber der Außenwelt ist eine rein menschliche Fähigkeit, die Tiere nicht besitzen. Tiere können nur entsprechend ihres Sehvorganges mit Instinkten auf die Außenwelt reagieren, sie können sich aber kein Bewußtsein von der Außenwelt aneignen, und so können sie auch nicht produktiv auf das Gesehene reagieren. Die Anlage und Fähigkeit zur Anschauung, die durch die mentale Gedankenkraft besteht, ist einmal in der Evolution in den Menschen hineingegangen, sie hat sich durch eine Gnadenwahl entwickelt und mußte deshalb gleichzeitig raumeszehrende Spuren in der Schöpfung hinterlassen. Diese Spuren, die in der Schöpfung hinterblieben sind, sind die klassischen Risse gleich markanter Signaturen am Berge.

Diese Einrisse, die fest und kompakt sind, geben dem Kletterer oftmals große Aufgaben und erwecken seine Phantasie und sein spielerisches Talent. Riß- und Kaminkletterei erfordern besondere Arten von Techniken, die entsprechend der Weite oder Enge des Risses oder Kamines ausgestaltet sein können. Kamine sind in der Regel bei dem kleineren Menschentyp beliebt, während der vom Körperwachstum größere sich mehr Wänden, Kanten und Platten zuneigt. Vielfach sind auch die Rißklettereien mehr bei dem wendigeren und kleineren Kletterer beliebter. Es ist mehr die Geschicklichkeit und das Anpassungsvermögen, das ein Kamin oder ein Riß für seine Ersteigung erfordert (Bild Seite 118).

Kamine und Risse geben ihrem Besucher, der an ihnen hochturnen möchte, in der Regel ein ganz bestimmtes Empfinden. Einerseits liefern die Kamine ein behagliches und geborgenes Gefühl, da sie zwei Wände aufweisen, in denen der Kletterer mehr Schutz finden kann als in einer exponierten Wand. Andererseits rauben die Kamine dem Auge auch das Licht und nehmen den Freiraum für die Bewegung. Bei Rissen kann die technische Gewandtheit oft sehr unterschiedlich gefordert sein. Trotz der Signaturvielfalt gelten vielfach gleiche Grundprinzipien, und ganz besonders, wenn es sich um einen breiteren Einriß handelt, stellt dieser an den Kletterer eine besondere Herausforderung an seine Geschicklichkeit dar. Der Kletterer muß sich an den Riß anpassen oder ganz in den Kamin hineinbegeben. Ein steiler Schulterriß erfordert eine ganz besondere Klettertechnik mit dem Einsatz einer Körperhälfte im Riß und der anderen Körperhälfte außerhalb des Risses. Ein Kamin bedarf des Einsatzes des Rückens und manchmal auch des Einsatzes von Knien, Ellenbogen und sogar des Kopfes. Wenn aber der Kletterer mit einem Teil seines Körpers im Berge verschlungen oder verklemmt ist, so hat er kaum mehr einen natürlichen Aktionsradius. Der Riß nimmt den Körper gefangen und der Kamin verschlingt sogar in einer gewissen Weise, ganz besonders dann, wenn er eng ist, den gesamten Leib. Selbst wenn in einem Riß nur einmal zwischen den Seiten die Faust verklemmt ist, so beeinträchtigt diese gesamte Technik das Bewegungsspiel des übrigen Körpers. Wie schwer kann es erscheinen, daß ein Fuß auf Kniehöhe herangehoben wird, wenn die Schulter im Einriß ängstlich und unsicher verklemmt ist. Das Rißklettern kann äußerste Kämpfe und sogenannte anstrengende, rampfartige Bewegungen erfordern. Der Berg nimmt die Berührung der Gliedmaßen auf und läßt vielleicht seinen Besucher nicht so schnell von seinem Angesicht fallen, aber hierfür verlangt er von ihm auch eine ordentliche Anstrengung und läßt ihn nur mühsamst an Höhe gewinnen. Das Rißklettern stellt deshalb eine ganz besondere, faszinierende, ästhetische und künstlerische Anforderung an den Kletterer dar. Derjenige, der sich an engen Einrissen übt, muß eine Art Kompromißlösung zwischen der Berührung am Felsen und der luftig freien Bewegung finden. Eigentlich möchte der Kletterer so tief wie möglich in den Riß hineinkriechen, damit er nicht aus der Wand fallen kann, aber andererseits wird ihm ein beklemmendes und damit einengendes Gefühl bewußt, denn er kann in der beengenden Einschnürung keine Höhe gewinnen. Würde der Kletterer aber ganz seinen luftigen Lustgefühlen trauen, so würde er immer ganz weit an der Außenseite des Risses entlangturnen und jegliche Tiefe eines Kamines oder eines Spaltes meiden. An den Rissen und Kaminen zeigt sich deshalb das feine Bewegungsspiel eines eingegangenen Kompromisses zwischen Hineingehen in den Berg und Hinausgehen in die freien Lüfte. Dieses Bewegungsspiel mit seinen wechselseitigen Kompromissen, zeigt die ästhetische und anziehende Natur des Rißkletterns.

Mit diesen Gedanken über die Risse und Kamine und über die ganz besondere Art ihrer Kletterfaszination kann die wertvolle Kunst einer ästhetischen Bewegung gleich einer turnenden, geschmeidigen und doch ruhig bleibenden Meisterhand gedeihen. Wenn Kletterer sich diese Gedanken bilden, bevor sie in den Riß einsteigen, so werden sie mit der Zeit eine intensivere, geborgene Berührung auf der einen Seite zum Berge erleben und auf der anderen Seite ein angepaßtes Bewegungsspiel entfachen, das der bestgewählten Harmonie entspricht und sowohl dem luftigen als auch dem festen Wesen entspricht. Die Kunst der Bewegung entwickelt sich auch aus dem Gedanken und aus der Kenntnis der umliegenden Verhältnisse, und sie gedeiht in der natürlichen Spielart des Auf und Nieders am Berge (siehe Seite 137 ff.).

Die Bedeutung von Bergseen und Bergbächen

Eine der idyllischen und romantischen Erscheinungen sind die verschiedenen Gewässer, die wir in den Bergen antreffen. Hierzu zählen in erster Linie die beeindruckenden Wasserfälle mit ihren tosenden, sprudelnden, lautstarken Gefällen, aber es sind auch weiterhin die rieselnden Bergbäche und idyllischen Seen zu nennen. Gerade die Bergseen, die nicht in sehr häufiger Zahl in den Alpenräumen aufzufinden sind, verdienen einige Augenblicke der Kontemplation. Durch die Betrachtung der verschiedenen Berggewässer finden wir eine innerste, subtile Heilsquelle, die gerade durch ihre kontemplative Wirkung zu einer inneren Ruhe oder inneren Einkehr führt. Die Alpengewässer sind ganz nahe mit dem Heilswesen der Seele verwandt, sie sprühen sozusagen eine seelische, subtil gehaltene Mission auf den Menschen aus.

Damit diese Gedanken nachvollziehbar sind, sollten sie über längere Zeit eine Beobachtung und Pflege erhalten, denn es sind dies sogenannte Inspirationen, die gleich einer noch unscheinbaren, jungen Saat über die Erfahrung gedeihen. Während einer Bergwanderung gleiten die Augen bewußter an den Gewässern vorbei, und Minuten der Stille und Aufmerksamkeit verströmen. Die Gedanken werden in der lebendigen Annäherung zu den Seen und Bächen gedacht. Dann aber, wenn die Bergtour abgeschlossen ist und die gemütliche Ruhe am Ofen im Wohnzimmer einkehrt, sollten die Beobachtungen und Gedanken noch mehrmalig in der Innenschau und Erinnerung in einer Übung nachklingen.

Die Gebirgsseen, die nicht aus Gletschern ihre Zuflüsse nehmen, liegen meist idyllisch eingebettet in oft sehr versteckten Landschaften, und sie sind fast immer von Wiesensäumen oder Lärchen- und Fichtenwäldern umrahmt. Der große Unterschied zu den in den Tälern und Ebenen befindlichen Seen ist offensichtlich einmal der, daß das Gebirgsgewässer um viele Höhenmeter höher gelagert ist, gleichsam so, als ob das Wasser auch ein höheres Niveau im Hinblick zur Sonne genießt. Der signifikante Charakter, der diesen hochgelagerten Seen gegeben ist, dürfte im allgemeinen dem entsprechen, was Himmelsbläue ist. Die Himmelsbläue ist ein ätherischer Ausdruck einer weiten und freien, ja, kosmischen Unendlichkeit. Am Bergsee wird diese Himmelsbläue zu einer konkreten Gestalt nach innen strahlend gleichsam als ein irdisches, gefaßtes Element für die Seele sichtbar. Wenn jemand an einem Bergsee sitzt und in seine tief-türkise oder bläulich-türkise Farbe hineinblickt, fühlt er sich insgeheim zu einem gewissen Grade im Kosmos aufgehoben, zeitlos entrückt, er fühlt sich wie mit dem Blau des Himmels nach innen umarmt. Aus diesem tiefen Fühlen, das aus dem kosmischen Hintergrund der Bergseen erwacht und an die Seele appelliert, entsteht jene angenehme Ruhe und Geborgenheit, die wohl für jeden Besucher und Betrachter im Herzen spürbar wird. In den Bergseen wird die Himmelsbläue zu einem ganz sicheren und konkreten Erlebnis im irdischen Raume der Seele. Es ist wahrhaftig ein ätherisches Eindringen, das Himmelsblau ist hier an einer konkreten Stelle in die Erde eingedrungen und hält für den Menschen ein heilsames, ja, heiliges Wasser bereit (Bild Seite 119).

Die gewöhnlichen Seen sind in diesem Sinne etwas anders und nehmen für die Empfindungswelt auch eine mehr zum Körper sprechende Aussage an. Der Gebirgssee spricht nicht zum Körper, sondern er spricht direkt zu jenem verborgenen Wissen in uns, das aus den vergangenen Zeiten und unserer eigenen vergangenen Entwicklung kommt. Der Gebirgssee schenkt eine Art Ahnung oder sogar vage Erinnerung zu dem, was wir einmal waren. Schweigsam und unaufdringlich den Raum verlassend und in die leise Leichtigkeit einer Ahnung über die vergangenen Welten einmündend, öffnet die dort bestehende, nahezu greifbare Atmosphäre das ewige Tor einer Erinnerung, und das ist das Wissen im Verborgenen über unsere eigene kosmische Herkunft. In einer gewissen Weise wird das vergangene Leben, das einstmals war, zu einem geringen Grade bewußter, wenn es auch meist noch nicht in konkreten Stationen verfolgt werden kann. Aber es ist das vergangene Leben, das wir einmal besessen haben, in der Ruhe des Fühlens von Blau für Augenblicke freigesetzt, das hier am Bergsee wie ein undurchsichtiger Gedanke aus dem tiefen, schlummernden Schlafe hereinmünden möchte. Am Bergsee betreten wir einen makrokosmischen Raum, der ganz von einer offenbarenden, nahezu die Weltlichkeit zerreißenden Stimmung erfüllt ist.

Ganz anders ist das Fühlen an einem Waldsee oder idyllisch eingebetteten See der Talregionen. Während der Gebirgssee in seinem klassischen, erhobenen Charakter mehr ein zauberhaft-kosmisches, heimatloses Gefühl vermittelt und mit seinem beruhigenden Blau den Himmelsäther des Makrokosmos nach innen in die Seele verlagert, schenkt das im Tal gehaltene Gewässer mehr eine heimatliche Idylle und wirkt somit ganz anders auf den inneren Menschen. Seen, wie es ganz besonders die Tiroler Seen oder auch die Seen in der Chiemgauer Seenplatte sind, wie der Langbürgnersee oder wie es auch der Mondsee oder der Walchsee darstellen, tragen über ihrem ruhigen und klaren Gesicht eine ätherische, unsichtbare Lebenssubstantialität, die an ein Fühlen von Grün erinnert. Diese Lebenssubstantialität wird für das Auge nie wirklich erschaubar sein, denn sie besteht nur in einem ätherischen, feinen Gefüge. Wer jedoch an den Seen spazierengeht oder sich an den idyllischen Uferrändern niedersetzt, auch wer ein erfrischendes Bad nimmt, atmet diese feine Lebenssubstantialität als ein beruhigendes Stärkungsmittel in sein Inneres ein. Aus diesem Grunde sind die Spaziergänge an den Seen und das Sitzen an ihren Ufern von einem heilsamen, regenerierenden und stärkenden Charakter. Dieser entspannende, das Sinnesleben kühlende und den Stoffwechsel harmonisierende wie auch das Nervensystem erfrischende Einfluß entsteht nicht allein von der angenehmen, idyllischen Atmosphäre, sondern vor allem durch die überstrahlende Lebenssubstantialität des Sees. Das Wasser des Sees mag grau-bläulich, bräunlich oder türkis sein, das Fühlen in der Seele ist aber in der Regel wie ein stärkendes Grün oder bei manchen Moorseen wie rosarötlich. Wer mit diesen Gedanken an einen See geht, wird intensive Regenerationskräfte aufnehmen und bald ein Empfinden für das belebende Wesen dieser ätherischen Substantialität ausprägen.

In den Bergen, auf den höheren Lagen, ist es aber mehr ein kosmisches Geschehen, das sich gegenüber dem inneren Menschen zeigt und den Makrokosmos in den Mikrokosmos hineinverlagert. Jene Erinnerungen und das Fühlen der äußeren Leere und der inneren Himmelsbläue entstehen durch einen großen Engel, der an diesen Gewässern ruht. Es ist ein Engel, der für den Hellseher sichtbar ist und der die kosmische Erinnerung über das vergangene Leben übermitteln möchte. Geistig suchende Menschen sollten sich an diese Seen der Gebirge begeben und das Wasser kosten und die heilige, kosmische Sphäre zuerst einmal erdenken und dann im Herzen erfühlen.

Eine ähnliche Heilsausstrahlung nehmen die landschaftlich oft sehr eindrucksvollen Gebirgsbäche, die in rieselndem, manchmal bis hin sogar zu tobendem und schäumendem Gefälle den Berg hinabrauschen. Das gleichmäßige Tosen eines Baches wirkt auf das Nervensystem beruhigend. Das Wasser rieselt in unaufhörlichem Rhythmus zwischen den Steinen entlang und versprüht sich manchmal zu einem schäumenden, in Regenbogenfarben leuchtenden Staub, der sich schließlich wieder in Mulden auffängt und manchmal auch ganz unter der Erdoberfläche im Kies verschwindet. Diese Bäche, die im Frühjahr, Sommer wie auch Winter den Berg entlangrauschen, nehmen, so fremdartig dieser Ausdruck auch für unsere Ohren klingen mag, die Dämonie, das Dämonenhafte, das Gespenstische vom Berg hinweg. Der Berg ist in Wirklichkeit zu einem gewissen Grade ein dämonisches Gebilde, eine potentielle Energie oder, wie man es in Sanskrit benennen würde, ein stiller *asura*, der zu einer majestätischen Größe aufgerichtet ist und immerfort auf den Menschen herunterstrahlt. Wären die Gebirgsbäche nicht gegeben, so würde der Berg sein mächtiges Antlitz fast erdrückend auf das Menschenhaupt werfen. In dem feinen, gleichmäßigen Rieseln und Strömen, in dem Tosen und Brüllen von Wasserfällen und in den nahezu wieder verstummenden, hinwegverklingenden Rinnsalen saugt sich ein Gespenstisches und Abgründiges, das vom Berge selbst immerfort Bestand hat, auf und fließt ungesehen in die Tiefe. Durch die Bergbäche, die in vielen Verzweigungen und Armen an den Hängen durch Talgründe, Wiesen und Wälder laufen, reinigt sich in einer gewissen Weise der Berg von seinem dämonischen Antlitz.

Wer nun als stiller, beschaulicher Wanderer an dem Bergbach Ruhe sucht, wird sicherlich als erstes die Frische des Wassers kosten und sich das Gesicht vom Schweiße säubern. Ganz unbewußt wird sein Herz aber, am Bergbach angekommen, etwas leichter durchatmen als an den schroffen Wiesenhängen und Flanken. Insgeheim spürt der Wanderer an den Bächen und rieselnden Wassern den kühlenden Reinigungsvorgang, den der Berg selbst in seiner Feuerglut gewähren läßt. So ist es für den, der sich eine Rast gönnt und ganz besonders jene Gedanken, die hier gesprochen sind, in die Erinnerung ruft, eine heilsame Reinigung und Erholung, denn er spürt dabei die Wesensnatur, die in der Schöpfung selbst als Geheimnis angelegt ist.

Sicherlich wissen viele Menschen, besonders das weibliche Gemüt, von der reinigenden Wirkung einer Dusche, einer Brause, die ganz besonders nach getaner, anstrengender Arbeit regenerierend wirkt. Das Wasser hat, ganz einfach gesagt, eine äußere, reinigende Wirkung und zugleich eine weitere, ätherische, mehr den astralen Schmutz abwaschende Funktion. Wer durch die am Tage bestehenden Spannungen der Arbeit und Auszehrungen des hektischen, nervösen Lebens erschöpft nach Hause kommt, findet durch die Anwendung von Wasser eine angenehme, erholsame Befreiung. Die Wasseranwendung gibt dem Stoffwechsel wieder einen freieren Raum. Die beständigen Überlastungen des Stoffwechsels, die heute ganz allgemein in der nervösen Zeit an der Tagesordnung sind, führen über die Stunden hinweg zu einer Stagnation der Lymphe und des Wasserflusses, die in der gesamten inneren Gewebe- und Organwelt eintritt. Die Wasseranwendung bringt über die vegetativen Rezeptoren und auch über das Nervensystem eine Reinigung und eine Entlastung, die die Seele wieder erneut in ihre harmonische Leibbeziehung rücken läßt. Das Baden oder Brausen wird hierfür sicher leichter und effektiver sein als das ruhige Sitzen an einem Bergbach. Wer aber die Aktivität aus der mentalen, schöpferischen Auseinandersetzung wählt, sollte durchaus nicht nur auf die physikalische und ganz auf den Körper bezogene Methode zurückgreifen, sondern sich mit jenen Gedanken an einen ruhigen Bergbach setzen und für fünf Minuten die Konzentration bewahren.

Anders als die rieselnden und idyllischen, durch Wald und Wiesen strömenden Gebirgsbäche, sind die Gletscherbäche. Dort, wo das Wasser unmittelbar aus dem Gletscherschlund strömt und über die Moränen talwärts läuft, befindet sich eine ganz andere Atmosphäre als bei jenen quellenartigen Wasserreservoiren. Dort oben, in jenen von Vegetation und Leben fast unberührten Moränenschottern, spiegelt sich mehr die naturale, monotone Einsamkeit der Bergwelt, die hier kaum einen Raum für wirkliche idyllische und herzensnahe Einkehr läßt. Am Gletscherbach tummelt sich fast gespensterhaft sichtbar der Abbau der Erde und vornehmlich der Abbau der kalten Eisregionen. Am augenscheinlichsten dort, wo diese Gletschermünder sind und die Bäche oftmals mit wildem, brüllendem Getose herausschießen, entsteht der Drang des Fliehenmüssens, des Verlassenmüssens der Region. Es sind dort wahrlich Geister anwesend, die dem Alpinbesucher in einem gewissen Sinne verdeutlichen, daß er an diesem Orte nichts verloren hat. Es ist die Region von Geistern, die dem Menschen nicht freundlich gesinnt sind und die ihn als Gast nicht gerne sehen. Die Gletscherbäche sind aber nur in den oberen Talregionen auffindbar; je weiter das Wasser nach unten schäumt, um so mehr gewinnt der Bach seine natürliche Idylle und seine reinigende Funktion. Im allgemeinen verdienen die Bergbäche durch ihren reinigenden Charakter eine wirkliche Aufmerksamkeit. Sie sind der Arzt des Berges und aus diesem Grunde sind sie für den Menschen eine heilsame Quelle.

Der Berg im Inneren und der Berg im Äußeren

(Anmerkung des Herausgebers: Dieses Kapitel ist schwierig, da es die Philosophie des Yoga enthält.)

Diese für den Intellekt doch außergewöhnlichen Betrachtungen, wie sie hier angeführt sind, beschreiben sowohl die Berge als auch den Menschen in der kosmischen Bedeutung. Die verschiedenen Beispiele, Vergleiche und Eindrücke skizzieren ein mehr metaphysisch ausgearbeitetes Bild im Zusammenhang mit der Naturschöpfung und der Bewußtseinsevolution. Die dargelegten Gedanken sind besser verständlich, wenn sie im Zusammenhang gelesen werden. Sie beschreiben eine zunächst vielleicht phantastisch klingende Weltenordnung, die aber bei genauerer Ansicht auch in der sinnlichen Erscheinung wie ein Gesetz und eine größere Weisheit lebt. Der übersinnliche oder metaphysische Betrachtungsansatz leugnet nicht die Sinneswelt, sondern führt zu dieser bisher bestehenden Auffassung und Orientierung eine Erweiterung hinzu und bereichert auf diese Weise die Möglichkeiten der Empfindungsentwicklung. Das Bergsteigen als praktische und zugleich philosophische Betätigung wird zu einer inneren Empfindungsschulung, die nicht nur auf subjektiven Eingaben und Annahmen besteht, sondern die Weltenschöpfung in ihrer kosmischen Aussage berücksichtigt und die daraus resultierenden Möglichkeiten zu konkreten und greifbaren Ideen in die Praxis führt.

In den bisherigen Betrachtungen fanden wir zu der grundlegenden Übereinstimmung, daß der Mensch in seiner Geistigkeit den Anfang bildet und der Berg selbst eine Art Ausscheidung oder eine Art zurückverlagerter Bruder des Geistes ist (siehe Seite 138/139 und 143). Die Materie mußte sich von dem menschlichen Körper zu einem gewissen Grade trennen und ein eigenes Reich mit eigenen Sinnbildern erbauen. Dasjenige, was der Mensch aus sich ausgeschieden, ausgestoßen oder abgesondert hat und das eine Art Naturschöpfung darstellt, muß jedoch in einer konkreten Idee weiterhin noch im Menschenleibe sein. Der äußere Abdruck der Naturschöpfung webt in einem konkreten Zusammenhang mit der Leiblichkeit. So, wie bestimmte Heilpflanzen eine

Beziehung zu einem Organ oder einer Funktion besitzen, und so, wie Mineralien wieder in Knochen, Gewebe und Blut vorzufinden sind, so besitzen auch die größeren Erscheinungen wie die Berge eine tiefe innere Beziehung zu einem Teil im Körper.

In einer einfachen Form kann die Natur des Körpers in drei verschiedene Regionen eine Einteilung finden. Die erste und primäre Region ist der Stoffwechselbereich, der am deutlichsten im unteren Rumpf und dem ganzen Bauchraum lokalisiert ist. Die Stoffwechselregion ist mit dem Willen und der Aktivitiät, den regsamen Wärme- und Aufbauprozessen verbunden. Dies ist eine unbewußte Körperzone, in der sich das untergründige Seelen- und Bewußtseinsleben vollzieht. Im Bauchraum tragen wir Kräfte und schicksalsweisende Mächte in uns, denen wir uns im Leben in der Regel nicht bewußt sind. So befindet sich dort das untergründige Leben unserer Persönlichkeit.

Die zweite Region ist jene des Gefühlsbereiches, von der wir gewisse äußere Eindrücke und Stimmungen besitzen. Sie ist hauptsächlich in dem Brust-, Lungen- und Halsraum lokalisiert. In diesen mittleren Zonen der Körperlichkeit fließen die Empfindungen und gestalten sich gemäß der weisen Führung der übergeordneten Gedanken zu entsprechenden konkreten Gefühlen aus. Sie ist die Region des Halbbewußten und dem eigentlichen Bewußtsein vorgelagerte Körperzone. Normalerweise ist diese Körperzone sehr wenig durch tiefere Stimmungen und Gefühle entwickelt, und deshalb zählt sie fast gänzlich noch zu einer unbewußten Region.

Die dritte Körperzone betrifft den Sitz des Bewußtseins selbst, und das ist der Hauptes- und Stirnbereich. Diese oberste Region der Leiblichkeit ist geprägt durch den Gedanken und durch das Denken, das eine konkrete Bewußtseinsaktivität ist. Obwohl wir Menschen uns vielfach unserem eigenen Denken und somit unserer Stirn nur sehr wenig bewußt sind, befindet sich diese Körperzone in der direkten Einstrahlung der Mentalität und kann somit am leichtesten im Bewußtsein eruiert werden. Die Stirnzone bildet den lokalen Sitz des Bewußtseins.

Wenn wir die Reiche der Naturschöpfung nehmen, so können wir entsprechend dieser Dreigliederung die einzelnen Bereiche wie Pflanzenwelt oder Mineralwelt oder die Bewußtseinswelt selbst ihrer entsprechenden Zone zuordnen. Diese Zuordnung ist jedoch nicht absolut und schematisch streng, sondern zeigt nur eine innere Wesensbeziehung in der Evolution zu den verschiedenen Graden des Bewußtseins auf. Die Berge besitzen die deutlichste Beziehung zu den untergründigen Stoffwechselzonen, die Pflanzen, die Blumen oder vegetativen Lebewesen sind von ihrer Wesensbedeutung mehr mit den Empfindungsregionen verwandt, und die Gedanken, die wir im Leben bilden, sind am eindringlichsten mit der Haupteszone verbunden.

Mit dieser Analogie kann ein Bild, das sowohl für die Medizin als auch für das künstlerische Empfinden und allgemein für die Schau der Schöpfung gedacht ist, zur Darstellung gelangen.

Der Mensch trägt ein großes Dreieck in seinem Inneren, das wie ein Sinnbild des Berges in ihm selbst eine elementare, tragende Bedeutung einnimmt. In dieser elementaren, tragenden Stütze, die durch dieses gedachte Dreieck symbolisiert wird, ruht das große metaphysische Geheimnis der Schöpfung, das die Materie und ihre urbildende Weisheit beschreibt. Das Dreieck, das im Menschen ruht, ist aber nicht auf wirkliche Weise sichtbar, denn es ist viel zu sehr Idee und damit eine rein im Geiste existierende Wahrheit. Wenn wir dieses wohlerdachte Dreieck suchen, das in uns gleichsam als ein Berg ruht, so müssen wir es in der unteren Körperhälfte erschauen. Die Hypotenuse, die Basislinie, ruht dort, wo der Beckenboden ist, während die Spitze des Dreiecks, die vergleichbar ist mit dem Berggipfel, dort hinaufragt, wo das sogenannte Sonnengefecht oder, allgemein, der Plexus coeliacus, ein vegetatives, wichtiges Nervengeflecht, ist. Es ist etwa auf der Höhe des Zwölffingerdarms oder der Magenkurvatur zu finden. In dieser Region tragen wir sinnbildlich und geistig gedacht den Berg in unserem Inneren.

Ganz oben ist der Berg, so wie wir ihn äußerlich sehen, meist felsig, schmal oder spitz, umwoben von den Lüften und den atmosphärischen Strömen und ist vor allem den Blitzen am meisten ausgesetzt. Dies ist die Region der Wärme, des Feuers. In der Mitte aber gewinnt er mehr das Element des fließenden Bewegtseins oder Wassers, das sich in Rinnsalen, Bächen und Wasserfällen äußert. Es lebt dort das Wesenhafte der reinigenden und verbindenden Natur des Wassers. Ganz unten aber überwiegt von allen Elementen die gediegene Erde, sowohl in fester Masse als auch in weicheren Humusschichten. Diese Erde bildet mit ihrer Mineralität die Basis für die feineren Elemente, die sich verjüngend am Berg nach oben durch ihre pyramidenförmige Zuspitzung zeigen.

Diese Region vom Beckenboden bis herauf zum Sonnengeflecht ist jene körperliche, unbewußte Stoffwechselwelt, die ganz dem schaffenden Willen der beständig werdenden Persönlichkeit zugeordnet wird und die Summe all jener Gedanken empfängt, die im Menschsein aufgrund seiner Vergangenheit in ihn hineinströmen und sich aus ihm wieder modellieren. Diese Stoffwechselwelt im Bauchraum, in der das geheimnisvolle Dreieck des Berges ruht, ist die Region gleich einer lebendigen Fabrik, die die Gedanken aufnimmt und neue Gedanken daraus produziert. Es ist die lebendige Fabrik, die in Sanskrit dem Wesen des *karma,* einem Gesetz, das ein Empfangen und Abgeben oder Neuwerden im Persönlichen beschreibt, entspricht. In den tiefen Abschnitten des Bauchraumes bis herauf zu dem schon nahezu in das Bewußtsein hereinragenden Sonnengeflecht ruht die Arbeit, das *karma* des Menschseins und ein kollektives Unbewußtes, das damit in einer realen Verbindung steht. Die Region im Stoffwechselleben ist eine geheimnisvolle, gnostische Welt, in der sich das Menschsein auf ganz unbewußte und für das wirkliche Tagesgewahrsein unerreichbare Determination der Zukunft abwickelt. Im Inneren des Bauchraumes arbeitet ein Dreieck der Weisheit gleich einem urgründigen Wissen, das das Menschsein für die Zukunft bestimmt. Es ist der Berg, der im Inneren webt und lebt.

Wenn nun die Augen des Bergwanderers oder beschaulichen Betrachters auf den Berg hinaufblicken, so sehen sie zunächst eine mächtige, majestätische physische Gestalt und gewinnen vielleicht eine Furcht oder Ehrfurcht, eine anziehende Faszination oder ängstliche Beklommenheit. So bunt diese Eindrücke und Gefühle bei der Betrachtung eines Berges sein mögen, so weisheitsvoll und identitätstreu weiß doch der innere Mensch in seiner archaiischen Natur von der Zusammengehörigkeit der Welten. Der Berg in seiner majestätischen Größe ist in Wirklichkeit kein Fremder, sondern er ist ein Ausdruck für das eigene Selbst und für das eigene Bewußtsein. So blicken die Augen äußerlich auf eine unnahbare, angsteinflößende oder ehrfurchtsbestimmende Bergspitze und bemerken dabei die doch weite und sichere lokale Distanz, während aber das Innerste des Gemütes in der Region des ursächlichen Stoffwechsellebens die tiefe Verwandtschaft erahnt und den Berg als die eigene grundlegende Idee über die Entstehung der Materie, in der auch der Körper gegründet ist, erkennt. Der Berg ist damit das Gegenüber, das die eigene Persönlichkeit in einem gleichmütigen, grazilen Lichte widerspiegelt. Er ist derjenige in seiner massigen Gestalt, der doch in geheimen Urgründen wir selbst sind. Der Berg ist aber dennoch nicht die vollendete Verkörperung des Geistes, sondern er ist der, der den Boden für unsere Geistigkeit und somit für unser Menschsein erbaut hat. So sehen die nach außen hinaufblickenden Augen dasjenige, was im geheimnisvollen Urgrunde in einer Idee des Menschseins angelegt ist. Wir tragen in einer gnostischen Tiefe den Berg im Innersten des Bauchraumes (siehe Seite 178).

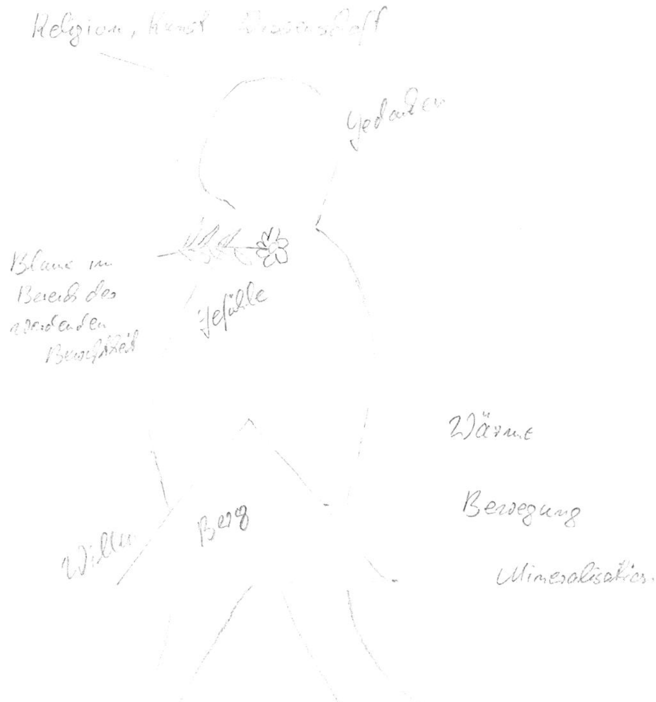

Dasjenige, das wir als das Gefühls- und Tugendreich der Blumen und Pflanzen in uns tragen, ist auch verwandt mit den Stimmungen und Eindrücken, die wir im Charakter als eine mehr oder minder deutliche Bewußtheit tragen. Dies ist ein Reich, das ebenfalls sehr bewegt und immerfort im Gedeihen zu größerer Reinheit ist. Wenn wir beispielsweise Blumen und Pflanzen nehmen und diese zu Heilmitteln bereiten, so ist neben der stofflichen Komposition die innere seelische Verwandtschaft zum Charakter interessant. Die Mineralien dagegen besitzen in erster Linie eine Disposition zum verborgenen Willensleben, und wenn man ihre Analogie herstellt, wird man mit ihnen mit größerer Bewußtheit auf die untergründigen Regionen des Stoffwechsels wirken können. Die Gedankenzone im Haupte ist weiterhin mit dem in der Verbindung, was wir als reine Schöpfungen des Menschseins besitzen, und das sind in erster Linie die vornehmen Wissenschaften, die Künste und die Religion. In diesen Abschnitten existiert ein direkter Zusammenhang zu den Nerven, die in erster Linie auf die Gedanken ihr Licht entfalten. Wissenschaften, Religion und Kunst werfen ein heilsames Licht auf das Nervensystem.

Mit der Zunahme des Geistes und der Offenbarung des Menschseins im Geiste formte sich als ein Absonderungswesen das materielle und pflanzliche wie auch tierische Dasein. Die verschiedenen Reiche der Naturschöpfung gliederten sich aus dem einen Geiste entsprechend der Entwicklung des Bewußtseins zu verschiedenen speziellen Wahrnehmungen und Tiefen heraus, damit aus dem einen Ganzen eine unendliche Vielheit und Weite entstehen konnte. Dieser Vielheit tritt der Mensch als der innerste Schöpfer gegenüber und sieht mit den Augen die verschiedenen Erscheinungen und tastet mit den Fingern die Formen und Plastiken ab. Das Äußere steht wieder mit dem Inneren des Leibes in Verbindung. Das menschliche Auge sieht vorerst diese Einheit noch nicht, und der Verstand unterteilt dann in ein Ich und ein Du, in eine Naturschöpfung und bemerkt eine Distanziertheit im eigenen Ich zu dieser Naturschöpfung. Die Distanziertheit aber erschafft eine weitere Bewußtheit gegenüber dem anderen und gegenüber der Außenwelt. Das Bewußtsein spezialisiert und organisiert sich weiterhin in neue und zu größeren Wahrnehmungen. Diese Entwicklung des Bewußtseins zu immer höheren spezialisierten Formen und damit auch getrennten Eindrücken gegenüber der Weltenschöpfung bringt das innerste Bedürfnis nach Liebe hervor. Aus einer Liebe ist diese Trennung innerhalb des Bewußtseins entstanden und aus Liebe erfolgt die Teilhabe des Menschseins an der Schöpfung. Die Sehnsucht nach einer Liebe, die aus den getrennten Empfindungen und Unterschiedlichkeiten wie auch Distanzierungen des Bewußtseins entsteht, ist die größte Antriebskraft und sie ist selbst die göttliche Urkraft, die Macht des Willens, die das Menschsein von innen heraus befeuert. Würden wir heute schon die gesamten Verbindungen kennen und diese einheitlich fühlen, so wäre die Antriebskraft der Liebe nicht im Gedeihen. Die Trennung ist aus Liebe entstanden, und wir sehen einen Berg, wir sehen ein Gegenüber, wir sehen einen Fremden, wir sehen ein Du und wir sehnen uns nach einem immerwährenden Einssein, nach einer göttlichen Geborgenheit und einer Erfüllung innerhalb der vielerlei Zerrüttelungen der Materie. Die Liebe ist die treibende Kraft, von der niemand weiß, woher sie kommt und doch im Menschendasein als einzigartige Schöpfermacht besteht.

Auf dem Gebiet des Bergsteigens bringt die moderne Sportszenerie eine hochspezialisierte Leistungssteigerung mit differenzierten Trainingsmethoden, die das Rad einer Entwicklung ankurbeln, die im Moment kaum einen Raum für eine tiefere Annäherung zu den inneren Seinsprinzipien der Bergwesenheit ermöglicht. Die verschiedenen Bergsportarten scheinen sich in einem automatischen Triebe von weiterer Zersplitterung und weiterer zersetzender Trennung zu befinden. Es erscheint die Natur des Willens ganz nach dem Gesetze einer nie endenden Stromrichtung zu einer utopischen Macht des Selbstbewußtseins determiniert zu sein, das selbst auch schon den einfachen Wanderer betrifft, der von der kommerziellen Literatur bis dahin, daß er vom Sportartikel-Verkäufer seine Wanderung vorgeschrieben und ausgefertigt bekommt. Diese Ausrichtungen, wie sie die Zeit und die Jahre erbracht haben, werden sicherlich in der Zukunft weiter ihren Sieg feiern. Das menschliche Wesen kann auch zu einer alten Tradition, zu einer früheren Auffassung oder zu einem ehemaligen Evolutionspunkt nicht mehr zurückkehren, denn es ist vom Geiste bestimmt zu Größerem und Machtvollerem. Ein Rückweg in eine vergangene Evolutionsstufe oder in alte Bergtraditionen würde wohl als grundlegende Idee niemals der Weltenschöpfung gerecht werden und vor allem die Zeit wie auch das Bewußtsein des Menschen verleugnen. Sie würde das Menschsein mit einem unüberwindbaren Irrtum niederschmettern und das Leben an leblose, mehr erdenfremde und weltenverneinende Ideen fesseln, die keine Entwicklung und keine wirkliche Liebe in Form einer Bejahung zulassen würden. Aus diesem einfachen Grunde ist ein Rückweg in vergangene Traditionen, in jene sogenannten »guten und alten Zeiten« oder in gar frühe, scheinbar paradiesische Erdenzustände, für unser Menschsein nicht akzeptabel. Der Weg einer wirklichen Entwicklung, die zu einer heimatlichen Geborgenheit im Inneren des Herzens führt und das Verlies der weiteren, trennenden und schmerzlichen Spaltungen auflöst, beginnt in der schöpferischen Aktivität, die wir selbst auf gezielte Weise leisten (siehe Seite 161 ff.).

Wie wir gesagt haben brachte der gesamte Bewußtseinsweg eine Art Heraussonderung der Materie und somit ein Empfinden von Getrenntsein und Anderssein innerhalb der Bewußtheit. Der Berg entstand wie ein Bruder, der auf dem Wege unseres eigenen Ich als ein fremdes Du zurückgeblieben ist. Er ist aber nicht ein wirklich Fremder, sondern er ist das Geschöpf einer eigenen, inneren Regsamkeit und Entwicklung, der mit dem Geiste keine Freundschaft schließen konnte und somit auch sein eigenes Reich bilden mußte. Wir selbst haben in einer gewissen Weise den Berg auf seinem Weg der Entwicklung zurückgelassen. Er ist derjenige, der mit dem Geiste nicht wirklich Freundschaft schließen konnte. Auf diese Weise gibt es einen höheren und einen niederen Aspekt in der Schöpfung. Der Mensch ist der höchste Aspekt der Schöpfung, und der Berg, so paradox dies auch klingen mag, ist der niedrigste Aspekt der Schöpfung, obgleich seine physische Größe die wohl mächtigste darstellt. Auf dem Wege der weiteren Entwicklung, wenn sie von spiritueller und höherer Art sein soll, muß jene Aktivität eintreten, die mehr auf Versöhnung, auf innere Berührung, innere Empfindung und eine gediegene Wirklichkeitsnähe ausgerichtet ist. Dieser Weg führt aber nicht auf den Gipfel von noch größeren sportlichen wie auch technischen Leistungen, sondern er führt mehr in die innere Kammer des eigenen Herzens und von dieser hinaus wieder in die Tiefe des Berges.

Nehmen wir zur Verdeutlichung einmal eine kleine Vorstellung zu Hilfe, damit wir den Gedanken einer innersten Liebe, die in ihrer selbstseienden Macht überall in der gesamten Schöpfung webt und west, verstehen. Für wen geht der Bergsteiger auf den Berg? Geht der Bergsteiger um des Berges willen auf den Berg oder geht er um seiner selbst und seiner eigenen Genugtuung willen auf diesen? Welches Motiv bewegt ihn zu seinen Leistungen und Aktivitäten? Ist es das Ich, das sich in den Vordergrund drängt, oder ist es das Du, das seine Anziehung ausübt? Wenn es das Du ist, das die Faszination zu der Leistung schenkt, so kann es nicht das eigene Ich sein. Und wenn es aber das Ich ist, das den Sporn zur Pionierarbeit gibt, so kann es nicht das Du sein. Es wären zwei Herren, denen gleichzeitig zu dienen wohl nicht möglich ist.

So wie ein Dreieck die Konstellation einer Dreiheit aufweist, so ist das Leben im Eingebundensein in der Materie von der Dreigestalt geprägt. Die große Kunst des Lebens führt über eine dritte Dimension zu der versöhnenden Einheit mit den Ich- und Du-Verhältnissen, die wie zwei große spannungsvolle Polaritäten das äußere Leben zeichnen. Diese dritte Dimension ist nicht der Berg im Inneren und auch nicht derjenige, der mit den Augen im Äußeren gesehen werden kann; es ist der Geist, der mit »Gott« benannt ist und der eine transzendente, vollkommen losgelöste und alles übersteigende Wirklichkeit besitzt. Er ist das höchste Mysterium und das Außerirdische und Unmanifestierte, er ist der Tod und das Leben, das Geheimnis aller Geheimnisse, das Höchste und Unnennbare. Wenn wir uns diesem auf reale Weise bewußt werden und eine Erkenntnis zu seiner transzendenten Wirklichkeit ausprägen, strömt der Fluß der Gnade auf versöhnende und einende Weise auf die polaren Gegensätze herein. Das Geheimnis liegt aber nicht im Außen, sondern im Innersten, und es ist unser ungesehenes Selbst.

Es ist eine tiefe Wahrheit, daß das Überwiegen des Du, die Faszination des Berges, die Anziehungskraft der reinen Naturschöpfung und der Ästhetik und dem, was der Atem Gottes in ihr darstellt, den Menschengeist frei macht und ihm selbst durch seine apersonale, verborgene Liebe die Versöhnung und Einheit mit ihm selbst gewährt. Wenn es aber nur das abgesonderte Ich ist, das das grundlegende Motiv darstellt, so wird der Bergsteiger den Berg nicht berühren, sondern sich nur zu sich selbst und seinem Ego zurückbinden. Er ist in Wirklichkeit ein Fremder in den Bergen, der ihren Atem und ihre Würde nicht wirklich kennenlernen kann. Dieser geht nicht wirklich in die Berge, denn er geht zu seinem eigenen Gipfelturm. Wir müssen aus diesem Grunde den Weg in die Berge auf neue Weise erkunden und unsere Empfindungen sowohl zu einer transzendenten Wirklichkeit als auch zu den Bergen ausprägen. Indem wir diese Empfindungen in dieser Dreieckskonstellation ausprägen, gewinnen wir die Berge und wir gewinnen aber gleichzeitig eine Liebe, die auf dem Schöpfungsplan auf uns wartet. Der Weg führt uns dabei nicht in eine längst vergangene Evolutionsstufe zurück, sondern er führt uns entsprechend dem unterschiedlichen Fortschrittsdenken und seinen Möglichkeiten auf natürliche Weise weiter und doch im Inneren in eine Einheit mit der gesamten Umwelt. Die Einheit ist ein Ergebnis unserer Gedanken, wie wir diese bilden und wie wir sie in die Praxis von Taten und Leistungen umsetzen. Durch die hier dargelegten Gedanken und ihre Möglichkeiten zur Bewußtseinsentwicklung werden die Berge nicht weiterhin erobert, sondern sie werden mit dem Geiste behaucht, so daß jenes bleibt, das Liebe und Gnade ist. Die Hingabe zu einem alles übersteigenden Wissen, zu den Bergen und in Kritik zu uns selbst schenkt eine innerste Gnade und Liebe.

Die Mission des Sportes auf dem Gebiet des Bergsteigens

Eine natürliche Beobachtung des modernen Lebens zeigt zwei große, extreme Gegensätze, die sich namentlich im Intellektualismus auf der einen Seite und in der starken körperlichen Leistungsertüchtigung auf der anderen Seite ausdrücken. Die Gehirnleistungen, die unsere Zeit in den letzten zweihundert Jahren abverlangte und die ganz besonders in den letzten dreißig bis vierzig Jahren in überbetonter Weise auf einem Höhepunkt angekommen zu sein scheinen, bringen auf der anderen Seite ein Bedürfnis nach Ausgleich mit sich, das sich vielfach im Sport und in sportlicher Ertüchtigung findet. Intellektualismus, Verstandesleben oder Kopfwissen sind innerhalb der menschlichen Natur und Leiblichkeit in ihrer Anlage und Ausdrucksweise ganz anders als das Gefühlsleben und das kinetische Willensleben. Dieser Gegensatz kann um der Vereinfachung willen in einem Bild zur Darstellung gelangen. Der Verstand will die menschliche Natur klug machen, er will sie weise belehren und ihr die größte Vernunft weisen. Es ist der Verstand wie der ältere, weise Herr, der den naiven Zögling zum Erwachsenen erziehen möchte. Dem gegenüber stehen die inneren Gefühle und die triebhaften Willensimpulse. Der Wille ist von seiner Anlage her dynamisch, jugendlich, oder sogar der, der immer das Kindliche in der Natur bewahren und leben möchte. Der Bergsteiger ist meist von der typischen Willensdynamik geprägt, denn er ist in einem besonderen Sinn überdurchschnittlich kinetisch, und dies besonders dann, wenn am Wochenende das sonnige Wetter hereinleuchtet. Wie wenig helfen die Belehrungen und Überredungskünste zur häuslichen Ruhe von seiten der Ehefrau, wenn die leidenschaftliche Unruhe zum Berge drängt. Die Frau muß vielleicht sogar auf die Tour mitgehen. Worte und Ermahnungen zur Vernunft sind gegen ein willentliches Bergsteigerherz noch viel zu ungenügende Mittel, als daß sie dieses bezähmen könnten. Der Bergsteiger braucht sein Spiel und Abenteuer am Berg, denn sonst fühlt er sich krank und wie in einem Gefängnis festgehalten. Das ist die typische gegensätzliche Natur zur Vernunft und dem Intellekt. Der Wille ist die ungestüme Eigenwilligkeit, die sich gegen die Weisheit des Älterwerdens in Wirklichkeit wehrt. Aus diesem Grunde möchte der Bergsteiger in die Berge, zurück in die nahezu kindliche Welt, fliehen. Bergsteigen ist wie ein Spiel, wie eine Betätigung, die im Gegensatz zu jeder Weisheit liegt und dem Bedürfnis des Willens gerecht wird. Der Wille ist aber die sonnenhafte Freude des kindlichen Daseins, das der Bergsteiger wie ein Spiel an den Wegen und Windungen, an den Rissen und Graten aufsucht. Eigentlich wollen die Bergsteiger nicht wirklich erwachsen werden.

So sind es in einer bildhaften Betrachtung zwei gegensätzliche Pole, die in der menschlichen Kreatur arbeiten. Auf der einen Seite liegt eine dynamische Willenskraft vor, die das Leben mehr in einer kindlichen Belebtheit und Freiheit wahren möchte, und auf der anderen Seite ist es ein Intellekt, der nach Alter und Weisheit strebt. Beide Wege, jener des Intellektes und des Älterwerdens und jener des Willens und des Jugendlichwerdens, halten sich durch ihre gegenseitige Extremität gewissermaßen die Waage. So ist der Sport im Bergsteigen ein Ausgleich zum Intellektualismus unserer Zeit und ein Ausgleich, der in diesem gegenseitigen Spiel der Bewegungen einen heilsamen Sinn erfüllt.

Die Mission des Sportes liegt in dem Spiel mit der Materie, das sich ganz besonders auch auf dem Gebiet des Kletterns als ein Spiel mit den exponierten Wandstellen äußert. Die moderne Zeit ist in das Alter des Verstandes gestürzt und äußert viele Nervenreize in einer Art Hochblüte von sensorischer Unnatürlichkeit und überempfindlichen Spannungen. Die Fortschritte auf dem Computerwesen und in der Tele-Technik, allgemein in der Elektronik und in den vielen Übertragungsmediatoren, die Gedankenwissen und Reize transportieren, bringen eine beständige Überdehnung auf das Nervensystem des menschlichen Körpers. Das Nervensystem ist heute weitaus mehr Reizeinflüssen als früher ausgesetzt. Von einem geistigen Standpunkt aus betrachtet sind die vielen Reizimpulse, die auf das Nervensystem einwirken, wie anklammernde Wesen, die den Menschen altern und verhärten lassen und die einzelnen Nervenbahnen aus ihrer natürlichen, sensorischen Empfangsbereitschaft herauslocken wollen. Diese astralen Einflüsse krallen sich förmlich im Nervensystem fest und bringen dieses zu einer beständigen Überdehnung und zu einer ständig ungesunden Abwehrreaktion. Die Nervosität, die eine Art zersetzenden Charakter hat, ist eine ganz natürliche Abwehrreaktion des Nervensystems auf die von außen kommenden Störeinflüsse der Übertragungsmediatoren unserer Zeit.

Der Intellektualismus besitzt ein sichtbares Gesicht, indem er tausende wirre Gedanken in utopisch hochspezialisierten Phrasen bringt, und er besitzt weiterhin ein unsichtbares Wirken, das einem verborgenen Wesen gleicht, das sich hinter allem Sichtbaren des Nervensystems anklammernd bedient und eine Scheinklugheit des Alters vortäuschen möchte. Das gesunde Nervensystem reagiert empfindsam auf alle übermäßigen und unnatürlichen sensorischen Reizeinwirkungen, es wehrt diese in einem bestimmten Maße ab. Diese Abwehrreaktionen kann es aber nicht in unbegrenztem Maße leisten und somit entstehen im Laufe eines beständig einwirkenden Reizes immer mehr pathologische Tendenzen. Wenn jener Mensch, der heute in unserer Zeit den vielen Einflüssen aus der Medienzeit ausgeliefert ist, keine kompensatorischen Maßnahmen ergreifen kann, verfällt er leicht einer nervlichen Erschöpfung, die bis hin zur Zersetzung des Nervensystems führen kann. Die Nerven werden krank, und es entsteht ein Gefühl im Körper, so als ob der ganze Leib durch Verhärtungen zerbrechen müßte. Man kann sich von einem geistigen Auge aus gesehen den Nerv so vorstellen, daß er durch die wiederholten, einseitigen Reizspannungen immer härter wird und gleichsam wie poröses Glas zerspringen möchte. Der Nerv erscheint wie der alternde, gebrechliche Greis. Die Nerven reagieren jedenfalls mit einer hohen Abwehrspannung, und daraus entsteht jene Verzerrung des Menschseins mit unschönen Haltungen, die heute schon als ganz natürlich betrachtet werden kann.

Aus diesen geistigen Anschauungen über jene Mächte, die auf das Nervensystem einwirken, wird es verständlich, daß in unserer modernen Kultur der Mensch eine gewisse Ausgeglichenheit in erholsamer und verjüngender Tätigkeit braucht, damit er den Zeitströmungen tatsächlich standhalten kann. Die Einflüsse der vielerlei komplizierten Techniken zerstören auf latente Weise das Menschsein durch sich selbst und ihre feinen, reaktiven Wesenszugriffe. Kompensierungen können in vielerlei Formen geschehen, wie zum Beispiel in den negativen Formen übersteigerter Sexualität oder in übermäßigem Konsum von Waren, Essen und von Drogen und Rauschmitteln, in Form von Bindungen an Menschen und religiösem Übereifer, sie können aber auch im Sinne eines Leistungssportes erfolgen. Der Sport, wenn er nicht als Hochleistung, sondern mehr als ästhetisches Spiel im Miteinander oder mit einer Sache verstanden wird, dürfte vorerst die beste natürliche Ausgleichslage durch den Willen herbeiführen, die der Mensch heute tatsächlich notwendig braucht.

Der Sport besitzt ein wesentliches Merkmal, und das ist das körperliche Training, das vielleicht in einer gewissen Weise auch mit einer mentalen Einsatzfreude einhergeht. Die mentale Disziplin ist jedoch ganz besonders im Klettersport auf die körperliche Leistungsvitalisierung und eventuell auf die Leistungssublimierung ausgerichtet. Im Sportklettern muß sich die Mentalität ganz mit einer einzigen Sache wie beispielsweise mit einem Griff, mit einer Wandstelle, mit einer Leiste, mit einem Überhang oder mit einem glatten Rißstück beschäftigen, das es auf geschickte, aber körperliche Weise zu überwinden gilt. Die mentale Bewußtheit richtet sich gezielt auf die Körperebene, die sie durch ihre punktuelle Zentrierung auf das rechte Leistungsmaß zu führen versucht. Die Sportkletterer wissen wohl sehr deutlich, daß sie durch eine mentale Einstellung auf den Körper Einfluß nehmen und ihre Leistung damit entschieden verbessern können. Es ist dies jener Zusammenhang, der von einer vitalen Konzentrationsanreicherung zu einer vitalen Körperleistung führt. Diese starke einseitige Einwirkung des Bewußtseins auf den Willen oder, anders ausgedrückt, die starke Verkoppelung des Denkens mit der körperlichen und willentlichen Bewegung führt zu einer momentanen Entlastung des Nerven-Sinnes-Systems und dadurch zu einer körperlichen Stärkung. Die intensiven Fixierungen der Mentalität auf die Körperlichkeit bewirken eine Erhaltung des gefestigten, eigenmächtigen, vitalen Selbstbewußtseins, das sich ja ganz besonders seinen Ausdruck über die Gesundheit des Körpers nimmt. Der Körper wird auf diese punktuelle Konzentrierung hin kräftiger, und das Nervensystem kann gegenüber den vielen Reizeinflüssen, die es beständig aufnehmen muß, in einem gewissen Sinn unempfindlich gemacht werden. Sportkletterer fühlen sich in ihrer Welt meist sicherer, und sie demonstrieren geradezu ihre Freiheit und Eigenkraft mit gewissen amerikanisierten Benehmensformen, wie der eigenartigen Erscheinungsform des Kletterns mit nacktem Oberkörper. Sie demonstrieren förmlich das Selbstbewußtsein und eine gewisse Unempfindlichkeit.

Weiterhin schenkt das Klettern in steilsten Passagen, exponiert in Wind und Sonnenschein, ein ekstatisches Lebensgefühl, das wie eine Droge wirken kann und vorübergehend ein sattes Gefühl der Zufriedenheit vermittelt. Der konzentrierte, auf das äußerste abgestimmte Bewegungsablauf in der Bewältigung eines Überhangs oder einer sehr schweren Passage bewirkt eine kanalisierende Geschmeidigkeit in den Nervenimpulsen, es führt der eingestimmte, auf das Äußerste des Machbaren ausgerichtete Bewegungsmoment ein Gefühl des Grenzüberschreitens und der Überlegenheit herbei. All diese Gefühle, die im ekstatischen Klettersport erlebt werden, sind ein Ausdruck des nach elementarer Erfüllung drängenden Selbstbewußtseins. Der Sport erhält in diesem Sinne damit ein gewisses künstliches Selbstbewußtsein und eine Festigkeit in der körperlichen Gesundheit. Wer das Sportklettern für sich für längere oder auch kürzere Zeit als Lebensweg wählt, kann sich ein unempfindliches Gefühlsleben schaffen, das gegenüber den zersetzenden Einflüssen unserer Kultur standhafter und somit vorteilhaft ist. Das Selbstbewußtsein kann mit dieser extremen punktuellen Stärkung leichter erhalten bleiben.

Das moderne, vielfach von Amerika übernommene Sportklettern aber, und das darf ruhig und ohne jegliche moralische Bewertung gesagt werden, bringt auf der einen Seite eine Festigkeit im Leib-Seele-Verhältnis und auf der anderen Seite eine zum Tierischen neigende Desensibilität mit einer überdurchschnittlichen Kompaktheit und undurchlässigen Vitalstruktur mit sich. Noch fehlt in der sportlichen Ekstase der modernen Zeit die natürliche Mitte des Herzens, ausgedrückt in einem ästhetischen Spiel mit der Materie und einer versöhnenden Einkehr der Gedanken in eine tiefere Philosophie. Alle extremen Wege in linearen Bewegungen und ekstatischen Leistungen führen zu einer Degeneration und einem unübersehbaren Leiden. Aus diesen Gründen müssen wir in der Zukunft jene Wege beschreiten lernen, die ein achtsames Denken und ein sublimiertes Willensverhältnis hervorheben. Das sind jene Gedanken und Empfindungen, die auf das Nervensystem nicht ergreifend und spitz oder schmerzhaft wirken, sondern es wie mit Samt umsäumen und es in die eigene, wahrnehmende, sensorische Funktion emporheben. Diese Wege aber ruhen noch in der Zukunft und sind wohl in der Gesamtheit einer großen Entwicklungsspanne nicht sogleich ohne weitere wegweisende Hintergründe zu begehen. Das bewußte Spiel mit der Materie im Bergsteigen, ganz besonders in den Felsen und Wänden, kann hierzu eine Vorstufe sein. Das Bewußtsein zu dem eigenen Tun und zu dem Felsen als ein materielles Gegenüber ist hierfür ausschlaggebend. Das Spiel mit der Materie, das so viele Bergsteiger neben der Leistungsorientierung immer wieder ganz bewußt mit neuem Enthusiasmus aufsuchen, kann als eine schöne, anstrengungslose Ausgleichsbetätigung gelten.

Eine Erweiterung findet das Spiel mit dem hinzukommenden Studium. Dies ist jedoch ein sehr anspruchsvoller Bewußtseinsschritt. Mit dem Studium soll aber nicht das Universitätsstudium in seiner klassischen Ausprägung angesprochen werden, denn dieses unterliegt mehr den intellektualistischen Formulierungen, sondern es soll mehr das schöpferische, geistige Studium von Gedanken und Analogien angesprochen sein, das das bloße Spiel veredelt oder zumindest bereichert und das sich der Naturschöpfung, der Philosophie oder einem gewählten Fachbereich hinwendet und den inneliegenden Geist und seine mannigfaltigen Formen erkundet. Die seelische Regsamkeit liegt hier weiterhin in der Kontemplation, in der Vertiefung einer Betrachtung und der bewußten Bewahrung eines Gedankens oder einer Anschauung auf eine ganz objektive, beschauliche Weise. Wenn diese neuen Möglichkeiten von ihrer Art her studiert werden, dann kann wohl jener Eindruck nicht vermieden bleiben, daß es sich sowohl in der schöpferischen Bewußtseinsbildung als auch bei der kontemplativen Vertiefung und Entwicklung einer inneren, feineren Objektbetrachtung um Wege handelt, die ein ganz anderes Selbstbewußtsein vorbereiten als die Wege der reinen Leistung und die Wege des Intellektualismus. Der von Natur getriebene Verstand mit seinen Tendenzen zu immer größeren Leistungen muß in seiner Bewegungsrichtung durch anhaltende Übung umgekehrt werden, so daß er nicht nur in äußeren Spielarten und Wettkampfbetätigungen auf neue, fernere Errungenschaften emporklettert, sondern sich in beschaulicher Sicht der Tiefe der Materie hinwendet. Durch eine rechte Entwicklung einer Kontemplation kehrt sich der Gedanke mit der Zeit mit seiner Zielrichtung um und blickt nicht mehr nach oben auf höhere Höhen, sondern nach unten in innere Tiefen. Aber ebenso ist der Weg der geistigen Schule auch für den Willen eine Art Umkehrrichtung. Dieser Wille, der in seiner kinetischen Anlage immerfort in einer kindlichen Regsamkeit die Erde ergreifen möchte, der in Trieben und Leidenschaften den größten Genuß in der Materie ersehnt, muß von seiner so sehr irdischen Natur einmal Abstand nehmen und sonnenfreudig werden. Er muß sich wie eine Blüte nach oben wenden und im freien

Atem von allen sinnlichen Anhaftungen frei werden. Dann wird jener Mensch leicht und frei. Das Spiel mit der Materie ist aber eine gewisse Vorstufe zu dem, was in diesem Sinne des Wortes ein Studium darstellt.

So haben wir drei verschiedene Formen des Bergsteigens und Kletterns. Die erste Form ist jene, die vorwiegend die Leistungsdarbringung in ihrer Motivation trägt und mehr das Interesse an der äußeren Schwierigkeitsbewältigung oder an einem ekstatischen Erleben mißt. Die zweite Form ist eine bewußtere Umgangsweise mit den Elementen des Tätigseins, wie es sich im Bild mit dem Kletterer in den Felsen zeigt oder im Bild des Skifahrers, der den Schnee als sein sich umgebendes Wesen erlebt. Dies sind immer wieder neue Entdeckungen, die eintreten, und Erfahrungen über Ästhetik und Harmonie schenken. Die dritte Art des Bergsteigens aber geht noch eine Stufe weiter und sucht in langsamen, kontemplativen und gedachten Vorstellungen ein höheres, inneres Geheimnis. Hier wird das Studium zur lichten Bereicherung und inneren Veredelung des Bergsteigens beitragen (siehe Seite 161 ff.).

Das Wort »Sport« besitzt in sich die Bedeutung von Lust oder Belustigen. Der Sport ist im ursprünglichen Sinn das Spiel der Erwachsenen, der Wettkampf, der um des gesunden Vergleichens willen geschieht. Er ist beim Bergsteiger ein vergleichendes Spiel mit der Materie. Diese Mission, die der Sport geben kann, liegt heute in unserer nervenbeladenen Zeit in einer spielerischen Ausgleichsbetätigung, damit man mit jenem Selbstbewußtsein, das auf weitere Höhen klettern möchte, besser umgehen und ein gesünderes Leib-Seele-Verhältnis in nicht übersteigerter und nicht geschwächter, sondern in harmonischer Festigkeit erhalten kann. Der Sport, der in gewissen Grenzen der Vernunft bleibt und die Regeln der allgemeinen Toleranz und Fairneß, der Begegnung und der gemeinschaftlichen Gegenseitigkeit bewahrt, kann im weiteren Sinne zu einem kulturellen Beitrag werden.

Die Bedeutung der Alpenblumen aus geistiger Sicht

Die Flora der Alpen ist die geoffenbarte Tugend, eine Lichtsphäre, die in den verschiedenen Blumen und Blüten eine sichtbare Gestalt gewonnen hat. In den herrlichen, farbenfrohen Blüten spiegeln sich ganz besonders jene Eigenschaften wider, die an die frommen, religiösen, vertraulichen, edlen, gehobenen und einstmals kindlichen Gefühle unseres Daseins appellieren. Die Blüten und das tiefgründige Seelenleben des Menschseins gehören zusammen. Jede Blume und jede Blüte hat einen tiefen Ausdruck für das seelische Befinden und zeigt eine ganz besondere Sympathie und Reinheit der Seele auf. All die Pflanzen sprechen in einer ursprünglichen, unberührten Reinheit, während das Spiegelbild im personalen Wesen oftmals von vielen Schattierungen und Dunkelheiten überschattet ist. Die Blume will aber die Reinheit oder, in einer gewissen Weise, die Vollkommenheit eines bestimmten tugendhaften Daseins, einer Eigenschaft des tiefgründigen religiösen Charakters, ein inneres, empfindsames Glied des personalen Wesens offenbaren. So wie der Berg mit der unmittelbaren Urbildekraft des physischen Leibes seine Verwandtschaft besitzt, so tragen die Blumen eine innere Beziehung zum verborgenen Seelenleben in ihrem anmutigen Charakter. Die Blumen sprechen die Sprache der beschaulichen Reinheit der Seele. Sie regen das Bewußtsein ganz im Stillen an und erwecken durch ihre freundliche Sympathie eine unmerkliche Freude, sie erheben die Aufmerksamkeit und erinnern an die verborgene Sphäre einer kindlichen, unangetasteten Welt des Himmels, die tief in dem Gefühlsleben einer jeden menschlichen Seele wurzelt.

Die Alpenblumen wachsen auf höheren Lagen, was jenen von ihrer Gestalt her einen niedrigeren Wuchs gibt und gleichzeitig eine etwas kompaktere und kräftigere Blatt- und Stengelstruktur. Jede Blume besitzt für sich eine eigene Lichtsphäre, die ihr wiederum eine ganz besondere subtile Faszination und ätherische Anmut verleiht. Diese unsichtbar umkleidende Lichtsphäre webt und arbeitet bei den gewöhnlichen Wiesenblumen im Tale anders als bei den Bergblumen auf höheren Lagen. Die lichte Äthersphäre um die Bergpflanze will sich gemäß ihrer steinigen und festen Umgebung verdichten und nahezu in ein physisches Dasein materialisieren. Der Äther will ein physisch festes Dasein annehmen. Diese Tendenz der Lichtäthersubstanzen kann bei den Bergblumen an den feinen Haaren, die sie in Höhenlagen stärker ausbilden, gesehen werden. Das Licht schützt einerseits die Pflanze und ernährt sie andererseits. Dieser schützende und ernährende Lichteinfluß ist in den Höhenlagen intensiver und verleiht der Pflanze eine ursprünglichere, elementar-sensitive Impression. Gleichzeitig ist der elementarkräftige Lichtcharakter dennoch sehr rein. Der festere Äther- und Mineralcharakter verleiht den Alpenpflanzen gegenüber den gewöhnlichen Wiesenblumen einen besonderen Heilwert. Der Heilwert der Bergpflanzen und Bergkräuter ist größer als jener der Kräuter und Pflanzen aus den Talgründen.

Eine der ganz besonderen volkspoetischen Alpenblumen ist das Edelweiß. Es ist die Blume der Bergsteiger und Bergbewohner. Die feine Behaarung der weißen Blüte und Pflanze zeigt wieder den intensiven Lichtcharakter, den sie in ihr Inneres hinein aufnimmt. Sie hält für sich das Licht in geballter Form gefangen. Obwohl das Edelweiß eine sehr kleine Pflanze ist, die von den Bergsteigern recht selten entdeckt wird, ist ihr Name bis hinauf in die flachen Landschaften des Nordens bekannt geworden. Das Edelweiß ist die Blume der Bergsteiger und trägt in ihrem sinnbildlichen Wesen die Bedeutung des Schutzes und des Beschütztseins. Mit dem Anblick eines Edelweißes fühlt das innere Bergsteigerherz ein gewisses geborgenes Heimatgefühl. Es fühlt eine natürliche Zugehörigkeit zu den Bergen und identifiziert die Höhenregionen als die heimatliche Sphäre des Lebens. Dieses Fühlen einer heimatlichen Geborgenheit ist die Sehnsucht vieler Herzen und oftmals die verborgene Motivation der Bergsteiger. Die Bergsteiger suchen fast immer eine Art Heimat oder sehnen sich nach Heimatgefühlen. Sie suchen eine Harmonie mit der Schöpfung und Natur. Diese finden sie mehr in den Bergen und unberührten Regionen der Höhenlagen als in den flachen Landschaften und Tälern. Dieses Gefühl des heimatlichen Aufgenommenseins ist gleichzeitig der innere Schutz, der durch das Edelweiß versinnbildlicht ist. Dies ist die Bedeutung der Pflanze von ihrer geistigen Entität.

Zwei ganz andere Alpenblumen mit bezaubernder Anziehungskraft und Schönheit sind das Solidago, die echte Goldrute, und die Pulsatilla, die Küchenschelle. Beide Pflanzen strahlen aus einer zarten Blüte eine feine, sensitive, weibliche Harmonie aus. Die Goldrute (Bild Seite 120) schenkt eine ganz verborgene Imagination, eine verblaßte Erinnerung, die wohl heute kaum mehr jemand zu denken wagt. Sie versinnbildlicht in ihrer Ausstrahlung die Freude der himmlischen Hierarchien, die Freude der Engelwesen und des Himmels selbst. In diesen höheren Hierarchien lebt eine Seligkeit, die gleich einer leidenschaftslosen Freude ist. Die Goldrute will mit ihren zarten Blüten und ihrem unaufdringlichen und doch anziehenden Gelb diese Freude des Himmelreiches in die Erinnerung rücken. Die Küchenschelle (Bild Seite 121), die verschiedenartige Farben in ihren Blüten tragen kann, versinnbildlicht jedoch nicht die Freude, sondern die Reinheit der höheren Hierarchien. Sie will mit ihrer anmutigen und harmonischen Blüte auf diese Reinheit der anderen, höheren Welten hinweisen. Beide Pflanzen sind in der Naturheilkunde hervorragende Heilmittel. Das Solidago wirkt auf die Nierenregion und bringt in diese wieder ein lebendigeres Stoffwechselfeuer, sie wirkt stärkend auf die Nierenfunktionsleistung und auf die Lebenskraft des funktionellen Gewebes. Die Pulsatilla aber wirkt reinigend und kann ganz besonders bei Unterleibserkrankungen ihre besondere Verwendung finden. Normalerweise werden in der Naturheilkunde vorwiegend die Stoffe einer Pflanze analysiert und entsprechend ihrer Glykoside, Bitterstoffe und Gerbstoffe, ätherischen Öle und Mineralkomposition als Heilmittel ausgewählt. In Wirklichkeit sind aber die Stoffe einer Heilpflanze gar nicht unbedingt von so sehr wichtiger und vordergründiger Bedeutung. Es ist mehr das Wesen einer Pflanze, das mit den geistigen Urprinzipien in Verbindung steht und eine entsprechende Anregung und Bewußtheit im Menschen entfachen kann. So gibt es Menschen, die infolge einer Nierenkrankheit das Solidago brauchen und somit eine innerste Erinnerung an die Freude der seligen Hierarchien. Und andere brauchen wieder eine Erinnerung an die Reinheit dieser Welten, damit sie sich selbst von irdischen Sorgen und Zugriffen der Begierden und der Schweregefühle der Weltlichkeit entlasten können. Die Pflanzen sind hier vornehme Wesen, die jene Erinnerung ihrer ehemaligen Bedeutung in die Welt tragen.

Eine der bedeutungsvollsten Heilpflanzen ist die Arnika oder, wie der deutsche Name in der Tradition heißt, Bergwohlverleih (Bild Seite 122). Die Arnika kann sehr leicht mit der gelben Gemswurz verwechselt werden. Beim genauen Hinsehen ist aber die Arnika mehr von einer Kompaktheit gekennzeichnet und trägt einen zerzausten Blütenkorb, so als ob der Wind gerade in sie hineingefahren wäre. Die Arnika ist eine sehr kräftige Pflanze, die in der orangen Farbe an das Licht erinnert. Tatsächlich lebt sie im geistigen Bilde des Lichtes. Sie will das Licht auf der Erde versinnbildlichen. Wenn uns auf den Wegen über Wiesenhänge und zerklüftetes Hochgelände mit grasigen Schrofen die Arnika anblickt, so blickt uns in Wirklichkeit eine Erinnerung aus dem Himmel an und will zeigen, daß das Licht das schöpferische und reine Urprinzip ist. In der Heilpflanzenkunde wird die Arnika überall dort verwendet, wo die Gewebe verletzt sind, vor allem wo Stauchungen und Prellungen den Körper in Mitleidenschaft gezogen haben. Diese Regionen brauchen für einen fortschrittlichen Heilsprozeß sehr viel Lichtkräfte, damit sie sich erneut aus dem Trauma, das sie erfahren haben, durchgestalten können. Das Licht wirkt, über die Arnikapflanze verwendet, auf ein krankes Gewebe heilsam ein.

Eine ganz typische Alpenpflanze, die im Frühjahr und Frühsommer gedeiht ist das Aurikel oder die echte Primula, die Gebirgsschlüsselblume. Diese echte Schlüsselblume hat ein kräftigeres, ockernes Gelb als die gewöhnliche Schlüsselblume, die wir auf den Wiesen vorfinden. Die ganze Pflanze erscheint im Gebirge, manchmal in Felsspalten, mit satten, kräftigen Blättern und mit einem guten, geraden Stengel. Diese echte Schlüsselblume ist eine ganz wichtige Heilpflanze, die in ihrem Sinnbild die innere Stärke trägt. Diese Stärke zeigt sich auch in Aufrichtekraft. Wer diese innere Stärke besitzt, trägt in sich ein hohes Potential zur Abwehr von negativen Einflüssen und besitzt allgemein eine hohe Spannkraft in der Psyche wie auch im Körper. Diese Spannkraft verleiht die Fähigkeit zu guter Regeneration. Das echte Primula wirkt sehr stärkend auf die Nebennieren. Wenn der Bergsteiger einen Weg entlanggeht und ihn plötzlich das goldgelbe Aurikel anblickt, so fühlt er wohl in seiner Seele immer eine geheime Stimmung von einer Wissenseinkehr. Er fühlt sich selbst gekräftigt, da er um das Leben intuitiv Bescheid weiß. Man kann auch sagen, daß die Primula die Blume ist, die auf der einen Seite innere Stärke aufzeigt, und auf der anderen Seite auch das Sinnbild der Stärke unmittelbar beschreibt, indem sie dem Betrachter ihr Wesen signalisiert. Ihr Wesen ist die Offenbarung dessen, was das Gedächtnis des Wissens ist. Wir Menschen tragen in uns ein stilles Gedächtnis des Wissens. Dieses Gedächtnis des Wissens ist in Wirklichkeit die innere Stärke unserer Natur.

Das sind verschiedene Beispiele, wie ein Seelisches aus den Blumen der Alpenflora heraus atmet. Die Blumen und die Menschen sind miteinander in Verbindung. Sie sind konkret in der Seele miteinander verwandt. Die Blume trägt ein apersonales Sein und offenbart für den Menschen die Tugend und die Eigenschaft des Seelenlebens selbst. Die Blumen leuchten durch ihren spezifischen Lichtäther und drücken durch diese farbenfrische Ausstrahlung und entzückende Zierde eine vollkommene Reinheit aus. Dies ist die Reinheit dessen, was im Himmel aufbewahrt ist. Diese Reinheit in der Leuchtkraft der Blüte ist eine Erinnerung an die kindliche Unberührtheit der Seele, die aus einem Blütenteppich gewoben ist und nun auf personale Weise die Reinheit in der Vollkommenheit geben will.

Der Archai in den Bergen, das Phänomen des Nebels

Jener Eindruck einer dämonischen Sphäre oder zumindest eines dämonischen Wesensspiels, das in den Bergen herrscht, kann ganz besonders dann erlebt werden, wenn der winterliche Herr des Nebels in Fetzen oder großen Hüllen die Gipfel und Grate umhüllt. Der Nebel zeigt sich in den Hochregionen nahezu schon greifbar wie der Schleier des Todes. Tatsächlich ist in der Nebelsphäre der Berg am meisten der absolut Unnahbare, der teutonische Monolith, der wie ein mächtiger Magier den Raum für sich einnimmt. Das Phänomen des Nebels ist sowohl für den Bergsteiger ein gefahrbringendes Hindernis, das ihn in Unsicherheiten und Irrwege bringen kann, es ist aber auch für den Berg in seiner Strahlung selbst eine Art Beklemmung, in der er gewissermaßen von allen anderen lebendigen Elementen abgeriegelt ist. Der Nebel ist deshalb das offensichtlichste dämonische Phänomen am Berg.

Damit wir ein Gefühl für die Wesensmächte bekommen, die am Berg miteinander ringen, müssen wir noch einmal den folgenden Vergleich betrachten. Was geschieht während der Tage und Nächte durch die sogenannten Witterungseinflüsse, insbesondere durch den Wind und das Wasser und durch die Temperaturen? Aus der wissenschaftlichen Forschung wissen wir, daß sich die Berge durch die Erosion langsam abbauen und poröser werden. Dieser Einfluß der Erosion wurde schon in einem vorhergehenden Kapitel näher beleuchtet und in einen geistigen Zusammenhang geführt (siehe Seite 58 ff.). Bei der Deutung des Phänomens des Nebels und bei der Erklärung des Begriffes des Archai kann diese zersetzende, den Bergen von außen auferlegte Elementenexposition durch die Witterung eine weitere vergleichende Analogie erhalten. Hierzu ist es wichtig, daß wir die Berge noch einmal dem menschlichen Willensleben zuordnen, und das entspricht dem individuellen Geist, den persönlichen Merkmalen. Die Berge sind verglichenermaßen mit der innersten Wärme des Willens verwandt. Sie gehören in einer tiefen, ganz im Untergründigen wurzelnden Beziehungsebene zum Menschsein.

Dieses Willensprinzip, das so ganz in der Tiefe des untergründigen Menschseins und der schöpferischen Natur lebt, bildet das anfängliche, beginnende Leben. Es ist dieses anfängliche Leben und existentielle Sein ein personales Sein, und dieses ist wieder ein Selbstbewußtsein oder ein beginnendes Bewußtsein zu einer Person. Dies aber bildet wiederum den Anfang des Menschseins.

Wenn wir in die Berge gehen und auf introvertierte und aufmerksame Weise die Spiele der Elementarkräfte beobachten, sehen wir, wie die Felsenriffe und Flanken einem ständigen Abbau durch die von außen kommenden Einflüsse ausgesetzt sind. Das Wasser nagt sich in die Ritzen und Risse hinein oder schwemmt Furchen und Rinnen aus. Der Wind und die verschiedenen Temperaturen meistern unaufhörlich von außen kommend ihr begeisterndes Spiel der Abwechslung auf den verwitterungsexponierten Stellen, auf das der Berg in seiner Einfalt nur mit einer schmerzlichen Grimasse reagieren kann. Das Bewegte kämpft immerfort mit dem Unbewegten. Auf die mobilisierten Eindringlinge von außen zieht sich der ruhende Berg nach innen zurück. Der Rückzug nach innen ist aber mit einem Offenwerden des Berges verbunden, denn er muß seine Flanken und Wände durch die einspaltenden Risse und Rinnsale öffnen. Der Berg muß sich im Kampf gegen die Elemente öffnen. Beständig lebt er aber in einem latenten Kampf mit seinen äußeren, mobilen Gegnern.

Dieser Kampf, der in den Bergen immerfort stattfindet, ist ein Ausdruck für einen gleichartigen Kampf in der menschlichen, inneren Willensnatur. So wie es in uns einen moralischen Kampf zwischen den Mächten von Gutem und Bösem gibt, so gibt es auch einen Kampf von einem fixierten Selbstbewußtsein zu einem gelösten Offensein. Der innerste Wille in uns ist tatsächlich wie ein Berg, der auf seiner Linie und Festigkeit beharren möchte und keine von außen beeinflussende oder verwandelnde Bewegung duldet. In diesem Willen wirkt das archaiische Bewußtseinsprinzip, das an die tiefen Schichten des personalen Seins gebunden ist. Dieser Wille im Menschsein wäre wie eine potentielle Energie, die ohne größere Führung, Erziehung und Steuerung von außen zu mächtigsten Zerstörungen fähig ist. Dann würde man von einem *asura*-Prinzip sprechen, von einem sogenannten dunklen, nicht mehr dem Liebesprinzip angemessenen Mächtigsein. Das *asura*-Prinzip mit seiner unbewegten Starre, das gleich wie ein Berg ist, streitet beständig mit dem aufsteigenden personalen Wesen, dem reinen archaiischen Leben des Willens. Der menschliche Wille muß sich deshalb im Aufstieg zu größerem Edelmut beständig neuen, überkommenden Ordnungen einfügen und muß seine eigene, inneliegende Starre aufgeben. Wir müssen jeden Tag Arbeiten und Leistungen erbringen, die wir nicht gerne tun und manchmal Krankheiten und Schwermut bewältigen, die uns bittere Stunden der Anstrengung und des Durchhaltens abverlangen. Der Wille wird beständig durch die äußeren Bedingungen und Notwendigkeiten aus seiner behäbigen Starre gerissen. Das ist der Kampf des *asura* mit dem Archai. Der *asura* ist das starre Selbstbewußtsein, der Archai ist das positive, werdende Wollen des Geistes.

Diesen Kampf sehen wir direkt in den Bergen in einer unmittelbaren Wesenswelt. Der Berg beugt sich ganz langsam den von außen eindringenden Mächten. So beugen wir uns in unserem Willen so ganz langsam einem größeren Willen. Dies geschieht in uns ebenfalls nur langsam, wie es auch in der Evolution des gesamten Voranstrebens der Menschheit nur langsam geschieht. Bleiben wir aber zu lange im Willen starr und beharren wir zu sehr auf unseren eigenen Urteilen, sind wir wie ein Berg mit einer Grimasse, oder wir sind selbst unbewegt, versteinert und hart. Die Verhärtung im Menschsein ist dafür ein gewisser Ausdruck. Das eigentliche personale Menschsein geht aus einem lebendigen und dynamischen Wechselspiel hervor, wo sich eine einmal errungene Wahrheit, ein fertiges Urteil über die Welt wieder ablöst und einer größeren Wahrheit widmet. Aus diesen Wechselspielen im Menschsein, das ein Kampffeld des *asura* mit dem Archai darstellt, erwacht der veredelte Geist und eine immer größer werdende Wärme im Personalen. Es erwacht das veredelte Menschheitsprinzip.

Der Nebel aber ist ein Phänomen, das sowohl in den Bergen als auch im Menschsein auftritt. Es ist ein gefahrvolles Phänomen, das vergleichbar mit einem vorübergehenden Siegen des asurischen Daseins ist. Im Menschsein äußert sich dieses nur nicht in einer Benebelung selbst, sondern in einem Trotzigsein, einem Sich-nicht-Beugen-Wollen und Beharren auf Einseitigkeit und Starrheit. Kinder sind dann am meisten trotzig, wenn sie ohnehin schon viel erhalten haben. Sie wollen ihren Willen den Eltern aufzwingen. Das Trotzigsein ist ein reiner Willenskampf, der den Willen des anderen erzwingen möchte.

So sind die Berge in Nebel gekleidet und wahren ihre Natur, verharren in ihrem Willen und geben damit eine titanische, starre und gleichzeitig furchterregende Sphäre nach außen. Sie sind im wahrsten Sinne dann in einem asurischen Prinzip, was auch genau übersetzt heißt: »Sie sind nicht in der Sonne.« Sie verhalten sich gegen die von außen kommenden Eindringlinge und Elemente. Sie sind verglichenermaßen in dem eigenen Trotz. Diese Analogie sehen wir deshalb in der Naturschöpfung wie auch in uns selbst. Es ist dies wahrlich ein Kampf des Selbstbewußtseins.

Wie geschieht die tiefere Beziehungsaufnahme zu den Bergen?

Die Berge sind in einem gewissen philosophischen Sinne wie die menschliche Natur in drei verschiedene Ebenen gegliedert. Die erste Ebene ist die dem Auge wohlbekannte sinnlich-sichtbare Ebene der physischen Materie. Sie ist die konkrete, greifbare Wirklichkeit der Felsen, der Hänge, Grate, Flanken und Pfeiler. Die Berge tragen einen physischen Körper, eine monumentale, adelige Gestalt und sind in der Materie, in der Stofflichkeit des Mineralischen beheimatet. Neben dieser stofflichen, mineralischen Kondition der Berge besteht aber eine weitere Ebene, die in der Regel kaum noch eine Benennung findet. Diese Ebene entspricht im Menschsein der seelischen Realität, und in der Naturschöpfung entspricht sie der wesenhaften Welt, jener gleichsam ständig fluktuierenden Sphärenwelt, die um die Berge und auch im Inneren der Berge strömt. Diese wesenhafte Atmosphäre ist aber nicht mit einer Wetterlage gleichbedeutend, denn die Wetterlage mit den verschiedenen Wolkenbildungen, Gewitterspannungen und Wechselspielen von Sonnenschein und Regen ist eine durchaus bewegte und energetische Welt, die sich aber ganz in der physischen Wirklichkeit ausdrückt. Die wesenhafte Atmosphäre der Berge ist eine Art Seele, so wie die Seele der vegetativen Natur die Elementargeistigkeit aus Sylphen, Undinen und Nixen ist. Sie ist eine Art Empfindungswelt, die sie gewissermaßen in freudiger, regsamer Elementargeistigkeit in allen Teilen umkleidet und die sie auch von innen nach außen in einer doch erkennbaren Schönheit wie auch freizügigen Weite verströmt. Diese Seelenwelt der Berge ist für die wissenschaftliche Forschung mehr oder weniger unzugänglich; dennoch besitzt sie eine reale Existenz und kann von demjenigen, der seine Sinne und Empfindungen für eine feinstoffliche Wesensdimension ausgeprägt hat, empfunden werden. Wie real und existent diese wesenhafte Welt des Berges ist, zeigen die unterschiedlichsten Erfahrungen und Eindrücke, die der Bergsteiger beim Besteigen eines Gipfels gewinnt. Die Dolomiten, die die lichtreichen Berge des Südens sind, geben ganz andere Empfindungen an das subtile Gemüt des Besuchers als die nördlichen Kalkalpen. Nehmen wir diese farbenreichen Berge des Südens einmal als konkretes Beispiel. In den Dolomiten empfindet das sensitive Bergsteiger-Empfinden etwas Ähnliches wie ein gewisses Entrücktsein von der festen Umkleidung aller Stofflichkeit und Alltäglichkeit. Der Bergsteiger fühlt nach einer Dolomiten-Fahrt eine leise Wehmut der Rückkehr aus einer nahezu paradiesischen Welt, zurück in das feste Eingebundensein der Verantwortlichkeit des Alltags. Das Karwendel dagegen leuchtet nicht so intensiv wie die farbenprächtigen Felsen der Dolomiten. Nach einer Karwendel-Tour wird der Bergsteiger und Kletterer ganz besonders die Gemeinschaftlichkeit, die Geborgenheit im Miteinander wertschätzen, denn in diesem Gebirge erlebte er mehr die Einsamkeit, sein inneres Alleinsein.

Neben einem äußeren Gesamtcharakter eines Gebirges besitzt weiterhin der Stein für sich alleine gesehen einen einzigartigen stofflichen und unnachahmbaren Ausdruck. Ein Stein ist für das menschliche Gefühlsleben nicht gleich einem anderen Stein. Der Stein ist das verstummte Wort. Der unterschiedlich zusammengesetzte Kalk ist manchmal warm und manchmal kalt. Das Magnesium ist ein Mineral, das meist ganz in den Karbonaten und der Kalkmasse untergetaucht ist, der Kiesel ist ein Bestandteil einer großen Masse, und alle besitzen sie ein eigenes Wesen. Mit jeder Gesteinsform und mit jeder mineralischen Komposition wird eine eigene und spezifische Empfindung in der menschlichen Seele angeregt und damit ein Wesen freigesetzt. Die Atmosphäre des wesenhaften Geistes ist eine reale, existentielle Ebene, die nicht dem Phantasiegebilde einer menschlichen Halluzination entspricht, sondern von all jenen gleichermaßen empfunden werden kann, die sich in gewissen Eindrücken und Empfindungen über die Zeit hinweg schulen.

Wenn jemand in der Seele einen Sinn für Kunst entwickelt, für den haben die Werke von Malern und die großen Kompositionen von Musikern einen hohen Wert der Anziehung und Faszination. Ebenso wird jener, der den Sinn für die Empfindungswelt der Berge entwickelt hat, erfühlen und wissen, daß die Berge in sich eine wesenhafte Atmosphäre tragen und jeder Berg für sich, jeder Grat, jede Flanke, jeder Gletscher und jede Wand eine eigene Wesensseite und somit gleichsam eine Art Seele besitzen. Diese Seele kann von jemandem, der sich in Eindrücken und Betrachtungen auf gezielte Weise, wie es hier vorgegeben ist, schult, ganz objektiv gelesen werden. Die wesenhafte Atmosphäre kann wie eine Schrift aus einem fremdsprachigen Buch nach und nach zur Deutung kommen. Die Disziplin zur Entdeckung der Seele der Berge ist nicht, wie manche hartnäckige Theologen behaupten, eine Angelegenheit von Einbildungskraft und Erstellung eines verschrobenen Weltbildes, sondern sie ist tatsächlich aufgrund einer exakten Schulung ein Fachgebiet zur objektiven, erweiterten Wirklichkeitserkenntnis und führt das menschliche Bewußtsein zu einer realen Schöpfungsidentität.

Ebenso wie das menschliche Wesen der Träger eines einzigartigen Geistes ist, so ist auch der Berg in seinem Allerinnersten oder in seiner geheimsten Mystik der ungetaufte Träger eines stillen, unberührten Ewigen. Jeder Berg besitzt einen Namen, und dieser Name ist eine Andeutung des Geistes. Er ist wohl immer eindeutig und läßt sich mit einem anderen Namen nicht vertauschen. Freilich ist diese geistige Dimension der Berge eine vollkommen ungreifbare Wirklichkeit, die scheinbar nur noch in abstrakten Gedanken, gleichsam einer rein angenommenen Idee, bestehen kann. Hier könnte der Kritiker berechtigterweise den Einwand vorbringen, daß der Mensch der Träger des Geistes ist, da er denken kann. Wie soll aber ein Berg denken und wie soll ein Berg ebenfalls jene innerste Dimension des Geistes bei sich oder über sich tragen können? Diese Bemerkungen aus dem herkömmlich logisch denkenden Verstand sind sicherlich nicht von der Hand zu weisen, denn der Berg ist wahrhaftig zunächst nur einmal, wie ihn das physische Auge wahrnimmt, eine rohe Materie. Diese derbe, kompakte Masse an Stofflichkeit wäre aber doch von der gesamten Schöpfung wie eine abgesonderte und unnütze Erscheinung, wenn sie nicht im Allerinnersten eine geheime Bedeutung und somit sogar eine stille und in die Ewigkeit klingende Sprache besäße. Die Berge sind deshalb nicht wie der Mensch Träger des Geistes, sondern sie sind sozusagen stille Teilhaber des einen Geistes, der in Gedanken seinen sichtbaren Ausdruck nimmt, und sie sind gleichzeitig wie der kräftigende Boden, der alles Weitere im höheren, selbstbewußten Gedankenleben ermöglicht. Wer die innere Bedeutung des Berges lesen kann, kann seine stille Sprache entziffern und seinen Geist entdecken. Hinter allen Namen und hinter allen Erscheinungen, hinter allen äußeren Merkmalen liegt jener innerste Bedeutungssinn, der dem Berg seine Einzigartigkeit verleiht und der seinen Geist darstellt.

Jene drei Ebenen, die namentlich die physische oder stoffliche Ebene des Berges, dann die wesenhafte, atmosphärische Ebene seiner Gestalt und im dritten die innerste Bedeutung und seine Einzigartigkeit in der Sinnentstehung tragen, beschreiben einen dreigliedrigen Schöpfungsaspekt, der wie ein großer Kreis unser ganzes Leben umgibt und schließlich auch unser eigenes Dasein im Inneren durchdringt. Für die Entwicklung eines zukünftigen, mehr empfindsamen und einfühlsamen Bewußtseins sollten nach und nach die Ebenen der wesenhaften Atmosphäre und schließlich der geistigen Bedeutung zur realen Erfahrung gehoben werden.

Für denjenigen, der sich einer Schulung zu diesen Erkenntnissen und tieferen Erlebensformen hinwendet, darf aber die erste Ebene der konkreten Wirklichkeitssicht auf die Materie bezogen nicht außer Acht bleiben. Diese erste Aufmerksamkeit in einer gewissen äußeren Orientierung, wenn das Auge zu der sichtbaren Erscheinung des Berges, seiner Gestalt, seiner physischen Offenbarung, seiner Form und Farbe, seines Aussehens und seiner Größe hinübergleitet, führt zu der ersten Richtung einer lichten Wahrnehmung.

Wie geschehen die einzelnen Schritte dieser Bewußtseinsentwicklung, die gleichzeitig eine Art Empfindungs-, Willens- und Gedankenentwicklung darstellt? In den folgenden Abschnitten sollen einige Gedanken zur Orientierung und Hilfe angegeben werden, wie eine erste und bewußtere Vision zu den Bergen entstehen kann. Sie ist eine Schulung, die auf ganz konkreten Schritten mit entsprechenden, weiteren Gedankenbildungen und Gedankenausarbeitungen beruht. Eine so wie hier beschriebene Bewußtseinsschulung stellt aber nicht, wie man leichtfertig meinen könnte, eine Art naive Versuchung in Form von Spekulationen dar, sondern meidet diese so weit wie möglich und bildet exakte und präzise Gedanken zu der Materie aus. Sie ist auch nicht eine Schulung, die ein schwärmerisches Gemüt begeistern will und die somit eine Art ekstatische Ideenflucht in eine eingebildete Welt von Sehnsüchten und Illusionen postuliert. Eine Schulung wie diese ist nur für den geeignet, der im ernsthaften Gedankenleben gegründet ist und sich über das normale, so alltägliche und übliche konsumierende Denken hinaus weitere Eindrücke und vor allen Dingen mehr übergeordnete Erkenntnisse über die Wirklichkeit der Naturschöpfungen aneignen möchte. Diese übergeordneten Eindrücke und Erkenntnisse geben durch ihre harmonisierende, lichte und befreiende Wirkung einen tieferen Eindruck einer immerfort schon bestehenden und weiterhin bleibenden Wirklichkeit, die mehr eine Art Einheit der Schöpfung darstellt und das Leben mit einem wissenden Glauben und einer entgegentretenden Hoffnung bereichert.

Als eine praktische Tat und in einer gewissen Weise auch als eine gezielte Arbeit sucht der Aspirant auf seinem Wege den Berg auf und lernt ihn mit den physischen Sinnen beobachten. Alle Schritte zu dieser Bewußtseinsentwicklung sind von einem konkreten und praktischen Charakter gezeichnet. Sie sind eine ganz gezielte, bewußte Arbeit mit der mentalen Gedankenkraft und stellen eine gewisse Herausforderung an die subjektive wie objektive Beobachtung der verschiedenen Abläufe, die sich mit den Gedanken entwickeln, dar. Er realisiert zunächst einmal das gesamte Gebiet, in dem er steht; ob er beispielsweise in den nördlichen Kalkalpen, in den Tauern, in den südlichen Dolomiten oder in anderen Regionen steht, er eignet sich, soweit ihm dies möglich ist, von verschiedenen Seiten einen Eindruck in bildhafter Form vom Berge an. Wo liegen seine steilen Abbrüche, wo ist der leichteste Weg auf ihn möglich? Wie sehen die Grate aus? Ist er mehr von felsiger Beschaffenheit oder vom Schnee umkleidet, oder ist er mehr von Wiesen und Wäldern gesäumt? Scheint es sich um einen leicht zu besteigenden Berg zu handeln oder sind seine Flanken und Wege mühsam? Gibt es schwierige Kletterrouten oder läßt er sich mit einfachen Mitteln erklimmen? Ist das Gestein brüchig? Von welcher Art ist das Gestein? Ist es vielfach gegliedert oder mehr plattig und geschlossen? Schließlich stellen sich weitere Fragen nach der Geschichte des Berges, nach seiner Ersteigung, nach dem, was Menschen von ihm erzählen und nach dem, wie oft und von wem er bestiegen wird. Sind auf diesem Berg viele Menschen umgekommen oder scheint er mehr von sanftmütiger Art zu sein? Was schreiben die Erstbesteiger von den Kletterrouten, und was erzählen die Alten in ihrem ehemaligen, naturfrommen Erleben von ihm? Es erscheint für den Aspiranten auf dem Wege dieser Bewußtseinsentwicklung hilfreich, wenn er die Eindrücke, die andere von diesem Berg gewinnen, mit seinen eigenen subjektiven Erlebensweisen und Erfahrungen zu diesem entsprechenden gleichnamigen Berg vergleicht. Mit dieser wohl etwas langwierigen Bestandsaufnahme über die sichtbare Wirklichkeit eines Berges und über seine niedergelegte Geschichte erschafft der Aspirant eine Art Bewußtseinsvorbereitung für weitere lichte und objektive Erlebnisse über die innere Seite der Naturschöpfung. Es ist aber dies eine Art Bewußtseinsvorbereitung, die noch nicht zu dem eigentlichen visionären Schauen der wesenhaften Atmosphäre und zu der innersten geistigen Bedeutung führen kann. Würde aber diese erste konkrete Auseinandersetzung mit der stofflichen und historischen Wirklichkeit des Berges fehlen, so müßten die weiteren Eindrücke in der Seele entweder von sehr ungeordneter und gebundener Art werden oder gänzlich sogar ausbleiben. Die Vorbereitungszeit ist wie eine Ordnungsbestimmung und wie eine erste Harmoniegestaltung über die feine Musik der Bergschöpfungen, die dem Gedankenleben eine erste künstlerische und objektive Richtung weist. Sie ist etwa so, wie wenn der Musiker sich über die einzelnen Tonlängen und Tonarten einen ersten Eindruck verschafft, bevor er an das Spielen des Stückes herangeht.

Je mehr sich der Aspirant auf diese Weise mit der Natur des Berges auseinandersetzt, öffnet er gleichsam die Fenster seiner Seele und blickt hinaus über seine eigenen Grenzen zu einer außenstehenden Wirklichkeit. Dieses Öffnen der Fenster bewirkt aber nicht nur einen Blick, der weiter, umfassender und für das Auge angenehm ist, sondern es findet auch durch das geöffnete Fenster ein Lichtstrahl von außen nach innen in die eigene Welt zurück. So wird der Aspirant auf diesem Wege eine angenehme, erste zufriedene Seelenstimmung ernten und wird vor allem durch diese Art der Auseinandersetzung seine Augen auf Tatbestände richten, die er bisher noch gar nicht gesehen hat. Er beschäftigt sich mit der Natur und Gestalt des Berges und lenkt somit seinen Blick immer weiter und intensiver auf die Wirklichkeit einer Außenheit. Er wird mit dieser Aktivität seinem mentalen Umfassungsvermögen und seiner Sehnsucht nach neuen Möglichkeiten des Bewußtseins zu einem gewissen Grade gerecht, und er lebt, in einem mehr übertragenen Sinne gedeutet, eine Treue gegenüber dem Berg, der den Blick des Menschen ernten möchte. Der Bergsteiger führt durch diese mentale Aktivität seine Gedanken und seine Bewußtseinskräfte mehr in ein achtsames Objektinteresse. Die Erfahrung, die er bei dieser ersten Sammlung gewinnt, ist meist eine angenehme Zufriedenheit und ein erstes Gefühl von Harmonie und natürlicher Freude. Denn es ist eine tiefe Wahrheit, daß der Mensch eine natürliche Freude gewinnt, wenn er sich für die Wirklichkeit eines Anderen, und sei es nur für die Wirklichkeit eines Berges, interessiert.

Durch die eben beschriebene Orientierung zum Berge und zur tieferen Anschauung der verschiedenen Verhältnisse wird erstmals das Fenster des eigenen Innenlebens geöffnet und es leuchtet ein zumindest kleiner Lichtstrahl in die undurchsichtige Kammer der eigenen Seele zurück.

Älteren Menschen war die natürliche Beschäftigung mit den Bergen, mit ihrer Gestalt, mit ihrer Geschichte und mit ihren oftmals signifikanten Bedingungen eine relativ natürliche Umgangsart. Dadurch konnten sie noch mehr die Nachklänge einer Schöpfungsmusik empfinden. Die sportliche Szene und die vielen Erleichterungen durch die Ausrüstung wie auch die Verbesserungen der Sicherheitsbedingungen am Berg eröffnen für das Gemüt große und freizügige Spielformen der Kletterei. Das ist einerseits ein Vorteil des Fortschritts, aber andererseits ein Nachteil, denn wir werden im Denken und Wahrnehmen zunehmend passiver. Die Forderung der Zeit weist uns heute die Beschäftigung mit den seelischen Qualitäten an, denn sonst zerstören wir daran die Geistigkeit der Natur.

Eine erste natürliche Freude und ein erstes Lebendigwerden der Mentalität wird auf diese Bestandsbestimmung und Ordnungsaufnahme, auf die erweiterte Beobachtung und auf die erste Inkenntnisnahme der Materie, auf das Sammeln von Daten und auf das erste Erlangen eines möglichst exakten Eindruckes vom Berge gewonnen. Diejenigen Werte, die der Bergsteiger durch diese erste Vorbereitungsschulung aufnimmt, sind etwa in Form eines aufrichtigeren, mehr achtsamen Charakters in Form von Höflichkeit im Umgange mit anderen und in einer gewissen Haltung und Reife spürbar. Ein gehobener Charakter, eine Grundlage zu größerer Wertschätzung und menschlichem Respekt kann in den Gefühlen entstehen. Es ist wahr, daß ein Mensch, der sich nur mit seinen eigenen Leistungsverbesserungen beschäftigt und den Berg wie auch das Leben nicht mehr wahrnehmen kann, auch keine Achtsamkeit und keinen wirklichen Respekt vor den Bedingungen des Daseins wie auch vor den hohen Ausdrucksarten, die täglich die Schöpfung bietet, entwickeln kann.

Für eine tiefere Erkenntnis, die mehr in die Richtung der wesenhaften Erfahrungssuche hineingleitet und die Seele oder das verborgene Seelenleben des Berges ergründet, sind aber noch weitere spezielle Fragen mit anschließenden tieferen Beobachtungen nötig. Ganz besonders lenkt dabei der Aspirant die Aufmerksamkeit auf jene Personen, die mit Vorliebe diesen Berg besteigen. Jeder Berg wird in der Regel von einer bestimmten Art von Menschen aufgesucht. Die Berge ziehen durch ihre verborgene Eigenart nicht jeden Besucher an. Weiterhin soll der Blick auf das Verhältnis, wie der einzelne Berg zu seiner Umgebung steht und wie dieser durchaus monumental in die Umgebung hineinwirkt, zum Tragen kommen. Wie ist die Felsenzone im Verhältnis zur Wiesen- und Waldzone angelegt? Wirkt der Berg sanft oder wirkt er furchterregend? Weiterhin beobachte man auf möglichst empfindsame und doch ganz konkrete Weise, wie die Menschen, die den Berg besteigen, im Nachhinein aussehen und wie sie eventuell weiter auf die Umgebung wirken. Wie sehen auch die Bergbewohner aus und wie scheint jenes große Verhältnis von Landschaft und Bergen auf den Menschen, der dort im Tale angesiedelt ist, zu wirken? So wie der menschliche Körper nicht einen Geist hervorbringt, sondern der Geist den menschlichen Körper erschafft, so ist es auch am Anfang des Berges, daß dieser durch den Geist geschaffen, durch das Wesen getragen und durch die physische Gestalt manifestiert ist. Aus diesem Grunde ist es für den Aspiranten hilfreich, wenn er sich einen ganz deutlichen Eindruck von der Physiognomie des Berges, wie diese in Beziehung zu den Menschen und wie diese wiederum in Beziehung zu der gesamten weiteren Umgebung steht, aneignet. Je deutlicher diese Eindrücke über die Physiognomie des Berges, über seine Grate, Flanken, Pfeiler und damit über seine vielen Gesichter, über die Ausdrucksformen seiner Flanken und über seine Verhältnisse zu seiner Umgebung, entstehen, um so leichter gewinnt er einen objektiven Eindruck über die atmosphärische Wesensanlage dieser stillen, originellen Gestalten. Eine günstige Hilfe ist es weiterhin, wenn der Bergsteiger auf seiner Suche nicht nur seinen eigenen subjektiven Eindrücken und Erfahrungen das Gewicht beilegt, sondern ganz objektiv die Frage stellt: Wie wirkt das Wesen dieses Grates, dieses Gipfels, dieser Wand und so weiter, auf die Umgebung und auch auf den Menschen?

Das Studium der Berge und ihrer Wesenswelt ist in Wirklichkeit ein tiefes Kennenlernen der eigenen verborgenen Gefühle. Die Ausprägung von tiefer, erfüllter Ruhe ist nötig. Ein Bergsteiger, der sich auf objektive und reifliche Weise einem Berg in Gedanken annähert, ruft bestimmte

Empfindungen, die weitaus mehr als nur emotionsgebundene Assoziationen sind, wach. Dennoch bedarf es einer ganz speziellen Übung, damit die Naturbetrachtung nicht sogleich durch vorschnelle Spekulationen und zu sehr vereinfachte Vergleiche besetzt und in eine falsche Analogie geführt wird. Bei der Betrachtung des Pizzo di Zocca (Bild Seite 123), der als eine sehr schöne Berggestalt im Bergell hoch über der Albigna aufragt, könnte so mancher den Eindruck gewinnen, daß dieser Berg sicherlich so etwas wie mit Pracht und Mächtigkeit zu tun habe. Diese Zufallsintuitionen dürfen aber das Gefühlsleben nicht vorzeitig besetzen. Der beschauliche Sucher nach der inneliegenden Wahrheit wird deshalb am besten seine eigenen Gefühle, Stimmungen und Assoziationen mehrmals prüfen und das Objekt seiner Betrachtung wiederholt aufsuchen. Der Bergsteiger muß an den Berg denken lernen und dabei eine tiefe, wache Ruhe ausprägen. Er darf nicht seine schon bestehenden Assoziationen auf diesen projizieren. Am Beispiel des Pizzo di Zocca wird das beschauliche Gemüt mit der Zeit den Eindruck von Einheit, Verbindung und die daraus resultierende Harmonie wahrnehmen. Die Seele oder das Wesen des wohlgeformten, majestätischen Pizzo di Zocca ist das Gefühl des Einsseins, das Gefühl der friedvollen Einigkeit und der Harmonie, Eindrücke, die dem reiflichen Herzen entsprechen.

So wie menschliche Seelenstimmungen und Eigenschaften wie Jungfräulichkeit, Einheit, Zerspaltenheit, Größe, Unnahbarkeit, Offenheit oder Sanftmut auf die Mitmenschen mit bestimmten Gefühlen zurückwirken, so wirkt auch die Seele eines Berges mit seinem innersten atmosphärischen Geist auf die Umgebung und auf den Menschen. Der Berg strahlt auf den Menschen hernieder und beeinflußt sein Innenleben. Jener, der ihn besteigt, nimmt zu einem gewissen Grade immer die Seele des Berges auf. Die großen Berge im Bergell, um in dem Beispiel fortzufahren, wie der Pizzo Cengalo oder der Pizzo Badile (Bild Seite 124) tragen eine sehnsüchtig nach einem Ideal träumende Seele in ihrem atmosphärischen Radius. Der Pizzo Cengalo schenkt eine unmittelbare Sphäre von Sanftmut, der milden Weite, der weichen Berührung, gleich einer wohlklingenden, friedvollen Musik, während der Pizzo Badile, sein nächster Nachbar, der Berg einer zeitlosen Dynamik und Grazilität ist, der durch seine Aufgerichtetheit aus den Hochregionen die Seele der Schönheit ausstrahlt. Wohl jeder, der auf diesen herrlichen, großen Bergell-Bergen turnt, wird in stiller Unmerklichkeit diese inneren Eigenschaften wahrnehmen und sich heimlich an ihnen erfreuen. Selbst wenn die Wetterlage bei einer Besteigung des Pizzo Badile noch schlecht ist, so wird dennoch der Kletterer die grazile Schönheit des Berges wahrnehmen und sie mit einer stillen Erinnerung in seinem Herzen hineingliedern. Der Berg ist aber nicht der direkte Träger einer Seele, sondern er öffnet das Geheimnis für den Menschen und offenbart innerhalb seiner Gestalt ein Seelisches, das sich aber ganz im Innersten des empfindenden Gemütes zeigen und erfüllen kann.

Ein weiteres Beispiel kann diese seelisch-wesenhafte Atmosphäre noch einmal deutlich beleuchten. Ein bekannter Dolomiten-Berg ist der Heiligkreuzkofel (Bild Seite 125), der über St. Lorenzo und Petratschis hoch erhaben thront und drei große Pfeiler bildet. Am Westfuße dieses Berges steht eine Kirche, zu der ein Kreuzweg emporführt. In der untergehenden Sonne leuchtet dieser Berg vom Westen rötlich angestrahlt mit einem kräftigen Schimmer über die Täler und behält dennoch seinen erhabenen, gleichmütigen Adel bei. Wie immer sind es aber bei jedem Berg verschiedene Gesichter, die er besitzt. Nach Westen fallen die Wände steil hinunter in die Kare, während nach Osten eine Hochfläche mit mehr sanftmütigem und ruhigem Charakter seine Gestalt verharmlost. Wer aber einmal durch eine der Wände geklettert ist, weiß, daß dieser Berg von einem unnahbaren Wesen gezeichnet ist. Er trägt in seiner Atmosphäre die Charaktereigenschaft der Distanziertheit und des Zurückgezogenseins. Der Berg bietet sich zur Besteigung nicht gastfreundlich an. Mancher Kletterer, der das Abenteuer am Kreuzkofel überstanden hat, wird vielleicht zu sich selbst sagen, daß sein Besuch der erste und der letzte gewesen ist. Die Felsenbeschaffenheit besitzt keinen vertraulichen, einladenden Charakter, sondern weist selbst den erfahrenen Felsgeher mit einer schroffen Geste zurück. Auch wenn der Kletterer siegreich über die Wand bis zum Gipfel emporzittern konnte, so wird er dennoch den Eindruck mit nach Hause nehmen, daß er an den Berg nicht richtig herangelassen wurde. Der Heiligkreuzkofel besitzt die wesenhafte Charaktereigenschaft eines zurückgezogenen, nahezu asketischen und abweisenden Distanziertseins, er ist der weltabgewandte Mönch der Dolomiten.

Es stellt sich aber für diesen Schulungsweg noch einmal die Frage: Ist es der Berg, der tatsächlich diese Wesenseigenschaft bei sich selbst besitzt und nur in seinem Inneren aufgespeichert hat, oder ist es das menschliche Gemüt? Ist es wirklich der Berg selbst, der die Eigenschaften einer evolutionären Schöpfung, die nur noch aus roher Materie im kolossal erfüllten Raume weilt, in seinen innersten Empfindungen trägt? Die Antwort auf diese Frage ist diejenige von einer ehemalig bestandenen monadischen Einheit, die zwischen dem Berg und dem Mensch gewesen ist. Aus der Einheit entstand die Zweiheit als eine Absonderung und die daraus wurzelnde Vielheit der in Trennung gehaltenen Bewußtseinsformen. Da der Berg einmal der Mensch war, und umgekehrt, der Mensch der Berg war, so lebt heute in dem abgeschiedenen Zeichen der Materie noch die Erinnerung, die wiederum wach wird, wenn sich der Bergsteiger mit einem Berge selbst konfrontiert. Indem der Bergsteiger diese Empfindungen und Gedanken einübt, wie sie in der Schulung gegeben sind, mit Hilfe der Betrachtung des Berges eine objektive Sinnesgestaltung ausprägt und mit einem entsprechenden Fragen ein Unterscheiden entwickelt, findet der Mensch zu sich selbst und entdeckt seine eigene Identität und Seele. In der Wirklichkeit der schöpferischen Evolution gibt es keine absolute Trennung in ein Ich und in ein Du, in eine Seele und in eine Nicht-Seele. Dasjenige, was wir im aufrichtigen Beobachten und intensiven Üben am Gegenüber erleben, ist in Wirklichkeit der Zustrom eines einheitlichen, geistigen Empfindens, und es ist eine Seele, die weder uns noch dem Berge gehört. Mit der Schulung fließen uns zunehmend neue Gedanken und Einsichten über eine bestehende, übersinnliche und damit metaphysische Welt zu. Mit den verschiedenen Gedankenformen, die in Bezugsrichtung zum Berg entwickelt werden, gewinnt der Aspirant die Einsichten in eine metaphysische Welt, die das Wesen beschreibt, das hinter der sichtbaren Erscheinung verborgen ist und eine Art geistig-seelische Atmosphäre darstellt.

Auf diesem Wege, selbst dergleichen, wenn er noch sehr unvollkommen und mit wenigen erfolgreichen Schritten stattfindet, gewinnt der Bergsteiger bald ein lichteres Aussehen und eine größere Freude als es die verschiedenen, so sehr einseitig fixierten Leistungsspielarten des Bergsteigens darstellen. Der Bergsteiger wird mit dieser Aktivität ein Licht in die Berge bringen und auch ein Licht auf seinen Wegen zurücklassen. Die elementare Wärme der Naturgeistigkeit wird mit ihren schützenden Händen hervorluren. Dort, wo er unterwegs ist, werden sich die Unfälle reduzieren, und es werden sich Freundschaften und aufrichtige menschliche Verbindungen entwickeln. Diese Menschen, die diesen Weg aufrichtigen Gemütes gehen, werden auch eine lichte Ausstrahlung in ihrem eigenen physischen Wesen erzeugen. Sie werden zu schönen Menschen und werden eine Anziehungskraft auf andere ausüben.

Warum sehen und fühlen wir die Natur des Berges nicht sogleich? Dies hat den Grund darin, daß unsere Gemütslage in der Regel mit vielen verschiedenen Eindrücken aus der Vergangenheit und mit leidenschaftlichen Wünschen, zerrütteten Ideen, begehrenden Triebmächen, emotionaler Unruhe und halbfertigen Gedanken besetzt ist. Innerhalb dieser Eingebundenheit kann die Empfindung noch nicht ihre wahre, introvertierte Natur entdecken. Diese bei Bergsteigern heute immer noch so vielfach einseitig auf den Willen ausgerichtete Einstellung ist wie ein kompakter und gebündelter Zustand, und sie beschreibt ein Leib-Seele-Verhältnis, das einerseits eine gediegene Festigkeit aufweist, aber andererseits eine Undurchlässigkeit und mangelnde Seelenstimmung gewährt. Das Bewußtsein muß im Laufe des Lebens viel geordneter werden, damit das Herz zu seinen wahren Empfindungen und zu einer reinen Gefühlsstimmung finden kann. Indem der Bergsteiger den Berg kennenlernt, lernt er sich selbst kennen. Wenn der Bergsteiger die eigenen Fenster seiner Innenwelt öffnet und den Berg von verschiedenen Seiten betrachtet, sich in seine Äußerungen hineinfühlt, so wird ein Licht auf die Seele durch das geöffnete Fenster dem Bergsteiger zustrahlen.

Ein kleines weiteres Beispiel kann diesen Läuterungsprozeß und dieses Offenwerden für exakte Gedanken, Eindrücke und Empfindungen aufzeigen. Im Süden der Dolomiten auf der Höhe von Trient, nahe dem Gardasee, steht ein Berg mit dem Namen Cima alle Costé (Bild Seite 126). Es ist ein Berg, der keine rechte Gipfelung aufweist, aber dafür nach Osten hin mit einer breiten, plattengepanzerten Wand sich in das Tal hineinschiebt. Dieser Berg, der auf seiner Hochfläche einen nahezu undurchgänglichen Wald aufweist, wurde von den älteren Bewohnern schon immer als eine Art Schlechtwetter-Berg betrachtet. Wer nun durch die Wände dieses Cima alle Costé emporklettert, wird sich des Eindruckes nicht verwehren können, daß dieser Berg eine Art rauhes Klima heranzieht und in sich selbst auch eine gewisse rauhe Atmosphäre ausstrahlt. Alle Klettertouren sind von einem sehr ernsten Charakter. Der Bergsteiger, der sich immer wieder in die Art des Gesteines hineinfühlt und die Kletterei von der nahezu unheimlichen Signifikanz, wie sie der Berg selbst bietet, beobachtet, der wird unweigerlich eine Seelenstimmung kennenlernen, die mit Rauhigkeit gleichzusetzen ist. Der Cima alle Costé ist der Berg mit einer barstig-rauhen Stimmung. Dies ist sein Wesen, seine innerste seelische Atmosphäre.

Das Studium der Berge ist in Wirklichkeit ein Selbststudium. Indem wir die Berge kennenlernen und ihre Seele erfahren, lernen wir unser Innenleben kennen. Wir lernen die positiven wie auch die negativen Seelenqualitäten kennen und können sie mit der Zeit als neutrale Eigenschaften beurteilen. Durch das Kennenlernen verschiedener seelischer Qualitäten wird das Innenleben freier und unabhängiger, denn wir sehen diese verschiedenen Gefühle nicht mehr als unser ausschließliches Eigentum, sondern wir sehen sie als Wesen der Schöpfung, die sowohl in uns als auch außerhalb von uns existieren. Die Seeleneigenschaft einer barstigen Rauhigkeit lebt mehr oder weniger wohl doch in jedem Menschenherzen, wenn sie auch nicht immer auf deutliche Weise zum Ausdruck kommt. Durch die Auseinandersetzung mit einem Berg entdecken wir eine derartige Eigenschaft und können sie somit aus uns selbst heraus objektivieren. Die Objektivierung von Gefühlen macht uns in den Sinnen freier und gleichzeitig weit im Charakter. Der Weg über die Beobachtung der Berge und Entwicklung von Gedanken ist deshalb ein Weg zur Läuterung des Seelenlebens und zur Entwicklung eines freier verfügbaren Willens.

Nun wollen wir gemäß unserer Dreigliederung auf eine weitere Ebene, die mit dem ganz einfachen Wort »Geist« benannt ist, übergehen. Diese nun geistige Ebene wird in der Regel in der Sanskrit-Terminologie auch mit dem Wort *brahman* bezeichnet. Sie ist eine unbeschreibliche Ebene, die unserer Weltenschöpfung zugrunde liegt und in ihrer melodischen Reinheit ganz andere Maßstäbe, Eindrücke und Gesetze besitzt als diejenigen, die mit den physischen Augen sichtbar und mit den Händen tastbar sind. Sie besitzt neben dieser ganz anderen Wirklichkeit auch eine vollständig andere Gedankengrundlage. Aus diesem Grunde ist die Erkenntnis des Geistes und seiner Gesetze für unsere Auffassungsmöglichkeit der schwierigste Schritt und er bedarf deshalb einer ganz besonderen und langwierigen Schulung. Nehmen wir ein kleines Beispiel, wie anders diese Welt in bezug zu derjenigen Logik ist, die wir hier auf unserem irdischen Plan konstatieren. Stellen wir uns hierzu einmal die Frage, warum wir ein Objekt wie beispielsweise einen Berggrat, sehen. Die Antwort durch die naturwissenschaftliche, experimentelle Forschung würde das Auge in den Mittelpunkt der Erklärung rücken und nach der herkömmlichen Logik definieren: Wir sehen den Berggrat, weil wir ein physisches Auge besitzen, das das Licht entsprechend reflektieren kann und die Bilder auf den Augenhintergrund fallen läßt, über den schließlich der Sehnerv den Eindruck weiterleitet zum Gehirn. Das ist die natürliche wissenschaftliche Erklärung für den Sehvorgang. Aus der Welt des Geistes, aus jener Dimension, die mit *brahman* benannt wird, liegt dem gesamten Sehvorgang ein vollkommen anderes Gesetz zugrunde als wir es in der naturwissenschaftlichen Analyse bemerken. Wir sehen den Berg, vielleicht ganz einfach gesagt, weil wir als Mensch anders sind als der Berg, und wir sehen einander, weil wir voneinander unterschiedlich sind. Wir würden einander nicht sehen, wenn wir eine einheitliche und lebenskräftige Welt wären, wie es nun so die Pflanzen sind. Die Pflanzen sehen einander nicht wirklich, aber auch die Tiere sehen einander nicht wirklich, sondern nehmen einander nur wahr durch einen instinktiven Geist. Das Sehen ist aber für sie kein wirklicher Vorgang des Selbstbewußtseins, sondern ein rein autonomer Vorgang, der ganz von Instinkten geleitet ist und sich niemals im wirklichen Bewußtsein reflektiert. Aus der Welt des Geistes sehen wir einander, und wir sehen die verschiedenen Objekte der Schöpfung, da unser Fleisch, unser Blut, unser gesamtes Gewebe ein menschliches Gewebe geworden ist und sich dadurch von allen anderen materiellen Stoffen unterscheidet. Das Sehen selbst ist aber nicht vom Auge allein abhängig, sondern dieses ist nur ein reines Vermittlungsinstrument, in dem sich die verschiedenen Lichteffekte durch das Licht selbst spiegeln und den Gedanken in einer gewissen Weise in die Wirkung führen. Wäre aber das Selbstbewußtsein nicht gegeben und wäre unser gesamtes körperliches Gewebe gleich den Tieren oder sogar ganz im vegetativen Leben gegründet, wie es bei den Pflanzen ist, so würden wir niemals sehen können und wir würden weiterhin niemals den Gedanken als eine eigene Schöpfungsentität erkennen. Es ist in Wirklichkeit das Sehen von der Freisetzung des Gedankens abhängig. Wir sehen den Berggrat, da sich durch die Anlage des Selbstbewußtseins und durch die entsprechende Evolution des körperlichen Gewebes ein Gedanke aus einem größeren Strom des Bewußtseins entwickelt und dieses Bewußtsein in freier Verfügbarkeit in das Instrument des Gehirns einmünden kann. Das Sehen ist nur durch den Gedanken selbst möglich. Dieses kleine Beispiel in skizzenhafter Schilderung soll die großen Unterschiede verdeutlichen und eine Erklärung anführen, warum wir uns ganz andere Vorstellungen und Eindrücke aneignen müssen, wenn wir uns der Welt des Geistes annähern wollen. Die irdische Welt, die durch unsere systematisierte, herkömmliche Logik umschlossen ist, ist vollkommen anders als jene Welt des schöpferisch-göttlichen Geistes in seiner ursprünglichen Reinheit.

Wer auf diese Stufe seine Erkenntnisse entwickeln möchte, muß zuerst einmal eine Vorstellung über die Welt des schöpferischen Geistes gewinnen. Hierzu ist ein längeres Studium von all jenen Gedanken, die über diese Welt in Mythen, Gleichnissen oder Texten existieren, nötig. Nachdem ein für diese Welt der Offenbarung Interessierter längere Zeit diese hier vorgebrachten Gedanken eventuell in Verbindung mit anderen Schriften gleicher Art studiert und gepflegt hat, entwickelt er einen Sinn für die innere, weisheitsvolle Logik in der Weltenschöpfung. Diese innere Logik kann man nicht allein durch die äußere Naturwissenschaft entwickeln, sondern meist nur durch das Studieren der Lebenswerke von Menschen, die in hohem Grade auf dieser Ebene schauend waren. Das, was der Aspirant auf diesem Pfad als erstes wahrnehmen lernt und als Wahrheit im Sinne eines Grundgesetzes erahnt, ist dasjenige, daß der Geist am Anfang der Schöpfung steht und nicht die Materie den Geist hervorbringen kann. Im herkömmlichen, naturwissenschaftlichen Denken besteht die Annahme einer Abstammungslehre, ähnlich der Lehre des Darwin, bei der das Festere das Feinere hervorbringt und durch Selektion schließlich das Wesen des Menschen geboren wurde. Würde man diesen Theorien über die Weltenevolution und Menschheitsentstehung einen vollständigen Glauben schenken, so würde man niemals in die schöpferische Weisheit des Geistes hineinblicken können. Aus diesen Gründen muß sich derjenige, der sich um die höchsten Wahrheiten kümmert, jenen ganz andersartigen, zunächst so eigentümlichen inneren Wahrheitswillen aneignen und die Werke von großen, sogenannten eingeweihten Menschen studieren, die in jener geistvoll durchwobenen Ebene schauend, fühlend und wirkend waren. Mit dem Studium von derartig anspruchsvoller Literatur entsteht eine neue Gemüts- und Willensempfindung aus der Tiefe des Lebens.

Erst wenn ein Gebäude gleich einem Wohnhaus geschaffen ist, kann sich der Bürger darin bewegen. Solange das Haus noch nicht in den Wänden erbaut und in den Gängen durchgestaltet ist, kann sich der Bürger in diesen nicht bewegen. Auf ähnliche Weise verhält es sich mit der Welt des Geistes, die im Menschsein in der Regel noch gar nicht geboren ist. Obwohl wir alle ein Selbstbewußtsein besitzen, können wir dieses Selbstbewußtsein im Sinne eines freien Gedankenlebens und freien Empfindungslebens noch gar nicht willentlich gebrauchen. Das Gebäude des Geistes ist noch nicht wirklich konstruiert und somit besteht es in der Wirklichkeit unseres eigenen Wesens so lange noch nicht, bis wir es durch mühevolle Übung entwickelt haben. Nur ganz wenige geniale Menschen, wahre Künstler, Sehende oder Eingeweihte, hatten einen Zugang zu dieser Ebene des Geistes und konnten aus den Gesetzen, wie der Geist seine Musik in der Welt verströmt, berichten. Wenn ein Bergsteiger die hohen Gesetze der Bergnatur erfahren und erleben lernen möchte, muß er sich über längere Zeit mit diesen Gedanken so intensiv und inniglich beschäftigen, bis er selbst durch diese eine Art Gedankenlichtkleid gewoben hat, das ihm zu der inspirierenden Intuition wird. Er prägt eine ganz tiefe, vom Geiste getragene und von schöpferischer Wärme durchdrungene Willensintuition in seiner Seele aus. Vielleicht nach Jahren oder auch nach Jahrzehnten wird er jene Inspiration bestätigen, die auf die Analogien hindeuten und beschreiben, wie der Mensch und der Berg in einem evolutionären Werdegang miteinander in Verbindung stehen. Er wird im allgemeinen bemerken, daß der Berg Berg geworden ist, damit der Mensch Mensch werden konnte. Er wird weiterhin durch exakte Schulung, verbunden mit einer großen Spannweite an ehrfurchtsvoller Gedankenbildung, die einzelnen Wahrheiten, die sich dem intuitiven Verstande kundtun, bestätigen. Die genannten Berge wie der Pizzo Cengalo im Bergell und auch der Pizzo Badile tragen eine Seele, und es ist die Seele der Sanftmut am Pizzo Cengalo, wie wir genannt haben, und es ist die Seele der grazilen Schönheit am Pizzo Badile. Die innere Bedeutung des Berges ist aber am Pizzo Cengalo der Werdegang zu dem, was die Hypophyse im Menschen darstellt. Der Pizzo Badile aber, sein graziler Nachbar, ist entstanden, da der Mensch die Gesichtsnerven wie den Facialis und den Trigeminus entwickelt hat. Der Pizzo di Zocca ist in der Seele der Berg der Einheit, der Harmonie, und in seinem Geiste oder Bedeutungssinn ist er entstanden, da der Mensch ein menschliches Harmonieorgan entwickelt hat, und das ist das Innere des Herzens. Das sind Beispiele für tiefe Wahrheiten, die der Evolution zugrunde liegen. Sie sind in der unverankerten und dennoch immer schaffenden Region des Geistes erfahrbar.

Die Elementargeistigkeit in der Natur und Bergwelt spiegelt sich in der idyllischen Einzigartigkeit, die eine wärmende Geborgenheit nach außen vermittelt. Sie ist in der Morgenstimmung anders als am Abend.

Dolomiten, Rosengarten
Der Weg führt von einem Punkt zu einem nächsten und verbindet uns von einem Ort zu einem anderen. Er ist die Verbindungslinie zwischen Hütten, Gipfeln und Plätzen, in denen er sich in seinem rhythmischen Auf und Nieder, in seinen Kehren und Schleifen schlängelt. Wenn wir an einen Weg, den wir gegangen sind denken, die Kehren und Windungen, die Strecken und Stationen rekonstruieren, so denken wir rhythmischer und in einem Zusammenhang.

Die Fuorikante ist sehr steil in der Linie und sehr scharf in der Form ausgeprägt. Im Hintergrund sind der Pizzo Cengalo und der Pizzo Badile.

Bianco-Grat, Bernina
Ein klassischer Grat der Alpen. Wenn man von der Ferne einen Berg betrachtet, sieht man in der Regel die Flanken und Grate als erstes.

Mont Blanc du Tacul, viele Pfeilerformationen sind sichtbar. Der Pfeiler unterscheidet sich von einem Grat durch seine rundliche und meist steilere Ausprägung.

Dolomiten, Stabeler-Turm, Eisenstecken-Route.
Der Körper paßt sich der Formation der Verschneidung an und die Hände greifen tief in den Riß.

Zireiner See, Rofan
Im Hintergrund die Rofanspitze mit dem Rofanturm
und in der Mitte hinten das Hochiß.
Die Bergseen haben einen stillen Meditationscharakter.

Solidago (Goldrute)
Die Blüten sprechen zu dem inneren Charakter und sind ein Sinnbild für seelische Eigenschaften.

Pulsatilla (Küchenschelle)
Am Morgen ist ihr Blütenkelch noch nicht geöffnet.

Arnika (Bergwohlverleih)
Die Arnika ist bereits durch ihre Erscheinung eine außerordentlich lichtvolle Pflanze.

Pizzo di Zocca
Eine harmonische und majestätische Gestalt
über dem Albigna-Tal.

Pizzo Cengalo und Pizzo Badile
Jeder Berg besitzt seine eigene Geschichte, sein eigenes, vergangenes Leben und seine zugehörige wesenhafte Sphäre.

Heiligkreuzkofel
Die Farben und Zonen der Wand lassen die Brüchigkeit und Unnahbarkeit des Berges erahnen. In der Mitte des Bildes ist der Livanos-Pfeiler.

Cima alle Costé
Dieser Berg ist nicht weit von der Fahrstraße im Sarca-Tal entfernt.
Sein unterer Wandteil weist einen großen Plattenpanzer,
sein oberer Teil athletische Überhänge und Dächer auf.

Öffentliche Vorträge

Die Berge als Geister der Persönlichkeit

Vortrag vom 10. Juni 1995

Wenn wir die physische Materie anschauen, die Felsen, die Erde, die Berge, das Gestein, so bemerken wir, daß es sich in der Betrachtung um eine sehr alte Stufe der Entwicklung handelt. Diese Stufe erscheint noch sehr ruhig, erhaben, faszinierend und kühn in der gesamten Ausdrucksart. Unnahbar ist dieses Reich auf der einen Seite und doch wieder durch die einsame Ruhe so vertraut und so beseligend für die suchenden Augen. Diese Welt der Berge ist eine faszinierende Welt, die immer schon zu einem gewissen Grad den Menschen angezogen hat. Es zeigt sich auch in den Bergen eine Mitte, ein Leben, ein Ursprung, eine Quelle. Es ist das geheimnisvoll Physische wie der Atem Gottes oder wie die Stimme des ewigen Selbst. In den Bergen lebt tatsächlich die Stille des ewigen Selbst. Es lebt die Stimme oder der Atem aus einer höchsten Quelle. In der physischen Materie drückt sich eine Ruhe aus, und diese Ruhe ist wieder bezeichnend für eine erhabene Einheit, für einen physischen, erhabenen Leib, der aber bis hinein in die tiefsten Regionen einen Ausdruck besitzt. Die Berge sind eine Offenbarung einer fixierten Welt, die zur Materie geworden ist. Aber der Urgrund oder Urquell ist aus einer Welt, die unmittelbare Bewegtheit, unmittelbarer Atem selbst ist.

Wenn wir den Menschen im Sinne eines Zuschauers einmal betrachten, wie er auf einen Berg steigt, wie er sich vielleicht zwei-, dreihundert Meter von uns entfernt durch eine Gebirgslandschaft bewegt und einen Klettersteig hinaufturnt oder durch eine Felswand hindurchklettert, dann bemerken wir den Größenunterschied und wir bemerken das Ruhende zu dem Bewegten. Der Berg ruht in sich, und dadurch spricht er eine ganz stille Sprache. Er spricht diese Sprache und lehrt den Menschen das Ruhende im Selbst. Der Mensch bewegt sich. Seiner Natur entsprechend klettert er auf die Spitze oder wandert die Serpentinen hoch, bis er den rechten Platz für sich gefunden hat.

Der Berg aber bleibt der Schweigende. Er antwortet nicht wirklich auf diese Bewegung des Eindringlings. Der Eindringling oder der Wanderer ist sich vielleicht nicht immer so vollendet bewußt, mit welcher

Kraft er es hier unmittelbar zu tun hat, mit welcher Dimension er sich hier austauscht. Das Schweigende, das Ruhende bleibt das Ruhende, und das Ruhende ist ein faszinierender Ausdruck des Unbewegten. Es ist eine stille Stimme, die den Menschen das Selbstwertgefühl lehrt. Es lehrt ihn direkt ein Selbstwertgefühl oder ein Selbstbewußtsein. Das Selbstbewußtsein erkennt der Mensch direkt, wenn er die Berge anschaut, denn die Berge sind ein Ausdruck für die Persönlichkeit. Sie sind ein Ruhendes und Ewiges, zusammengeschmolzen zu einer einzigen Einheit.

Wenn man die österreichischen Berge anschaut, so kann man vielleicht sagen, daß die Hohen Tauern ein Zentralkamm darin sind. Von diesem Zentralkamm setzen sich so nach und nach die weiteren Gebirgszüge fort bis hin zu den Voralpen, bis zu den begrünten Bergen. Hunderte von Spitzen, Türmen und Hügeln schließen sich in einer schönen, natürlichen Vielfalt an. Eine Einheit lebt durch die Stille, und eine Ruhe drückt sich in der Gesamtheit aus. Der Mensch geht hin und lernt schließlich die Wege und verschiedenen Kletterpfade kennen, turnt auf die Gipfel und bemerkt nur ganz im Stillen seines innersten Herzens, daß hier der Ausdruck gegeben wird für das Schweigende, für das Unendliche, für den einen, großen Leib. So wie die Blumen draußen in der Natur durch den Äther geboren sind, so sind die Berge durch die schweigende Stimme geboren, die der Ausdruck für die innere Glückseligkeit des Leibes ist. Wir könnten auch sagen, daß die Berge die Geister der Persönlichkeit sind, die Persönlichkeit selbst. Sie sind Persönlichkeiten, die sich ohne Regung nach außen verkünden.

Wenn man so die verschiedenen Berge betrachtet, den Großvenediger (Bild Seite 194) zum Beispiel mit seinen schönen, großen Firnhängen, mit seinen weiten Eis- und Schneefeldern, dann sehen wir eine ganz gewaltig große Persönlichkeit darin. Oder wenn wir einen kleineren Berg betrachten, vielleicht die Ellmauer Halt im Kaisergebirge (Bild Seite 195), so sehen wir eine andere erhabene Gestalt, eine Persönlichkeit im Ich, und sie ist wieder anders als der Eisberg in den Tauern. Jeder Berg besitzt eine ganz einzigartige Faszination, eine Gestalt für sich, ein stilles, schweigendes Leben im schweigenden Selbstausdruck. Es ist ein Ausdruck einer Einzigartigkeit. Es ruht der Berg und lehrt den Menschen durch seine Ruhe die Erhabenheit des Selbst, denn das

Selbst bleibt das Unbewegte. Das Selbst ist jene Persönlichkeit, jenes Verborgene, das nicht in die Tat hineingreift. Es bleibt immer das Unbewegte, denn bewegen kann sich nur die Natur mit ihren ganzen Kreationen und Mächten. So bewegt sich der Mensch den Berg hinauf, und er bewegt sich unmittelbar auf den Gipfel der Persönlichkeit. Er turnt hinauf und erobert einen dieser Gipfel und bemerkt dabei vielleicht nur ganz im Stillen seines Herzens den Ausdruck des Geistes der Persönlichkeit. Es sind tatsächlich Geister der Persönlichkeit, die sich hineingewoben haben und ihre Gestalt zu einer fixen Materie verdichteten.

Der Mensch tritt zu den Naturreichen in Beziehung, er schafft sich eine Beziehung, und sie lebt im Stillen seines Herzens. Die Geister der Persönlichkeit oder diese großen Gestalten der Berge treten immer in Beziehung zum Menschen. Auch der Mensch tritt in Beziehung zum Berg und erahnt damit, daß es sich um etwas handelt, das in Wirklichkeit eine kühne Erhabenheit ist. Verschiedene Erlebnisebenen zeichnen sich gerade bei demjenigen ab, der sich mit dem Berg in Beziehung bringt. So mancher lebt in einer Euphorie, und diese ist ein Ausdruck für ein ausschweifendes Leben, für ein ideenhaftes Leben. Das ideenhafte Leben ist ein direkter Gegensatz zu dem, was die schweigende Ruhe ist, das Selbst in der unantastbaren Gestalt. Die Euphorie oder das leidenschaftlich bewegte Verlangen in das Ideenhafte und Ausschweifende zur Welt, in die Genuß- und Reizbefriedigung der Gefühle, zeichnet immer eine gewisse Art des veräußerlichten Seins. Dieses veräußerlichte Sein mag vielleicht zu unserem Leben gehören. Für die geistige Entwicklung aber, für die tiefere Meditation, muß das Ideenhafte langsam zurückweichen und die Nähe zum Leben in der unmittelbaren Gegenwart lebendig werden. Das Ideenhafte hat keinen rechten Raum mehr in der Verwirklichung, denn die Verwirklichung geht hinein in die Lebendigkeit. Sie geht direkt hinein in die Materie. Verwirklichung geht immer zur Erde hin, nicht weg von der Erde. Würden wir uns in der geistigen Selbstwerdung von unserem Körper und unserem Leben, unserem Sein, unseren täglichen Bedingungen und unseren Bedürfnissen trennen, unseren natürlichen Gefühlen keinen Raum gewähren, dann würden wir mit der Zeit in ein fernes, einsames Dasein geraten, das unbrauchbar für ein Empfinden der Liebe, der Verbindung und der wahrhaftigen Christlichkeit wäre.

Wenn nun ein Suchender den Berg hinaufsteigt und seinen Schweiß auf dem Pfade hinterläßt, wenn er sich zuerst einmal mit der eifrigen Hoffnung vertraut macht, daß er bald bei Sonnenschein oben am Gipfel sitzt und sich damit auch des Ruhmes freuen kann; wenn er die Idee gepflegt hat, daß dieses Leben in den Bergen ein schöneres Leben als im Alltag ist, wenn er also voller Euphorie, voller Leidenschaft, voll eitlem Tatendrange nach einer neuen Befriedigung in die Berge geht, dann erlebt er in der Regel zunächst einmal im Schweiße seines Angesichts die Mühe und Plage seines Körpers. Er hinterläßt im stundenlangen Marsch ein Opfer. Er hinterläßt schon manche Euphorie, und dieses Hinterlassen einer Äußerlichkeit, dieses Darbringen eines Opfers ist schon eine Annäherung zur Erde, und sie bringt jene so heilsame Ernüchterung einer wahrhaftigen Gewißheit. Diese Ernüchterung löst ihn aus der so fernen Euphorie des ideenhaften Lebens los und zeigt ihm, daß dieses Leben in der Materie, in der Welt, im eingebundenen Sein, in einem Körper, in der Festigkeit, in der Schöpfung, nicht das wirkliche Gefühl der vollendeten Zufriedenheit hergeben kann. Er spürt auf seinem Pfade ein Zerbrechen der Ideen und Träume, er sieht bald viel reiner und nüchterner, aber damit auch viel tiefer. Indem er das Opfer bringt, indem er sich hinwendet, indem er seinen Schweiß zurückläßt und vielleicht sogar durch Gefahren und durch verschiedene Bedingungen des Wetters und der gesamten Umstände hindurchschreitet, wird er von den Gemütszuständen gereinigt, die ideenhafter Art sind. Das Ideenhafte weicht zurück und die Ernüchterung tritt klarer, gegenwärtiger in die Realität. Er geht zur Erde, er geht nicht weg von der Erde. Dieser Weg ist so entscheidend, denn er führt insgeheim zu einer Mitte.

Die Glaubenslehren oder die ausschweifenden Ideen sind hier immer ein Gegensatz. Sie werden mit der Zeit auf dem Wege der tieferen Hingabe erkannt und entdeckt und somit zurückgelassen. Der Mensch dient einem Leben, er dient einem Herrn. Er gibt sich einem Selbst hin und er sucht dieses eine Selbst als ein Höchstes. So geht er in die Berge und sucht sich in dieser Natur einen Gipfel, aber insgeheim sucht er ein Empfinden der Wahrheit. Vielleicht turnt er auf hunderte von Gipfeln hinauf, aber die Empfindung, die in seinem Herzen lebt, sucht unbewußt nach der einen und ewigen Mitte. Vielleicht weiß der Suchende nicht, daß er in Wirklichkeit von Gipfel zu Gipfel dieses ewige Geheimnis sucht, das in seinem Selbst und in der Schöpfung lebt, daß er etwas sucht, das das Ich-Wesen ist, oder wenn wir es direkter ausdrücken, das Christuswesen, die eine Liebe, die eine Heimat im ewigen Leben ist.

Die Berge sind in einer schweigenden Ruhe geschaffen. Sie kämpfen nicht gegeneinander, sie wehren sich nicht gegeneinander, sie stehen nicht im Konkurrenzkampf zueinander, sie entfalten nicht Krieg im Miteinander, wenn sie auch von der Zeichnung, vom Ausdruck, von ihrer Erhabenheit unterschiedlich sind. Was wäre beispielsweise, wenn der Großvenediger plötzlich zum Kranzhorn, das etwas kleiner und begrünter ist, sagen würde: Du bist da im Inntal und schaust auf das Inntal herunter, du kleiner Klapf. Was willst du eigentlich? Ich bin viel größer als du. Ich bin viel größer, und meine Region ist die einsame Stille. Bei dir turnen die Menschen hinauf, weil du leicht zu ersteigen bist, aber bei mir kann keiner so leicht hinaufsteigen, da muß er schon das Wetter und die Jahreszeit abwarten und eine gute Kondition besitzen. Aber auf dich kleinen Klapf wandern jedes Jahr tausendzweihundertfünfzig Menschen hinauf, bei mir sind es um ganze tausend weniger. Es kommen nur zweihundertfünfzig auf den Gipfel herauf, und viele von ihnen schüttle ich ab, indem Gewitter und Wolken kommen. Was wäre es für ein Schöpfungsdrama, wenn der Großvenediger zum Kranzhorn solche Worte sprechen würde? Er müßte – wenn er tolerant wäre – gleichzeitig noch etwas hinzufügen und sagen: Es ist gut, wenn auf dich, du kleiner begrünter Zwerg, die Menschen hinaufsteigen, denn dann trainieren sie wenigstens, daß sie einstmals auf mich steigen können, denn irgendwo müssen sie auch trainieren, damit sie Kondition bekommen und schließlich acht Stunden marschieren können. Bei dir müssen sie nur eineinhalb Stunden marschieren, bei mir aber sind schon acht Stunden gefordert, und etwas Erfahrung fordere ich auch. Wenn der Berg solche Worte aus Toleranz sprechen würde, dann wäre vom Menschlichen her gedacht der Konkurrenzkampf annehmbarer. Aber es gibt in den Bergen keinen Konkurrenzkampf. Der Berg weiß, daß das kleine Kranzhorn, der kleine Klapf, so zu ihm selbst gehört. Er ist eine andere Zeichnung, eine andere Persönlichkeit in der Gesamtheit der einen Person.

Jeder Berg hat eine andere Persönlichkeit für sich und er zieht auch bestimmte Menschen heran. Jeder Berg zieht ganz bestimmte Menschentypen heran. Er zeichnet sich durch seine Gestalt, durch seine Persönlichkeit aus, und der Mensch geht hin und erobert den Gipfel. Er bringt sich in Beziehung mit dem Berg. Er bewegt sich auf der schweigenden Höhe, in der schweigenden Stille des Eises oder Gletschers. Er stapft dahin und setzt seine tiefen Spuren gipfelwärts im einsamen Firn und erreicht diesen Gipfel vielleicht bei Wind, bei Schnee oder bei Sonne. Er steigt auf diesen Berg, und der Berg bleibt ein Ruhender für sich. Es ist eine Einheit, ein Selbst, das hier zum Ausdruck kommt. Ein Selbst kommt zum Ausdruck, der Mensch steigt eben einmal auf einen kleineren Berg und einmal auf einen größeren Berg. Er sucht sich die Größe des Selbst, er sucht sich die Größe der Persönlichkeit, an der er sich messen kann. Er sucht sich diese Beziehung, aber es ist diese Beziehung geheimnisvoll und dadurch bleibt sie eigentlich für den Bergsteiger immer unausgesprochen. Sie bleibt unausgesprochen, weil der Verstand dieses undenkbare, dieses ewige Meer nicht kennt. Das Gemüt weiß von der Existenz, und es drückt sich Friede aus, denn die Berge greifen nicht ein in den Krieg, den die Menschen entfachen. Die Berge schauen zu und sie bleiben auch unberührt, wenn die Menschen sich gegenseitig erschlagen. Die Machtkämpfe der Menschen schaden dem Berg nicht, weil er schweigend ist. Er ist ein Zuschauer, er bleibt in seiner fixen Stille wie der Atem Gottes. Der Mensch selbst ordnet sich ein, er lebt geheimnisvoll in diesem Beziehungsleben, aber er ist in diesem Sinne eben nur ein winziges Glied, das in einer Gesamtheit lebt. Und diese Gesamtheit spiegelt sich durch die Geister der Persönlichkeit, durch die Berge wider.

Dies ist für den Menschen schwer verständlich. Es ist schwer verständlich, daß der Mensch nur für eine Mitte und einen Geist arbeiten kann. Er denkt immer, durch den Intellekt verführt, durch die Raffinessen eines widerständigen Geistes irregeführt, daß er bei sich selbst etwas werden müßte, im Körper oder im Verstande, die scheinbar unsterblich sind. Aber er kann nicht zu einem Berg werden. Er kann nur auf das Ewige in seinem Selbstausdruck blicken, und er findet den Ausdruck für diese hohe Erhabenheit in den Bergen. Er hat den Ausdruck im Blütenmeer für die so ätherische Feinheit und Heiligkeit der Tugenden. Er hat hier diesen Ausdruck vor sich, vor seinen Augen, und er arbeitet für diese Erde, für diese Schöpfung, für dieses eine Selbst und für diesen einen Geist, der in dieser Erde lebt, der im Innersten der ganzen Schöpfung vielfältig atmet.

Er arbeitet für diesen einen Geist, und er arbeitet, indem er einmal zum Selbst wird. Er wird zum Selbst durch seine Hingabe. Er kommt zu sich selbst, indem er das Geheimnis anschauen lernt. Er lernt es anschauen und er lernt es langsam begreifen. Er lernt es nicht durch eine Glaubenslehre, so wie wir es hier im Westen allgemein theoretisch schaffen, sondern er lernt es direkt durch sich selbst, durch seine tiefe Sehnsucht, durch sein tiefes, eigenes Herz. Er möchte hineingehen in das Leben und in diese Erhabenheit. So arbeitet er zu einer Mitte, indem er zum Selbst wird. Das Selbstwerden ist wie das brennende Feuer. Es ist nicht wie der Rauch, sondern es ist wie das brennende Feuer, und dieses brennende Feuer wird sich zu einer Geistigkeit in einer Mitte entfalten.

Die Berührung am Felsen

Vortrag vom 4. Februar 1998

Bergsteiger sind in ihrer innersten Natur von einem freiheitsstrebenden Idealismus geprägt. Wohl dürfte es den wenigsten Bergsteigern bewußt sein, daß sie auf dem Weg zum Berg ein inneres Freiheitsideal, ein größeres Selbstbewußtsein oder vielleicht auch ein ganz besonderes, unabhängiges Lebensgefühl suchen. Manche suchen diese Freiheit auf dem Weg zum Berg in Form einer ersten Erholung und Entspannung, die auf einem sanften Gefühl des Loslassens beruht, und andere suchen eine bestimmte Bestätigung, die ihnen ein Gefühl der Überlegenheit gibt. Wieder andere suchen eine Identitätserfahrung mit einem größeren, erdachten Ideal des Menschseins und Menschenmöglichen, das sie aber im gesellschaftlichen Dasein nicht finden und nun in der höhergelagerten Region des Berges erhoffen. Der Weg auf die Berggipfel und Bergeshöhen, auf die Kammlagen und Grate ist immer ein Gleichnis für das Hinausstreben des Willens in den Kosmos. Auf diesen Wegen zu den Gipfellagen können unterschiedlichste Empfindungen und unterschiedlichste Wahrnehmungen, sowie auch Vorstellungen über die Schöpfung und das Schöpfungsgeheimnis ausgeprägt werden. Bergsteigen ist neben der Suche nach einem Ideal immer erfüllt von einer inneren Empfindungswärme und vor allen Dingen von einer tiefen kosmischen Sehnsucht.

In früheren Zeiten, etwa noch vor der Kriegszeit, hätte der Bergsteiger wohl nicht so leicht materialistische Tendenzen und Neigungen auf den Berg projiziert, wie es heute der Fall ist. Heute neigt leider das menschliche Bewußtsein zu einem starken materialistischen Sinn, den es von der Leistungsorientierung der Konsumgesellschaft auch auf die Freizeitgestaltung und somit auf das Medium des Bergsteigens überträgt. Aus diesem Grunde erscheint es heute viel wichtiger als früher, daß Bergsteiger ein tieferes Ideal und einen tieferen Sinn für ihr Tun und Handeln am Berg ausprägen. Das Bergsteigen, ganz besonders aber auch das Klettern am Felsen bedarf heute viel mehr als früher einer inneren, erdachten und seelisch erfüllten Vorstellung, denn erst damit gewinnt der Kletterer innerhalb seines Ringens um die Schwierigkeit den rechten Selbstausdruck und den innersten künstlerischen Sinn. Bergsteigen ist in seiner tieferen Bedeutung heute mehr eine erst zu entwickelnde Kunst, an der sich dann die Möglichkeit einer wirklichen Begegnung von Berg und Mensch entfalten kann.

Als Bergsteiger sollten wir nicht jenem Freiheitsdenken unterliegen, das wie eine Weltflucht ist und eine Art utopisches Hinausstreben in die freien, nahezu erd-losgelösten Gipfelzonen anstrebt. Wir sollten uns als Bergsteiger im idealen Sinne erst eine Empfindung und Vorstellung darüber verschaffen, wie wir zum Berg in Beziehung treten und vor allen Dingen, ob wir den Berg als die gegebene Wirklichkeit sehen oder nur eine psychische Leistungsbestätigung erwarten. Die Verwirklichung eines Freiheitsideals ist heute nicht im pausenlosen Aufstieg des Selbstbewußtseins zu utopischen Grenzsituationen, höchsten Gipfeln und phantastischen Abenteuern zu finden, sondern mehr durch eine intensivere Anteilnahme der Seele an der Außenwelt und ihrem Gegenüber.

Ein kleines Bild kann eine erste Vorstellung darüber geben, wie die Bewegung am Berg und Felsen zu einer Kunst gedeihen kann. Eine Bewegung, die ein Kletterer ausführt, ist immer von verschiedenen Berührungspunkten, vor allem von den Händen und Fußspitzen und in den Kaminen manchmal auch vom ganzen Rücken und Körper abhängig. Diese Berührung wirkt empfindsam und bereichert das sensitive Wahrnehmen der Gefühle. Ganz einfach gesprochen sollte jede Berührung, die von den Händen zur Materie stattfindet, wenn der Kletterer die Vorsprünge und Schuppen ergreift, von einer gewissen empfindsamen, inneren Gefühlsregung begleitet sein. Diese innere Gefühlsregung ist aber nur dann in einem angenehmen und freien Bewußtsein spürbar, wenn der vitale Wille mit seinen leidenschaftlichen Bedrängnissen wie auch der intellektualisierende Verstand mit seinen lähmenden Ängsten die Bewegungen nicht begrenzen und zurückhalten. Ein Kletterer sollte einmal ganz auf diese feinen, empfindsamen Gemütseindrücke achten, wenn er an Rissen, Kanten und Verschneidungen höherturnt.

Es ist heute leider unser Gefühlsleben durch die sogenannten materialistischen wie auch vitalen und berechnenden Ansprüche, die das Menschsein leiten, mit sehr lähmenden Vorstellungen und Auffassungen beladen. Wer heute in die Berge geht, berührt mit seinen Händen und Gliedern meist auf rein instinktive oder getriebene Weise die Passagen und Grate. Was sind die Berge und was geben die Berge ihren Besuchern? Sie geben jenem eine Freiheit, der ihnen mit einer intensiven Berührung und einem empfindsamen seelischen Kontakt entgegengeht. Der Mensch wird unfreier, je mehr er ein Denken auf die Berge projiziert, das wie ein Hinausstreben in den Kosmos und somit hinweg von jeder empfindsamen Realitätsebene des Bewußtseins ist. Er wird ganz besonders unfrei, wenn er seine Freiheit im unentwegten Gipfelerfolg sucht. Die Freiheit liegt wahrhaftig in der innersten Intensität der Berührung, die in der Bewegung des Kletterers mit den Felsen oder des Wanderers mit dem Boden ihren Ausdruck findet.

Darüber, was die Berge sind und was die Natur und die Schöpfung darstellt, müssen wir uns heute tatsächlich eine tiefere Anschauung bilden und ihr eine viel tiefere Logik zugestehen, die mit unserem Menschsein inniglich verbunden ist. Die Evolutionstheorie nach der wissenschaftlichen Methode gibt uns dabei keine richtige Anschauung über das, was die Berge in der Wirklichkeit sind. Wer sehr tief geistig schauen kann und das Schöpfungsgeheimnis über viele Tausende Jahre zurückdeuten und verfolgen kann, wird einen Unterschied zur herkömmlichen wissenschaftlichen Logik feststellen können. Sie führt die Entstehung der Berge auf einige Millionen Jahre zurück und läßt dabei den Menschen in seinem eigenen Schöpfungsgeheimnis außer acht. Die wissenschaftliche Berechnung hat den Menschen vergessen. Und somit hat sie vergessen, daß die Berge ein Teil oder ein Ausdruck des Menschwerdeprozesses sind. Der Mensch ist der Anfang der Schöpfung, und die Schöpfung ist ein Ausdruck des Menschseins. Die Materie ist der tiefe und würdige Tempel des Geistes. Der Mensch ist das Ebenbild des Geistes. Aus dem Geist entstand und entsteht die Materie, und aus diesem Geist formen sich die Farben, die Strukturen, die Formen, die verschiedensten Naturdenkmäler und die weiten Zonen der Erde. Aber wer kann diesen Hintergrund beweisen? Wer kann hier genau definieren, wo die Wahrheit der Evolution liegt und welche Dimension am Anfang liegt? Ist es die Materie oder der Geist?

Betrachten wir die verschiedenen Empfindungen, die mit der Entwicklung des Menschengeistes und seinen vielen verschiedenen Ausdrucksarten in der Schöpfung gegeben sind. Angenommen, wir stellen den

Menschen in seiner vielleicht ehemalig noch unmanifestierten Dimension des Geistes an den Anfang der Schöpfung, wie es auch den Dokumenten der Religionen entspricht, so war der Geist des Menschen von Anfang an frei, und so ist der Mensch in seiner Seele frei von der Materie. Diese Freiheit, die mit dem Gedankengang über die Evolution verbunden ist, ermöglicht erst ein reines Handeln und ein reines, empfindendes Bewußtsein wie auch eine reine Berührung der Sinne gegenüber der Schöpfung. Wenn wir aber die Materie an den Anfang der Evolution stellen und daraus einen geformten Menschengeist definieren wollen, so ist dieser Menschengeist immer in der Materie gefangen und seine Freiheit ist wohl für die weitere Entwicklung nicht denkbar und auch nicht vorstellbar. Für eine wirklich empfindungsgemäße Begegnung von Berg und Mensch ist es aber notwendig, daß wir in dieser Freiheit des Menschengeistes gegründet sind und den Berg wie auch die Schöpfung in allen verschiedenen Naturregionen als einen Ausdruck dieses einen Geistes betrachten. Erst durch diese freie und verfügbare Bewußtheit ist es uns möglich, daß wir eine reine, empfindsame, von frommen Gefühlen begleitete Verbindung zur Naturschöpfung erbauen, die die Umwelt verlebendigt und reinigt.

Lassen Sie mich einmal einen Beweis dafür anführen, daß diese Art des Denkens auch eine realistische Bestätigung erhalten kann. Wenn man auf etwas genauere Weise die Schöpfung betrachten lernt, stellen sich gewisse Wahrheiten wie von selbst heraus. Ein übersinnliches Schauen der Schöpfungsgeheimnisse, das nur dem hellsichtigen Auge oder dem hellsichtigen Sinn vorbehalten ist, läßt sich daher mit einigen feinen Empfindungen realistisch bestätigen. Wenn wir den Kalk berühren mit unseren Händen, so berühren wir nicht eine bloße Materie, sondern wir berühren dasjenige Produkt, das einmal die Tiere und vor allem die Meerestiere aus sich ausgeschieden haben. Das Meerestier war also vor dem eigentlichen Kalkprozeß in der Schöpfung anwesend. Weiterhin ist es eine tiefe Wahrheit, daß wir bei dem Berühren eines Granitfelsens das Endprodukt eines pflanzlichen Prozesses vor uns haben. Auch die Kohle ist ein Produkt aus einem ehemaligen Pflanzenreich, das in der Tiefe der Materie ganz erstarrt ist. Schließlich sind aber auch die Tiere mit ihren vielfältigen Bewegungen, die Schlangen, die Pferde, die Füchse oder die Vögel, die ganz den Instinkten unterworfen sind, ein Ausdruck für eine größere Analogie. Diese größere Analogie wissen heute die Menschen nicht mehr, da sie den Geist der Tiere, der sich ganz im Bewegungstrieb ausdrückt, nicht mehr erschauen. Die Bewegung der Tiere ist in Wirklichkeit ein Ausdruck für das innerste Begierdenprinzip oder für dasjenige Wollen, das ganz der Arterhaltung und dem Wesen selbst dient. Die Bewegungen der Tiere sind unbewußt. Die Bewegungen, die das Tierreich zeichnen, sind deshalb entstanden, weil der Mensch in sich ein Begierdenprinzip besitzt und dieses Begierdenprinzip aus den jenseitigen Himmeln, wo die Verstorbenen weiterleben, Zeichen in die Welt hineintragen. Es gäbe tatsächlich keine Tiere, wenn es nicht schon vorweg ein menschliches Begierdenprinzip gegeben hätte.

So blicken wir auf die verschiedenen Bereiche wie die Felsenmeere der Berge und sehen, daß sie ein Ausdruck eines schon bestehenden, einstmals lebendigen Prozesses sind. Wir blicken auf die verschiedenen Vorgänge in der Naturschöpfung und bemerken dabei, wie sie durch einen schon vohergegangenen menschlichen Evolutionsprozeß getragen sind. Der Mensch befindet sich deshalb durch seinen Geist am Anfang der Schöpfung, und die Schöpfung selbst ist ein Ausdruck des Geistes im Menschsein.

Stellen wir uns aber nun für unsere weitere innere Meditation und Analyse vor, wie eine Bewegung, die der Kletterer ausführt, auf die Umgebung wirkt. Die Bewegung kann, in aller Einfachheit gesprochen, auf zweierlei verschiedene Arten wirken. Sie kann angenehm, sanft, ästhetisch, leicht, anschmiegsam und frei wirken; oder sie kann schwerer, getriebener, aufdringlicher, instinktiver und somit nahezu wie eine ungesehene Gewalttat ihren Ausdruck bezeichnen. Eine Bewegung, die der Kletterer am Felsen ausführt, geschieht immer mit einer Berührung zum Gestein. Die Hände ergreifen den Riß oder die Leiste, die Finger ertasten eine Unebenheit oder einen Zacken, oder die Handballen drücken sich in einen feinen Einschnitt. Die Berührung kann sowohl mit den verschiedenen Gliedern stattfinden, wie auch mit dem Rücken oder dem Gesäß erfolgen. Ganz besonders ist aber die Berührung von der Hand und damit von der Haut zu der Materie von Bedeutung. Diese Berührung ist immer mit einem untergründigen, in das Bewußtsein kaum heraufdringenden Erleben verbunden. Stellen wir uns diese Berührung einmal lebendig vor. Achten wir auf den empfindsamen Ausdruck dieses Kontaktpunktes und auf dasjenige Wesen, das mit dem Erleben der neuen Verbindung, die nun eintritt, entsteht. Jede Berührung, die mit Händen, dem Körper oder durchaus auch mit den Sinnen, die ja an eine feinere Berührung gebunden sind, ausgeführt wird, bringt ein neues und damit einzigartiges Erleben in die Geburt. Mit dem Erleben ist aber auch das Geborenwerden eines Bewußtseins, und somit eines feinen Bewußtseins eines Geschöpfes verbunden. Eine Berührung ist niemals in einer mechanischen Verrichtung und in einem mechanischen Rhythmus verständlich. Berührungen, wie sie der Kletterer im ständigen Auf und Nieder der Bewegungen ausführt, sind immer und in jedem Augenblick von einem neuen Element und einem neuen Erlebnis getragen. Denken Sie sich einmal in dieses Bild der Bewegung hinein, wie sie am Felsen geschieht und wie sie einmal vielleicht mit schwererem und gebundenerem Atem und dann wieder in einem gelösten Hauchen geschieht. Vielleicht mögen Sie das Wesen der Angst dem Bergsteiger am Gesicht ansehen, oder vielleicht mögen Sie auch jene Empfindung schon besitzen, daß Sie dieses Wesen der Angst, das sich oftmals in dramatischen Situationen aufwühlt, wie eine Gestalt erspüren. Die Angst ist ein geistiges Geschöpf, das durch die entsprechende Art der Berührung, vor allem auch durch die entsprechende geistige Haltung des Kletterers, erst in seiner Existenz entsteht.

Aber es entsteht neben dem Wesen der Angst noch auf ganz natürliche Weise ein anderes Geschöpf. Jener Kletterer, der mehr aus einer materialistischen Erziehung und somit aus einem sehr gebundenen Wollen den Felsen berührt, jener, der sich selbst einen Gefallen tun möchte, der den Schwierigkeitsgrad für sich selbst gewinnen oder den Berg besiegen möchte, der erschafft durch seinen Zugriff am Felsen im Moment der Berührung ein Begierdengeschöpf. Dieses Begierdengeschöpf wird in seinem Umfeld sichtbar. Im Vergleich dazu bringt jener, der mehr nach der innersten Sinnerfüllung strebt und der in einer Art Ehrfurcht, ja, inneren, vornehmen Achtung am Berg seine Kletterkunst entwickelt, ein seelisches Wesen, ein sehr schönes Geschöpf in die Geburt. Wie jede Berührung ein gewisses Geräusch erzeugt und damit auch ein feines Gefühl erregt, so ist es auch, daß mit jeder Berührung, die von den Händen zu der Materie erfolgt, immer ein geistiges Geschöpf geboren wird. Der Kletterer kann aus diesem Grunde den Berg mit einem mehr begehrenden Willen und mit begehrenden Geschöpfen und Wesen übersäen; er hat aber auch die Möglichkeit, daß er durch die innere Würde seiner Einstellung den Berg mit vielen seligen Geschöpfen umkleidet und eine Herzensliebe am Felsen hinterläßt. Diese Eindrücke entstehen aus der Berührung der Kontaktpunkte, die auf unterschiedlichste Weise durch die Art der Beziehung des Kletterers zur Materie erfolgen.

Die Bewegung ist eine Antwort auf die vorhergegangene Berührung. Die jeweilige Bewegung, die der Kletterer vollbringt, kann in diesem eingeteilten Sinn wie ein rauschender, tosender Gebirgsbach und damit erobernd, vital und dominierend sein. Oder sie kann sanft wie ein ruhig und harmonisch dahinfließender Strom Wasser ihren Ausdruck nehmen, der sich auf natürliche Weise seiner Umgebung anpaßt. Der Kontaktpunkt von der Hand zum Felsen verbirgt ein innerstes beginnendes Erleben, das sowohl für die Bewegung, als auch für den Berg in seiner schweigenden Natur von Bedeutung bleibt. Der Mensch, der aus dieser bewußten Intensität der Berührung eine innere Ehrfurcht entwickelt, wird auch in sich die tieferen Geheimnisse der Schöpfung kennenlernen, und er wird vor allen Dingen eine innere Religiosität entwickeln. Die innerste Religiosität ist ein Ausdruck für Achtsamkeit, Weite und Freiheit. Die innerste Religiosität in dieser Form der Hingabe kann den Menschen zu einem Bewußtsein der Universalität und Freiheit des Lebens führen. Die universale Bewußtheit macht den Menschen schön, sie macht ihn zu einem Künstler, und sie führt ihn auf dem seligen Weg der Erkenntnis zum ersehnten Tor der Freiheit. Diese innerste Berührung, die wie zu einer Verneigung wird, kann den Menschen weise für das Leben zeichnen. Zu dieser Einstellung müssen wir in der Zukunft wieder finden, denn wir dürfen nicht mehr länger jene Begierdenwesen an den Kletterwänden entfachen, die immer mehr die Natur mit einem traurigen und unangenehmen geistigen Schimmer übersäen. Wir zerstören nicht nur die Umwelt durch die Gifte, die aus den verschiedenen Industrieabfällen entstehen, sondern wir zerstören vor allem die Natur mit jener Atmosphäre, die wir entsprechend unserer geistigen Haltung auf sie projizieren. Wir zerstören sie, auf primäre Weise gesehen, zuerst einmal geistig, da wir sie mit Begierden und mit anstrengenden, erregenden nervlichen Elementen übersäen. Auf dem Wege des Kletterns sollten wir nicht noch mehr werden wie die Tiere, die sich eher auf rein vitale Weise an kleinsten und abermals kleinsten Griffen hochziehen. Wir sollten vielmehr einen Sinn für die edle Kunst der Bewegung entwickeln, die einen direkten Anfang darin nimmt, wie die Hand an den

Fels gelegt wird. So liegt ein Ideal im Bergsteigen, das wir durch eine gediegene Auseinandersetzung heute erst entwickeln müssen.

Der Berg ist ein Gegenüber, er ist wie ein Bruder oder aus jenem Reich, das eine Art Schweigen verkörpert. Er ist ein Wesen, das zu uns in Beziehung tritt, und zu dem wir in Beziehung treten. Wir selbst sind das Licht, das von der Materie geschieden ist. Indem unsere Hände den Berg berühren, berühren wir uns in Wirklichkeit selbst. Mit der Berührung nimmt aber unsere Seele auf geheime Weise jenes Wesen auf, das durch die Art und Weise der Berührung am Felsen entsteht. Hier können wir das Begierdengeschöpf aufnehmen oder tatsächlich ebenso eine Seligkeit in uns erfahren und hineinnehmen.

Das Wesen des Berges wird wohl immer ein schwer beschreibbares Geheimnis bleiben. Im Berg ist die Urform des geistigen Lebens angelegt, das aber in der schweigsamen Stille verblieben ist oder sich aus dem Licht geschieden hat. Es hat sich einmal die Finsternis vom Licht geschieden, wie das Buch der Genesis erzählt. Das Auge blickt auf die eigene geistige Leibanlage, auf dasjenige, was im eigenen Inneren in den Organen gegeben ist. Es ist dies eine Materie, und es ist dies eine Form und eine Struktur. Wie der Mensch viele Organe in sich trägt, so besitzt der Berg vielerlei verschiedene Regionen und Abschnitte, Kammern und Schächte. Er ist ein Inbegriff für die Urform der Materie, die aber auf einer Stufe der Finsternis von dem eigentlichen Menschen und damit von dem Licht und der persönlichen Bewußtheit zurückgeblieben ist. Das Licht hat sich von der Finsternis einmal geschieden. Der Berg besitzt in seinem Wesen das Zeichen des Feuers und so ist er ein Ausdruck für Wärme, ein der Herausforderung unterliegendes Symbol für diejenige Dimension, die die Persönlichkeit darstellt. Das Feuer oder die Wärme ist eine der schönsten Offenbarungen dessen, was Individualität und Einzigartigkeit ist. Es ist das, was die Freiheit des Menschseins beschreibt; dasjenige, was den Menschen in seiner höchsten Krone im Bilde des Gedankens umschließt. Das Wesen des Berges ist der Ausdruck des reinen Gedankens, der in sich selbst ein Bruder des Feuers eines Geistes ist, und der in all den Organen und Gleichnissen des Leibes im Menschen auf lebendige Weise existiert. So ist das Wesen des Berges dasjenige, das ehemals zurückgeblieben oder abgeschieden ist, damit der Mensch selbst in sich das Licht und das Selbstbewußtsein unmittelbar verlebendigen und verkörpern kann. Wenn wir auf den Berg blicken, so blicken wir auf einen Teil von uns selbst, der aus uns selbst heraus ein Dasein führen muß, damit sich das Leben und die Geistigkeit auf eine weitere Entwicklungsstufe erheben kann. Es wäre wohl für den Menschen in seinem Ringen um die verschiedenen Ideale des Lebens und des Freiseins günstig, wenn er zu dieser innersten religiösen Anschauung von Einheit der Schöpfung und des einen Geistes wieder mehr zurückfinden würde.

Bilder und Gleichnisse der Natur und ihre Bedeutung für die Seele des Menschen

30. Mai 1995

Einer der bedeutungsvollsten Schritte zu einem Heilwerden des menschlichen Daseins liegt in der Ausprägung einer bewußten, aktiven Aufmerksamkeit. In dieser scheinbar so einfachen Disziplin liegt ein bewußteres Schauen, ein reineres In-Beziehung-Treten zu den Bildern der Natur und den Erscheinungsformen des Daseins. Den unruhigen, oberflächlich vorübergleitenden Sinnen wird die willentliche Führung zur ruhigen, sorgfältigen und gedanklich vortrefflichen Betrachtung auferlegt. In dieser sehr genau gewählten Disziplinierung öffnet sich erst der Blick zu einer rechten Anschauung und das Bewußtsein wird sich des schöpferischen Selbstausdrucks des zu betrachtenden Objektes im größeren Maße bewußt. Die sorgfältige Auswahl von Betrachtungsobjekten und die Ausdauer im Beobachten, Hinschauen, Hinhören und Hinfühlen zu diesen, führt zu einer natürlichen Intensität des Gedankenlebens, zu einer Tiefe und einem Gewahrsein. Es entspricht der natürlichen Zielorientierung der Konzentration. Die Sinne empfangen den inneren Sinngehalt.

Diese Betrachtungen, wenn sie auf die Natur, auf die Pflanzen, Berge, Bilder oder Werke von Menschen ausgerichtet werden, entsprechen den einfachen Formen von Seelenübungen. Wir sprechen in diesem Zusammenhang noch nicht von einer Meditationsübung, sondern von einer typischen Übung für das Bewußtsein, die eine Disziplin, Konzentration und Ausdauer erfordert. Eine Meditation wäre es, wenn an Stelle des zu betrachtenden Objektes der lebendige, geoffenbarte Geist treten würde, wie wir es bei Bildern von Heiligen und Schriften aus den höchsten Quellen der Inspiration vorfinden. Hier aber handelt es sich um einfache Bewußtseinsübungen.

Die einfache Anschauung von Bergen, Bildern, Naturszenen und Natursymbolen stößt in ihrer praktischen Ausgestaltung sogleich auf eine große Ablenkung und Behinderung. Kaum sind Personen zu finden, die die Aufmerksamkeit einigermaßen selbstaktiv, kontrolliert und in wirklicher Bezugsrichtung zu einem Bild oder einem Naturdenkmal im Lichte der Konzentration behalten können. Es begleitet den Menschen in unserer Zeit und Kultur eine beständige Macht, die in Form eines Wärters neben ihm oder, besser gesagt, sogar vor seinen Sinnen steht und das Licht der Beschaulichkeit zu einem konkreten Gedanken verhindert. Dieser Wärter ist die eigene vitale Macht, die emotional-leibgebundene, leidenschaftliche Unruhe und Versuchung des Egoismus. Sie äußert sich in besonders romantischen Gefühlen, in vorschnellen Bewertungen, in leichtfertigen Ideen, kränkelnder Müdigkeit und Apathie, in Zeitmangel oder vielleicht in Desinteresse. Dieser vitale Begleiter, der wie ein Wärter die Stunden des Tages bewacht, läßt keine tiefere Orientierung und Sinnfrage in das Bewußtsein eindringen und schirmt den einzelnen mit Scheinantworten und einer leidenschaftlichen Scheinzufriedenheit von der Außenwelt ab. Dadurch bemerkt das Gemüt heute die Isolation, Trennung und Entfremdung von der Außenwelt nicht mehr richtig.

Die vitale, abschirmende Wesenshülle muß durch eine eigenständige Disziplin zu einer Überwindung kommen, damit richtige Anschauungen und ein erstes tieferes Bewußtsein zur Schöpfung und somit auch zu Gott entstehen. Die meisten Menschen scheitern bereits an diesem ersten Tor zu einer rechten Anschauung und reden von Gott, obwohl sie keine Beziehung zu seinem Geiste und kein Gedenken zu der sakralen Welt der Schöpfung besitzen. So kann man sich auf dem Pfade der Suche und Verwirklichung die einfache Frage stellen: Habe ich eine wirkliche Beziehung zu den Naturoffenbarungen und besitze ich eine wirkliche, tiefe Sicht zu dem Geschaffenen, dem Heiligen und Geoffenbarten? Mit dieser eindringlichen und kühnen Frage öffnet sich vielleicht das einmal zur Trägheit und einmal zur Geschäftigkeit neigende Gemüt leichter für die Tiefe der Außenwelt und für das Schöpferische in all dem Geschaffenen.

Eigentlich begleitet heute uns Menschen schon nahezu ohne Ausnahme eine schleichende Traurigkeit und Leere, die uns, wovon Erich Fromm in seiner Philosophie spricht, noch weiter vom Sein zu einem Habenwollen und Besitzen drängt. Die innere Not und Empfindungslosigkeit der Seele, die im Glauben und der Teilnahme an dem sakralen Erbe erst ihre Rechte empfangen würde, führt zu den unausweichlichen, kompensatorischen Affekten der Habgier, des Hortens und der Reizübersteigerung in der Erlebenssuche. Obwohl wir Menschen durch die Errungenschaften der Medizin und sozialen Hygiene länger leben können als früher, sind wir viel kränker und ärmer im Inneren des Erlebens und der Teilnahme am Leben geworden. Es fehlt uns die Kraft zur Teilnahme an der Außenwelt, an der inneren Beziehung und an der Wachheit des Blickes für die Wirklichkeit des Seins. Diesen Blick müssen wir eigenständig durch diszipliniertes Suchen nach der höchsten Wahrheit und dem unsterblichen, einen Geist in allem wiederentdecken. Hierzu hilft uns keine Methode von außen, wie beispielsweise eine alternative Form der Ernährung, eine Therapie oder ein homöopathisches Medikament. Die Substanz, die uns allen abgeht, liegt ganz verborgen in der Einzigartigkeit unserer Individualität selbst, im Feuer des Herzens, das über die vitalen Triebe hinaus in ein weiteres Interessensfeld hochlodern möchte. Der Glaube, daß zuerst der Körper gesünder werden oder ein besseres Heilmittel für die eigene Ungenügsamkeit gefunden werden müßte, raubt nur die wertvolle Zeit und die wirkliche Substanz in der Seele. Die tiefe Entscheidung aus den innersten Fragen des Herzens, in der Sehnsucht nach dem ewigen Herrn des eigenen Inneren und der Schöpfung, führt zu einem zündenden Feuer und einer wirklichen Freude und Teilhabe an dem sakralen Erbe Gottes.

Es ist wahr, daß die erdrückende Passivität des eigenen Wesens erst im Leiden und in der Not der Daseinsbedingungen zusammenbrechen muß, damit der Blick durch all das vitale, unruhige Wollen zu den Objekten der Außenwelt möglich wird. Wir sehen noch nicht wirklich die Wälder und Berghänge, die schroffen Gestalten und lieblichen Gewächse am Wegrand. Wir bedürfen erst der Übungen der Seele und der zeitlichen Muße, um zu ihnen eine Beziehung herzustellen.

Wenn wir aber im Lebenskampfe zu diesem ersten Bewußtsein der Eigenaktivität hindurchgedrungen sind, bemerken wir die sensitiven und doch großen Unterschiede in der Außenwelt, die im Empfangen durch die Sinne auf unser Gemüt wirken. Diese Unterschiede können wir einmal auf einfache Weise mit einigen Beispielen und Bildern belegen und darin die Gedanken vorbereitend vertiefen. Nehmen wir einmal an, wir planen eine Bergtour in das naheliegende Rofan-Gebirge. Wir fahren mit dem Sessellift hoch zum Roßkopf und wandern hinüber zu dem idyllischen Zireiner See (Bild Seite 119). Von diesem steigen wir mit frischem Elan über die karstigen Schotterflächen hinauf, vorbei an der Ostwand der Rofanspitze zu der wiesenbewachsenen Hochfläche des Hauptkammes. Von dort trägt uns der Schafsteig über die warmen, sonnenbeschienenen Wiesen hinüber bis zum Hochiß, dem höchsten Gipfel. Auf den frühsommerlichen Wiesen leuchtet uns der kräftige, dunkelblaue Enzian mit seinem langen, raumtiefen Blütenkelch entgegen. Auf dem Rückweg wählen wir die Nordvariante des Weges. Wir marschieren an den beeindruckenden Nordabstürzen des Hochiß, der Seekarspitze, des Spieljochs und der Rofanspitze mit dem markanten, extremen Rofanturm entlang. Die Überhänge der faszinierenden Wände schauen mit abweisenden und gefährlichen Gesichtern auf uns herunter. Die Felsen sind in den verschiedenen Zonen ungleich steil und farbintensiv, manchmal hell, manchmal dunkel. Die Rofanbrekzie, der oftmals etwas ins brüchige neigende Kalk, läßt kaum die Vermutung aufkommen, daß durch diese jähen Abbrüche Klettertouren hindurchführen. Wir marschieren unter den eindrucksvollen Bildern wieder zurück zum Zireiner See und beenden an der Sesselliftstation mit einem letzten Rückblick auf die steile Rofanspitze die Bergtour.

Im Vergleich zu dieser Tour können wir einen Ausflug in das ebenfalls sehr nahe gelegene Zillertal mit seinen Urgesteinsriesen machen. Wir begeben uns aus dem innersten Winkel des Zillertales hinauf über den Zillergrund zu der Berliner Hütte, einer riesengroßen Alpenvereinshütte in zweitausendzweihundert Meter Höhe. Von dort aus steigen wir über die letzten Wiesen und ersten Moränenausläufer in weiten Serpentinen hinauf zu der fast dreitausend Meter hohen Melkerscharte. Auf dieser Höhe befindet sich schon fast keine Vegetation mehr. Der Granit ist flechtenbewachsen, grünlich und graufahl ohne Schimmer. An den Wegrändern leuchtet mit den letzten Gräsern die kräftige, orangefarbene Arnika. Sie besitzt einen dicken Blütenkopf mit feinen, länglichen Blütenblättern, der wie eine Sonne ausstrahlt. Der Duft dieser Blüte ist honigähnlich. Von der Melkerscharte aus besteigen wir die nahe Zigmondyspitze über eine leichte Kletterroute. Nach dem Gipfel, in der einsamen Sphäre von dreitausend Metern, wandern wir ostwärts hinab in die Täler und folgen den Wasserläufen über einige letzte Treppen, die mit Granittafeln gepflastert sind, hinunter ins Zillertal. Die Eindrücke dieses Tages begleiten uns noch tief in den Schlaf und Traum hinein.

Wie wirken die empfangenen Eindrücke aus dem heimatlichen Rofan-Gebirge und nahen Zillertale auf die empfindsame Seele? Das Urgestein ist von einem sensiblen Mantel aus farblosen Tönen gezeichnet, während die graue Rofanbrekzie mit ihrem dunklen und hellen Wechselschimmer das Licht reflektiert. Bei dem Urgestein spürt der Beobachter das Alte, das Vergangene. Der flechtenbewachsene Granit ist von einer lichtdämpfenden Hülle umkleidet, die wie das Grau über der Hausfarbe das reflektierende Licht verschleiert. Die großen Schiefertafeln aus manchmal kompaktem und manchmal porösem Granit ergeben eine sehr geschlossene, wenig gelockerte Tafelstruktur. Das Gestein bekundet den Ausdruck einer ungreifbaren Ferne und Unnahbarkeit.

Der Kalk im Rofan scheint hier geradewegs ein Gegensatz zu sein. Er besitzt trotz der sich auftürmenden Steilheit eine zurückhaltende Freundlichkeit und einladende Wärme. Sein Gesicht ist streng, aber doch von vielen feinen und feinsten Fissuren, Ritzen, jungen Verwitterungen, greifbaren Löchern und Rundungen belebt. Im Kalk des Gebirges erahnen wir das jüngere Alter und die noch nicht ganz erloschene Vergangenheit. Die Eindrücke, die sich zunächst einmal unbewußt im Inneren spiegeln und festsetzen, sind von dem Gebirge her und ihrer Felsenlandschaft sehr verschieden.

Dieser feine Unterschied ist nicht im Sinne einer sensitiven Gravierung des Innenlebens zu bewerten. Er ist genau genommen in einem gegenteiligen Reagieren und Konzentrieren begriffen. Das Urgestein läßt durch sein Alter den Besucher und Bergsteiger gar nicht wirklich in seine Nähe. Die Distanz zwischen Gestein und Mensch ist vergleichsweise so groß wie zwischen mehreren Generationen. Der Zillertaler Granit ist das typische Urgestein und spiegelt im Charakter eine schon lange vergangene Erdenzeit wider. Er steht sinnbildlich für die Tradition einer ehemaligen, erloschenen Kulturperiode. Der Felsen hat seine Strahlungsintensität verloren und ist in das zurückgezogene Alter übergegangen. Der Besucher erfreut sich an den kompakten, weiten Gipfelgraten. Er fühlt in seinem Herzen auf stille Weise eine Art Wehmut. Ein leises Gefühl einer erloschenen Heimat und somit Heimatlosigkeit begleitet ihn bei seiner Bergtour. Diese Empfindungen nimmt der Besucher aus dem Gebirge mit und es wirkt Tage und Wochen über die Nächte noch weiter auf sein Innenleben.

Ein nahezu konträres Empfinden nimmt der Bergwanderer mit nach Hause, wenn er vom Rofan zurückkehrt. Dieses Gebirge hat eher etwas Weibliches und daher schon etwas Wärmeres und Leichteres. So wie die Zillertaler Alpen vielleicht einen Hauch vom Zeichen des alten Mondes tragen, so besitzt das Rofan-Gebirge mehr das Warmherzige der weiblichen Venus. Diese Venus drückt sich an den begrünten und freundlichen Südhängen aus. Sie drückt sich auch im Fels aus, der trotz der nordseitigen Schründe und furchterregenden Abbrüche einen lockenden und sogar immer wieder lieblichen Anreiz besitzt. Mit einem feineren Blick kann diese anziehende und warme Seite in den Felsstrukturen beobachtet werden. Der Kalk fördert ein Empfinden der Nähe. Sein doch immer buntes, abwechslungsreiches Strukturspiel besitzt ein freundliches Gesicht. Die Felsen reflektieren manchmal helleuchtend das Licht und beleben mit einem freundlichen Schimmer vermehrt die Sinne. Der Besucher nimmt ein Empfinden der Geborgenheit mit nach Hause. Er fühlt sich viel näher mit der Heimat der Berge verbunden. Der Kalk führt die Seele in die Nähe des Fühlens und stillt den sehnlichsten Wunsch nach Heimat.

Diese Eindrücke begleiten die Seele und stimmen sie wie eine Musik auf die innere Zugehörigkeit zum Leibe ein. Sie fördern je nach Lebensalter die Inkarnation oder Exkarnation des Seelenlebens und wirken daher über die Sinne wie Heilmittel in feinsten Dosen. Es gibt Menschen, die intensiv die Geborgenheit des Kalkes suchen, und es gibt wieder andere, die die weite Unnahbarkeit und große Weltenfaszination des Granits bevorzugen. Im Inneren erhält die Seele die geheime Nahrung aus der Umwelt. Dies geschieht in der Regel immer unbewußt. Mit gezielten Übungen zur Aufmerksamkeit, Betrachtung und Anschauung rücken die Eindrücke in das Bewußtsein und gestalten sich zu freudigen, lebendigen Imaginationen aus. Jeder Berg besitzt eine Geschichte, jedes Gebirge trägt eine vollendete Weisheit im Ausdruck. Die Sprache der Berge ist verschlüsselt und bedarf der meditativen Hinwendung und Beobachtung, damit sie gelesen werden kann. So wie die Berge eine verschlüsselte Sprache sprechen, so sind es auch die Blumen, die für den Charakter und die Seele ihres Beschauers ein tröstendes Wort verkünden. Die Blumen sind vielleicht weniger eine Geschichte, sie sind vielmehr lebendige Wesen und stille Verkörperungen von Charakterzügen und Tugenden. Sie beschreiben das lebendige Blütenfeld der Seele und mahnen die Sinne zu Edelmut und Reinheit. Der Enzian mit seinem tiefblauen Blütenkelch, den der Rofan-Besucher am Wegrand antrifft, ist ein Sinnbild für den gelebten Glauben aus der Seele. Er deutet auf die hohe, substantielle Kraft, die das Leben über alle Phasen des Leidens und der Enge hinwegzutragen vermag. Die Arnikablüte dagegen deutet mit ihrem orangefarbigen Schimmer und honigähnlichen Duft auf das Licht selbst.

Das Licht ist der Ursprung, und dieses ist rein, unberührt und frei von den dualen Gegensätzen des Lebens. Die Arnika ist eine lichtreiche Pflanze und wirkt durch ihren Kieselgehalt auf die kranken und verletzten Gewebe. Wenn man Arnika bei Verstauchungen und Quetschungen anwendet, so schirmt sie durch ihren gestaltenden Kieselcharakter das kranke Gewebe von weiteren Störungseinflüssen ab. Das Licht arbeitet dann gemäß der Natur und des schöpferischen Willens frei und so fördert es die Gesundheit im Bewegungsapparat. Arnika deutet durch ihre Festigkeit und Anziehung zugleich auf das heilende Licht, das in sich ein freies Leben und Weben besitzt. Das Licht ist Leben und Geben in einem Selbst. Diese stille Weisung verströmt die Blüte an ihren Betrachter. Er nimmt an ihrem Wesen und an ihrer Heilkraft durch seinen würdigenden Blick teil (Bild Seite 122).

Diese Beispiele geben einen kleinen Ausschnitt, wie die Naturschöpfung mit ihren Geheimnissen und unausgesprochenen Sinnbildern auf das Innenleben des Menschen wirken. Die Natur wirkt über die Sinne wie eine Medizin. Die wichtigste Aufgabe für unsere Generation liegt aber nicht in einem neuen Konsumieren und voreiligen geistigen Materialismus, sondern vielmehr in der individuellen, willentlichen, empfindsamen und gedanklichen Entwicklung einer rechten Anschauung. Unsere Aufgabe ist eine Art Seelenübung für eine Sprache der Natur, zu der uns infolge der vitalen Versuchungen noch immer das Alphabet und die Ausdauer im sinnlichen Beobachten und Wahrnehmen fehlt. Die Berge eröffnen uns unendliche und weite Dimensionen. Sie waren einmal ein Teil von uns selbst und dadurch sprechen sie in Gleichnissen und Legenden zu unserem Wesen. Wir gehen gerne in die Natur und auf die Höhenlagen und hinterlassen durch unsere immer wieder neu geschulte und dankbare Aufmerksamkeit einen Blick des Gebens.

Wenn wir am Abend den Tag in der Rückbesinnung zurückgleiten und die Bilder des Tages noch einmal vor den gedanklichen Augen beleben, bemerken wir unsere Aufmerksamkeit. Die abendliche Rückbesinnung gibt in diesem Sinne einen weiteren Aufschluß über die rechte Anschauung. Wir bemerken, ob wir auf die Objekte der Welt wirklich geschaut und gehört haben und so den bejahenden, urteilsfreudigen Sinnen gerecht geworden sind.

Die Heilkraft der Berge

Vortrag vom 12. Juni 1995

Die wichtigste existentielle Frage unseres Menschseins, das ein beständiges Werden zu einem größeren Bewußtsein in sich trägt, ist ein verschlossenes Geheimnis. Das Menschsein beinhaltet eine innere Frage, ein Mysterium in sich. Dieses undefinierbare und unnennbare Leben in uns, das immerfort in einem individuellen und kollektiven Wachstum begriffen ist, läßt sich in Gleichnissen und Beobachtungen über die Schöpfung näher erfühlen. Die Berge, jene unberührte, erhabene Welt der Schöpfung, schenken uns zu diesem Thema viele Vergleiche und Analogien. In den Bergen lebt eine Sphäre der Reinheit und der naturbedingten Heilkraft. Die Berge sind nicht nur eine Region der göttlichen Naturschöpfung, sie sind mehr noch eine besondere und von allen Bedingungen her eine begünstigte Traum-, Erlebens- und Himmelswelt für sich.

Die Natur in den Bergen ist trotz der vielen Besucher und einiger Eingriffe der Zivilisation rein. Jeder Gebirgszug zeigt seine eigene Gestaltung, seine Besonderheit, seine ihm gemäße Schönheit und Anziehung, seine Ästhetik, seine Farbe und seinen eigenen, stillen, schöpferischen Ausdruck. Das vielfältige, bunte und abwechslungsreiche Spiel der Formationen, ihrer einmal felsigen und einmal vegetativen Gestaltungen mit den zahlreichen kleinen und großen Erhöhungen wirken auf unsere Sinne und beleben diese. Beim Steigen auf die Berge nehmen die Augen und empfindsamen Nervenorgane ganz automatisch an der Natur und Gestaltung dieser paradiesischen Schönheit teil. Diese Teilnahme über die Sinne führt bewußt und unbewußt zugleich zu einer heilsamen Ruhe und natürlichen Ausgeglichenheit.

Die Umgebung, in der sich die Sinne aufhalten und deren Wahrnehmung sie sensitiv erfühlen, wirkt unweigerlich prägend auf das Innenleben. Würden wir immer unsere gesamte Zeit in Städten, dunklen Gassen, Räumen mit künstlichem Licht und befremdenden Einrichtungen verbringen, müßten wir fast unweigerlich krank, depressiv und gefühlsarm werden. Es würde uns die erquickende Nahrung, die wir über die Sinne aufnehmen, fehlen und die lebendige Wesensseite müßte leiden. Ganz besonders wirken die Menschen, die Haß, Habsucht, Intoleranz und Stolz im Gemüte aufgenommen haben, auf das Innenleben und auf die Gemeinschaften der Menschen krankmachend. Aus diesen Strahlkräften und Eindrücken nehmen die Sinne die krankmachende, feinstoffliche Nahrung auf. Die Umgebung wirkt über die Sinne wie Nahrung.

In den Bergen strahlt eine heilsame Ruhe und ein nahezu spürbarer engelhafter Friede. Diese erfüllte Sphäre besitzt jenen befreienden Atem der Weite, der die Gedanken aus dem fixierten, kleinlichen und engen Gehirndenken befreit und so erneut eine Erfüllung in den Herzen und im Gemüte ermöglicht. Die Berge geben jene freie Sphärenstimmung, die nahezu vergleichbar ist mit der Stimmung am frühen Sonntagmorgen, wenn die reinen Geistwesen auf den Wiesen atmen und die Menschen eingebunden sind in die Versunkenheit des Schlafes. Es ist wahrhaftig eine hörbare Ruhe in den Bergen oder eine Konzentration im Wahrnehmen und Fühlen zu den lichten Ebenen des Gedankens und Wortes anwesend.

Keine Autos und kein unnatürlicher Lärm tönt an die Ohren heran. Je höher die Lage, um so mehr erscheint diese ruhige, friedvolle Engelsstille im Bewußtsein vernehmbar zu sein. Alles Getöse bleibt im Tale zurück und die Lasten von kleinlichen Sorgen fallen mit den aufsteigenden Serpentinen von den Schultern. Diese heilsame Ruhe, die zu einer hörbaren Stille selbst wird, verbirgt ein Geheimnis in sich. Sie verbirgt durch die veränderte Höhenlage und durch den gelüfteten Schleier des Gewohnten ein reineres Sein und Wahrnehmen. Der Gedanke, der im Lichte der Aufmerksamkeit gedacht wird, rückt viel näher in seiner unmittelbaren Form heran. Diese Nähe zum Gedanken, die wie ein sensibel klingender Harfenton in einer freien, spontanen Weite empfindbar wird, ist gemäß unserer Begrifflichkeit wie eine Imagination zu sehen. Wenn man die alten Gewohnheiten verläßt und aus der Talsohle über einsame Pfade auf die Höhenlagen hinaufwandert, so lösen sich die Gedanken aus der Verhaftung und eine erste Ahnung über die Wirklichkeit eines körper- und ich-gelösten Denkens, das wir mit dem Wort »Imagination« benennen, tritt ein.

Das Bewußtsein ist tagtäglich an den Körper und sein psychisches Erbe gefesselt. Es ist mit vielen bunten Inhalten, Sorgen, Vorstellungen, Ängsten, Hoffnungen, Wünschen und Sehnsüchten besetzt. Dadurch besitzt das Denken und Wahrnehmen keine Konzentration, Ruhe und wirkliche Weisheit. Im Aufstieg zu den höheren Gipfelzonen löst es sich aber zunehmend von den Gewohnheiten los und gewinnt ganz natürlich eine freiere Weite. Der Sauerstoff wird in der Höhe weniger und die Luft dünner. Unmerklich treten physische und psychische Veränderungen ein. Da die Atemversorgung in der Höhenlage entgegen der Gewohnheiten neu und anders funktionieren muß, befreit sich der Gedanke aus seiner Bindung an den Atem und das gesamte Bewußtsein kann sich etwas freier entfalten. Das Bewußtsein wird offener, weiter und vom Körper unabhängiger.

Die Bedeutung dieser fein abgestimmten Unterschiede im Atemleben, die beim Bergsteigen durch die Höhenveränderung entstehen, sind manchen weisen Lehrern der Vergangenheit bewußt gewesen. In diesem Sinne ist auch die Bergpredigt aus dem Matthäus-Evangelium zu verstehen. Nicht im Tale hat sie stattgefunden und nicht auf dem Felde, sondern die Jünger gingen gemeinsam, von Jesus Christus geleitet, auf einen Berg. In der Höhenlage veränderte sich auch auf sensitive Weise die Gedankenwahrnehmung und die Jünger konnten die so weisen und für die damalige Zeit neu formulierten Worte der Bergpredigt besser empfangen. Wenn das Bewußtsein von dem leiblichen Träger des Körpers etwas losgelöster ist, vermag sich eine empfängliche und harmonische Aufnahmefähigkeit besser einzustellen. Je freier der Gedanke in der Sphäre wie ein lebendiger Ton erklingt, je freier er sich von den Identitätsspielen im Lichte seiner selbst entfaltet, um so größer rückt er im Bewußtsein ins reale Erkennen.

Der von den Begriffen ausgehende, technisch-psychologische Vorgang läßt sich am besten deuten, wenn wir auf der einen Seite den Gedanken und das Denken nehmen und auf der anderen Seite den Begriff des Ich oder der Individualität. Das Denken gewinnt in der Höhenlage eine Loslösung vom leiblichen Träger und somit wird der Gedanke in der Beobachtung erlebt. Der Bergsteiger erlebt dies meist in recht unbewußten, manchmal sogar ironischen Eindrücken, indem er mit sich selbst und seinen Ängsten spricht. Er spricht mit seinen Gedanken, als ob sie nicht von ihm selbst entspringen würden. Er spricht mit ihnen wie mit fremden Wesen. Sein Ich, seine Identität ist vom Spiel der Gedanken und Eindrücke befreit. Das Ich-Selbst, das höchste Sein und Leben, bleibt in einer klaren, freien Stellung oder, wie wir es mit dem Fachbegriff benennen, in einen Individuationsprozeß hineingestellt.

Wenn wir anhand dieser einführenden Charakterisierung des Denkens und der Stellung des Ich-Seins den Blick auf die Bergsteiger richten, vor allem auf die Generation der älteren Bergsteiger, so sehen wir ein recht charakteristisches Merkmal an ihnen. Sie sind Individuen, Individualisten. Sie sind weniger von einer Norm geprägt als es heute der Mensch allgemein in der kommerziellen Gesellschaft geworden ist. Sie sind mit ihren eigentümlichen Lebensauffassungen und Lebensgewohnheiten über die Normen hinausgewachsen. Sie sind meist noch nicht spirituelle Menschen, da ihnen natürlich noch die innere Gotteshingabe fehlt. Aber gerade die älteren Bergsteiger zeichnen sich durch dieses charakteristische Freiheitsgefühl in der Individualität aus. Diese gelöstere Individualisierung oder auch menschlich weit gefaßte Freiheit ist eine der wichtigsten Grundbedingungen zu einem spirituellen Werdegang und allgemein zu einem Heilwerden. Die Spiritualität ist dann, wenn das Individuum eine Stärkung erfahren hat, leichter und mit weniger Spannungen zu entwickeln. Der einzelne ist aufnahmefähig für den Prozeß der Individuation, für ein Werden von innen heraus aus einem begrenzten Bewußtsein in ein viel weiteres, größeres, ganzes Bewußtsein, in ein Empfinden der Gottseligkeit, in ein kreatives Empfangen der Seligkeit und Einheit in einem Gesamten.

Die Bergsteiger früher waren Individualisten und sie erbrachten gemäß den Zeitbedingungen erstaunliche Leistungen. Viele der ehemaligen Bergsteiger kamen an die Grenzen des Lebens und Todes heran und konnten von den äußersten Erfahrungen des menschlich Möglichen und vielleicht auch Ertragbaren berichten. Für die spirituelle Entwicklung und Reifung im integralen Sinne von Geist, Seelenleben und körperlichen Bedingungen wäre es für die Menschen sinnvoll, wenn sie Grenzerfahrungen und äußerste Belastbarkeit schon einmal erlebt und bewältigt hätten.

Zu diesem Thema steigen Geschichten von älteren Bergsteigern und aus der eigenen Erfahrung in der Erinnerung auf, wie ohne Geld und mit schlechter, fahrlässiger Ausrüstung Unternehmungen gestartet worden sind, die für das heutige, bequeme und verfestigte Sicherheitsempfinden eine unbegreifbare Herausforderung darstellen würden. Äußerste Grenzen im psychischen und physischen Sinne markieren die Jugendjahre. Die großen Pioniere der Bergsteigergeschichte konnten mit unvorstellbarer Ausrüstung bei unerträglichen Bedingungen von Kälte und Wind, mit Wollpullover und Filzhut ausgestattet, die größten Leistungen in klettertechnischer Hinsicht und vor allem in der konditionellen Ausdauer vollbringen.

Die Fotografien und Bilder aus der Vergangenheit, vielleicht von einem Emilio Comici, einem Anderl Hinterstoißer, Toni Kurz, von Anderl Heckmair oder Luigi Micheluzzi, die alle Extrembergsteiger waren, zeigen trotz der starken Individualitäten, die sie alle waren, eine Art Unaufdringlichkeit und Bescheidenheit. Der Mensch war früher mit den Bergen noch viel mehr in einer nahen Verbindung und Einheit. Er lebte in ihnen, er fühlte mit den Graten und Pfeilern und hoffte mit einem oft ängstlich bangenden Naturglauben an die begünstigte Vorsehung von Wetter und den Bedingungen.

Diese feine Stärkung der Individualität und des Willens bei einem zugleich wachsenden Einsempfinden mit der Welt der Berge war bei den älteren Bergsteigern sehr charakteristisch. Aber diese gleiche Tendenz ist bis heute sowohl für den Kletterer, den Hochalpinisten als auch für den Wanderer gegeben. Wenn auch die Grenzerfahrung im alpinen oder klettertechnischen Sinne seinen besonderen Wert besitzt, so trägt vor allem aber die gesunde Aktivität in den Bergen die denkbar größte und heilsame Melodie in sich. Wenn der Wanderer über die Täler hinaufmarschiert und auf dem Höhenweg die Weite der Aussicht gewinnt, spürt er in der atmenden Stille einen Hauch von Unendlichkeit. Er empfindet eine Wirklichkeit, die in den meisten Stunden für ihn entschwunden ist. Die Berge strahlen im einsamen Lichte der Unbegrenztheit, der Unberührtheit und der schöpferischen Schönheit. So kommt der Wanderer von seinem Ausflug wieder zurück und fühlt sich innerlich gestärkt, ausgeglichen, geordnet und zufrieden. Mit dem Berg ist ein sehr schönes Gleichnis für das immerwährende Leben gegeben, oder wir könnten es anders benennen, mit dem Berg ist dem natürlichen, schöpferischen Werdegang des Menschen ein Sinnbild seiner selbst vorgezeichnet. Es lebt sein eigenes Bildnis, seine Geschichte, sein immanenter

Wille im Berge beschrieben. Um dieses Gleichnis näher zu erörtern, bedarf es eines einfachen und doch intensiven Blickes auf die angelegte Grundform, die ziemlich ein jeder Berg der nördlichen Alpen besitzt. Im Tale sind die Wiesen und Wälder angelegt, die sich über die ersten Höhenstrecken nach oben hin ausdehnen. Eine noch recht dicke Erdschicht umkleidet die unteren Zonen eines jeden Gebirgsstockes und ermöglicht eine kräftige Vegetation. Mit den ersten richtigen Höhenlagen beginnen sich die Felsen vermehrt zu zeigen und die Wälder lichten ihren Mantel. Die Vegetation wird spärlicher, das Gras niedriger, die ersten karstigen Hänge, Abbrüche und Schotterhalden zeigen ihr graugefärbtes Angesicht. Zuletzt bleibt bei den meisten Gebirgen nur die schroffe Felsgestalt der Gipfelzone und markiert die Krone des Berges. Die Felsen zeigen sich oben in einer weiten und einsamen Ruhe und sie erscheinen den Augen meist sehr kühn und bizarr. Je höher die Steige sich hinaufwinden, um so einsamer offenbaren sich die Türme, Zacken, Grate, Kanten und Wände.

Der obere Teil des Berges, seine Gipfelzone und seine höchste Spitze ist wie ein Haupt und ein Gesicht zugleich. Seine Linie und sein Ausdruck trägt die Eindrücke einer unendlichen Vergangenheit und Geschichte. Das Haupt des Berges ist seine Spitze und diese ist er selbst in seiner einzigartigen Gestalt.

In den mittleren Zonen zeigen sich die vielen Übergangsformen von Wäldern zu Almweiden und latschendurchsetzten Flächen. Der karstige Schotter wechselt mit den Zonen der Vegetation. Die Übergänge sind fließend. An manchen Bergen reicht die Baumgrenze etwas höher hinauf als bei anderen. Manche Berge sind in der Gipfelzone noch von einem weichen Wiesenschilf umkleidet, während andere schon sehr steil und früh ihre bizarre Felsgestalt bekunden.

Aber in den unteren Zonen, nahe den Tälern, ist der Berg noch in einer ganz kräftigen, vegetativen Umhüllung, die ihn einheitlich mit der übrigen Landschaft verbindet. Es finden sich am Fuße der Berge Buchen- und Tannenhaine, üppige Almweiden und brauchbare Nutzhölzer. Diese untere Zone gibt dem Berg eine heimische Zugehörigkeit und ein an den Normmaßstäben angegelichenes Fundament. An den Sockeln sind die Berge noch am wenigsten Individualitäten. Der Weg des natürlichen Werdens der Seelenkräfte führt über die verschiedenen Lebensperioden auf den Gipfel der Weisheit. Die Weisheit ist das Ergebnis vieler unterschiedlicher Aktivitäten, die im Berufsleben, im familiären und gemeinschaftlichen Zusammensein, im Interessenfeld der kreativen Schaffensfreude und der inneren, religiösen Praxis von Meditation und Gottsuche entsteht. Sie ist ein Zeichen der Würde des Alters. Die Weisheit schenkt eine Zentrierung auf das Wesentliche und Gehaltvolle. Sie läßt das Unwichtige bald beiseite. Durch diese Konzentration besitzt die Weisheit etwas sehr Formkräftiges. Sie ist wie ein felsiger Gipfel, der sein Angesicht über allem weit und doch nahe erhebt. Die Weisheit ist das Ergebnis von vielen Lebensprozessen und Lebensaktionen, und so ist sie etwas Reifes mit der gediegenen Klarheit des Wissens. Obwohl sie die Würde des Alters trägt, ist sie zeitlos und zugleich immer jung.

Der Weg auf den Berg ist wahrhaftig sinnbildlich für den Weg durch das Leben zu jenem Ziele der größtmöglichen Reife und zu dem Wissen über das Höchste. Die natürlichen Sehnsüchte geleiten das Gemüt und den Verstand aus der Talsohle empor zu den verschiedensten Gipfeln. Bald nimmt das Gemüt schwierigere und anspruchsvollere Passagen mit der Hoffnung in Kauf, die höchste Wahrheit einmal zu finden. Leidenschaftlich und ehrgeizig streben die Gedanken am Steig empor und nehmen den weiteren Aufstieg über Risse, Kamine, Kanten und Grate, um den ersehnten Gipfelpunkt zu erreichen. Viele Verirrungen mögen sich für den noch unerfahrenen Bergsteiger ergeben und viele Male zeigt sich der Gipfelpunkt nur als eine kleine, winzige Station von unendlich vielen Stationen des Daseins.

Die Sehnsucht nach den Bergen und nach einem Gipfelpunkt liegt jedem Menschen inniglich und verborgen im Blute. Der leidenschaftliche Eifer treibt vielleicht den einzelnen über die Jahre des Daseins hinweg zu immer größeren Abenteuern und Zielpunkten, zu utopischen Höhen und Gipfeln bei der Suche nach einem Erfolg, den es in Wirklichkeit aber nicht gibt. Es ist der Gipfelpunkt mit der Spitze und dem Kreuz immer ein Gipfelpunkt für sich. Hohe und niedrige Berge liegen auf dem Wege des Daseins. Das Ziel in der Verwirklichung nach Weisheit und Innerlichkeit, nach Liebe und einem ewigen Einsempfinden mit dem Höchsten liegt gemäß dem Vermögen der Körperlichkeit innerhalb einer Grenze. Diese Grenze kann im Eifer der Jugendjahre weit nach oben hin verschoben werden, aber es zeichnet sich doch eine signifikante Grenze, und ein Gipfel im Leben wird zum Markstein, der der eigenen Leistung entspricht. Denn der Berg ist nur das Sinnbild und Gleichnis für das Leben. Er ist nicht das wirkliche Ziel.

So wird man mit der kommenden Weisheit bald immer wieder auf die gleichen Berge steigen und die Leistungen gemäß der Natur und dem Körper niedriger ansetzen. Die Freude und das Empfinden von Einssein wächst in diesem angemessenen Tun mit einer gleichzeitig tieferen Beziehung zu den Bergen.

Das individuelle Leben bildet das tiefste und unerklärbare Geheimnis in unserem Leben. Wir könnten vielleicht fälschlicherweise meinen, daß dieses individuelle Leben eine besonders exklusive Ausgestaltung, einen besonderen Boden oder eine besondere Anerkennung innerhalb des Leistungsniveaus verdienen müßte, und wir deshalb einen höchsten Gipfelpunkt in der größtmöglichen Selbstbestätigung erlangen müßten. Auf diesem Wege könnten wir aber nicht zu der Erfüllung durch die wirkliche Weisheit im Leben gelangen. Unser Leben ist nicht durch das Wachsen zu einem exklusiven Eigendasein vorbestimmt, sondern ganz anders zu einem Sich-Hingeben und Sich-Hinwenden an die unendliche Einzigartigkeit der Schöpfung. Die Schöpfung ist durchhaucht oder durchatmet von der höchsten Liebe Christi, sie ist sein Leib, sein eigenes Sakrament. So atmet in dieser Schöpfung von einem unsichtbaren Inneren heraus eine Bewegung des Selbst und erzeugt gleichzeitig in allem wieder den ureigenen Selbstausdruck. Überall und immerfort, in den Vegetationen, in den Bergen, im Menschsein, arbeitet sich der Geist durch sich selbst ohne wirkliche Berührung und ohne Behinderung aus. Es ist die Einzigartigkeit, die in jedem Partikel zum Ausdruck kommt. Die Einzigartigkeit lebt gleichzeitig in uns selbst und es ist dies Freigegebene das Individuelle. Indem wir die Worte in der Meditation auf uns wirken lassen und sie in der Erinnerung behalten, sehen und erkennen wir bald das Gleichnis und wir nehmen in einer Einheit an der Einzigartigkeit des Christus Gottes teil.

Der Bezug zu den Bergen und zu Gott

Vortrag vom 24. Juni 1995

Eine der größten Schwierigkeiten in unserer Zeit ist die Oberflächlichkeit, die zunehmend die Gemüter der Menschen prägt. Die Oberflächlichkeit besteht dabei in der mentalen Bewußtseinswelt und in der inneren Empfindungswelt. Die Oberflächlichkeit zeigt bildhaft einen fehlenden Bezug zur Materie. Der Mensch findet nicht mehr so richtig die Beziehung zur Erde. Weiterhin findet er auch nicht mehr so richtig die Beziehung zu der ganzen Schöpfung, zum Universum, zu den Himmeln, den Zeichen des Kosmos und Symbolen der Welt. Er findet nicht mehr die nötige Beziehung zu den Mitmenschen und somit fällt er immer mehr in eine Art Isolation, in eine Art Verlorenheit. Diese Oberflächlichkeit, die so sehr die Gemüter der jüngeren Generation und allgemein die Gemütsstimmung der letzten Jahrzehnte prägt, ist auch ein Ausdruck für die verlorene, naturfromme Gottbeziehung. Denn es ist tatsächlich wahr, daß der Mensch eine Beziehung zur Erde, zu den Mitmenschen, zu der ganzen Umwelt, zur Schöpfung und gleichzeitig auch eine Beziehung zu Gott besitzt. Diese Beziehungen sind wahrhaftig nicht voneinander zu trennen. Wir können also nicht die Behauptung aufstellen, daß die Beziehung, die der Mensch zur Erde, zur Schöpfung und zu seinem Nächsten hat, eine andere Beziehung ist als die Beziehung, die er zu Gott hat. Die Beziehung zu Gott ist die gleiche Beziehung wie die Beziehung, die er zu seinem Nächsten hat, oder zur Schöpfung, zur Erde, zu den Weltenreichen der sichtbaren oder psychischen Welt.

Die Gemütsstimmung der Oberflächlichkeit entfernt uns also einerseits von Gott und andererseits von unserem Nächsten, von unseren Mitmenschen. Es ist dies ein Problem, das immer mehr belastende Auswirkungen erhält und somit auch zu einer nahezu ausweglosen Disharmonie mit unüberschaubarem Leiden führt. Wenn wir nun auf ein Beispiel kommen, das heute Abend herausgegriffen werden soll, so sehen wir daran, wie die Welt oder die Schöpfung in einer inneren Idee lebt, und wie der Mensch die verschiedenen Möglichkeiten hat, sich zu dieser Welt und damit auch zu dem Geist in der Materie in Beziehung zu bringen. Der Geist oder die Idee, die in der Schöpfung lebt, ist verborgen. Je tiefer der einzelne den Bezug findet, je tiefer er in die Gesetze der Materie und allgemein in die verschiedenen Qualitäten des Lebens hineinzudringen vermag, um so mehr dringt er auch gleichzeitig zu den Tiefen des Geistes vor. Es ist eines der großen Probleme, daß wir in unserer Zeit ein Spezialwissen erbauen, und dieses Spezialwissen keinen wirklichen Bezug mehr zur Materie besitzt. Das ganze Spezialistentum, das so oft extreme Höhen und Ideen gewinnt, hat keinen wirklichen Bezug zu der allerinnersten Qualität der Schöpfung, zu der Geistigkeit des gegebenen Lebens.

Im Lichte der Betrachtung geben uns die Berge von ihrer Naturordnung ein wunderbares Sinnbild, wie sie für sich ein Reich bilden und wie sie geheimnisvoll in ihrer stillen Natur dem Menschen gegenüberstehen. Und gerade mit diesem Blick in die Natur können wir so klar und deutlich unser eigenes Sein erkennen, unser eigenes Verhältnis, das wir im Gemüte und in der Mentalität zu diesem gewaltigen Naturreich leben. Es stellt sich für uns die Frage: Welchen Bezug haben wir zur Natur? Welchen Bezug haben wir zur Schöpfung? Welchen Bezug haben wir wirklich zum Leben? Diesen Bezug kann man ganz besonders in den Bergen ergründen, denn oftmals sind die Wege einsam und oftmals führen die Wege einfach immer mehr zu einer Frömmigkeit und zu einer intensiveren, lebensnahen Erfahrungsweise. Die Frage, wie diese Beziehung ist und wie man diese Beziehung dann weiterhin tiefer gründen kann, steht im Mittelpunkt unserer Betrachtung.

Es ist tatsächlich ein Zeichen unserer Zeit, daß die Beziehung zunehmend auf der Grundlage einer mehr veräußerlichten, nehmenden und leistungsorientierten Haltung basiert. Dieses Zeichen sieht man beispielsweise beim Bergsteigen recht deutlich. Vor etwa zwanzig Jahren war die alte Tradition an einem Endpunkt angelangt und es mußten neue Leistungs- und Willensdimensionen erschlossen werden. Es gab die alte Tradition, gerade was das Extrembergsteigen in den Felswänden betraf, keine rechte Steigerung mehr her. Deshalb suchte man nach neuen Möglichkeiten, nach neuen Schwierigkeiten, nach neuen Dimensionen im Erfolg. Man sah den Ausweg in der schon immer weiter werdenden Beziehungslosigkeit zur Natur und zur Schöpfung im verstärkten Selbstdrange nach Leistung, nach Bestätigung, nach größerer Selbstbehauptung, indem man persönlich ein gewisses Wertgefühl im sportlichen Sinne erbaute. Indem man die Berge immer mehr im Sinne eines idealen Wettbewerbsfeldes erschaute und reine sportliche Disziplinen ausprägte, kam es wieder zu einer Steigerung. Aber diese Steigerung ist eben genau auf entgegengesetzte Weise zur Schöpfung ausgerichtet. Sie geht nicht in die Tiefe hinein, sondern führt von der Natur hinweg und setzt nun eine ganz veräußerlichte Form des Selbstbewußtseins in den Mittelpunkt. Es erscheint der Geist in der Ausdrucksweise einer sportlichen Szene, in einer extremen Leistungsdarbietung mit dem Körper, und er erscheint populär und die Spitze der Nachrichten ausmachend.

Wenn wir die Steigerung in der Leistung sehen, so sehen wir gewaltige, neue Erfahrungsdimensionen, die vielleicht eintreten müssen, um eine spätere, verinnerlichte und reinere Dimension des Erlebens herbeizuführen. Gegenwärtig entfernt man sich von der Materie, man geht nicht wirklich eine innerste Beziehung zur Schöpfung ein. Für die Spiritualität im bewußten Sinne ist es aber sehr wesentlich und sehr wichtig, daß man zu all dem, was man unternimmt, zu allem, was man sich als Arbeit oder Aufgabe oder allgemein als Aktivität vornimmt, eine innerste Beziehung ausprägt, eine Beziehung, die nicht auf dem äußeren Selbstwertgefühl beruht, sondern eine Beziehung, die immer tiefer in die geschaffene Materie, also in die Welt hineindringt. Es wird der Bergsteiger in den qualitativen Erlebensraum der Wesenhaftigkeit der Materie vordringen. Darin liegt ein ganz wesentliches geistig-seelisches, innerstes Wachstum. Dieses Wachstum bringt auch mit der Zeit erst die Kraft zur Meditation hervor. Es ist für die Meditation und für das Werden zu einem weiten und reinen Bewußtsein notwendig, daß man zur Materie eine Beziehung ausprägt und auch tiefer in die Materie wie eine Art Verwirklichung hineinzudringen lernt. Dies ist die Schwierigkeit, die Vergeistigung der Materie, da scheinbar die Oberflächlichkeit des Gemütes, die Mentalität mit tausendfachen Ablenkungen immer wieder in Ideen und äußere Bestätigungen lockt.

Es ist dies tatsächlich eine Angst, eine Angst, die im Menschen vorhanden ist. Er hat wahrhaftig Angst vor der Hingabe und vor dem tiefen Hineingehen in die Schöpfung, in die Welt der Materie oder allgemein einfach in die Welt, die das Leben bietet. Er hat tatsächlich Angst, und aus dieser Angst heraus schafft er sich Formen, in denen sich das Selbstwertgefühl beweisen möchte. Er schafft sich äußere Strukturen und Sicherheiten. Er schafft sich dazu noch, und das ist scheinbar das Paradoxe, aber es ist eine tiefe Wahrheit, er schafft sich auch im Yoga eine äußere Gottbeziehung, eine ganz abstrakte Gottbeziehung, weil er in Wirklichkeit Angst vor der innersten Beziehung zur Materie hat. Er hat Angst vor dem wirklichen Hingeben und Hinschauen auf die unmittelbar gegebene Realität. Dadurch erbaut er sich ideenhafte Gedanken, Spezialwissen, eine Bürokratie und haftet an Sicherheiten.

Wenn wir nun die Berge betrachten, um auf dieses Thema wieder zurückzukommen, so stehen wir diesen Bergen gegenüber, und wir stehen hier gewaltigen Persönlichkeiten gegenüber. Diese Persönlichkeiten sind um einiges größer als unsere eigene menschliche Natur. Die Berge prophezeien uns ein inneres Sinnbild. Es sind die Berge wirkliche Geister der Persönlichkeit, erhabene, stille Geister, die ein stilles Leben tragen, eine stille Natur und eine stille Prophetie in ihrem Inneren verkünden.

Die für uns erwählte und wichtige unmittelbare Beziehung, das unmittelbare Hineingehen in die Schöpfung, das zur Erfahrung und zum reichen Innenleben hinführt, kommt aus einem mutigen Weg im alleinigen Forschen, im alleinigen Werden und Suchen nach der göttlichen Natur. Die göttliche Natur der Berge kann die menschliche Mentalität nicht in Büchern finden und sie kann sie nicht mit Ideen auf die Welt der Materie projizieren. Für diese Entwicklung muß die Mentalität den Weg viel direkter einschlagen und einen Blick ausprägen, einen durchaus sinnlichen Blick, einen von den Sinnen ausgehenden, freudigen, lebendigen Blick zur Natur, die in ihrer Größe gegeben ist. Durch diesen Blick, durch die Besinnung tiefer werdende Vision, entdecken wir erst langsam die Natur und den Geist oder die Idee, die in der Natur lebt. Die Idee und der Geist sind in diesem Sinne das Gleiche.

Je tiefer man einen Blick für die Schöpfung ausprägt, um so mehr wird man auch den Geist in seiner Einzigartigkeit entdecken. Je tiefer der Blick zur Materie gerichtet ist, um so mehr wird man auf die geheimnisvolle, innerste Natur dieser Materie vorstoßen, auf das Licht und auf das Wesenhafte des Lichtes. Es lebt in jeder Erscheinung, in jedem Partikel, in jeder Lebensäußerung ein elementares, geistiges Wesen, es lebt eine innere, unsichtbare Gestalt in der Erscheinung. So lebt in jedem

Berg ein Wesen, und der gesamte Berg symbolisiert den Geist der Persönlichkeit. Er ist eine erhabene, stille Natur. Dieser tiefe Blick, den man durch besinnliche Meditation und durch besinnliche Andacht ausprägt, wird einem so langsam ein Beziehungsfeld öffnen können. Dieses Beziehungsfeld lebt im geheimen Innersten der Seele. Es lebt noch nicht im Gedanken, es lebt noch nicht in lebendig gewordenen Empfindungen, aber es lebt im innersten Beziehungsfeld der Seele schon als ein gegebenes Erbgut, oder als eine schon vorhandene Verbindung, wie der Mensch verbunden ist mit der Schöpfung, wie er verbunden ist mit der Gesamtheit. Er ist sowohl mit den Tieren als auch mit den Pflanzen verbunden sowie mit dem Gestein des Gebirges.

Diese Beziehung, die immer mehr in das Bewußtsein rückt, kann etwa folgendermaßen aussehen: Ein Bergsteiger, der vielleicht lange Jahre in das Gebirge geht, der in den Wänden herumturnt und auf die Spitzen hinaufsteigt, der durch viele Abenteuer vielleicht auch eine gewisse Ehrfurcht erworben hat, der wird vielleicht zu einer gegebenen Zeit bemerken, daß der Berg, so still er ist, und so unbeteiligt er auch scheinbar dem eigenen Wesen gegenübertritt, eine ganz verborgene, geheime und eigene Weisheit besitzt. Er wird in seinen feinen Empfindungen, die aus der Seele fluten, bemerken, daß mit dem Berg ein erhabenes Wesen existiert. Je tiefer nun dieser Blick und die Meditation wird, um so mehr wird er dabei bemerken, daß dieses Wesen des Berges auf den Menschen wartet. Der Berg lädt den Menschen ein, damit er eine Beziehung zu seinem Wesen ausprägt. Der Berg wartet auf den Menschen und er sehnt sich nach einer befreienden Erlösung, denn der Besuch, den der einzelne zu dem Berg macht, ist vielleicht mit einer Art Befreiung verbunden. Diese Geheimnisse aber leben in der Seele. Sie leben in der Seele und sie haben keine sichtbare Existenz. Sie sind ein Mysterium, ein verborgenes, inneres Gut, das nur dem Seher oder dem, der sich in dieser tiefen Meditation übt, zur Offenbarung kommt.

Wenn wir die Berge betrachten, bemerken wir, daß sie aus fester oder fixiertester Natur bestehen. Sie haben kein direktes Leben. Die Pflanzen dagegen haben ein Leben, und das Tier hat sogar eine Empfindung. So steht das Tier dem Menschen am nächsten. Die Pflanze mit ihrem Leben steht dem Menschen nicht mehr so nahe wie das Tier, aber sie steht dennoch in Beziehung zum Menschen. Die Berge nun stellen die dritte oder entfernteste Stufe dar. Sie sind geformt aus einer Unzahl von Wesen, die einstmals in der Erdentwicklung zurückbleiben mußten, damit die menschliche Gestalt höher und höher im Werden zu einem allumfassenden Selbst gelangen kann. Jetzt ist diese Natur zurückgeblieben und bedarf einer innersten Zustimmung oder einer innersten Liebe des Menschen, damit die Natur, die Festigkeit der Erde, eine Art Licht erhält.

Die Materie ruft im Stillen nach Erlösung. Wie sieht dies aus, oder wie kann dies ganz praktisch in eine Vorstellung kommen? Wie kann dieses verborgene Mysterium etwas ans Licht rücken? Der Berg ist in seiner Natur zunächst einmal eine tote, stille Gestalt, eine Gestalt, die sich nicht direkt äußert. Sie ist fest, sie ist unveränderlich. Diese Gestalt hat scheinbar überhaupt nichts Gemeinsames mit dem eigenen, persönlichen Ich oder Leben. Diese Gestalt mag bei schönem Wetter mit einem schönen, einladenden Grün oder mit einer leuchtenden und schönen Farbtönen versehenen Felswand dastehen. So mag diese Berggestalt bei schlechtem Wetter mit einem düsteren Gesicht vor die Augen treten, so daß die ganze Gestalt abweisend und bedrohlich wirkt. Aber es sind dies nur äußere Erscheinungen, die durch die unmittelbare Witterungsatmosphäre entstehen. Diese Äußerungen sind vorübergehend, sie sind vergänglich.

Wenn nun der einzelne eine tiefer werdende Beziehung ausprägt und mit größerem Mitgefühl, mit Andacht, Ehrfurcht und mit einem heiligen Wissen auf einen Berg steigt, so nimmt das Wesenhafte im Innern des Berges eine erlösende Struktur an. Es kommt in diesem Berg zu einem befreienden Aufatmen. Es strahlt plötzlich ein geheimnisvolles Licht aus diesem Berg heraus. Dieses geheimnisvolle Licht kann sich für einen Seher durchaus wie eine Art Schein zeigen, und der Berg gewinnt eine heilige Gestalt. Er gewinnt erst diese heilige Gestalt, wenn der Mensch ihn durch seine Achtung durch sein Mitgefühl, durch sein innerstes, feines Wissen, durch seine tiefe, unmittelbare Gottbeziehung im Wesen befreit.

Es ist aber eine ganz tiefe Wahrheit, daß jene Beziehung, die der Mensch den Bergen entgegenbringt, langsam in der innersten, geheimen Atmosphäre der Berge sichtbar wird. Es kann ein Berg dadurch langsam aufatmen und langsam seine erlösende, befreiende Gestalt hervorbringen. Es wird dies in der Zukunft einmal über viele Tausende von Jahren in das Bewußtsein der Menschen rücken. Die Worte über die »Heiligung der Berge« sind scheinbar eine großartige Phantasie, eine Phantasie, die der Intellekt nicht nachvollziehen kann, und die vielleicht so mancher zu sehr spezialisierte Verstand als einen kindischen Mystizismus wertet.

Die Berge aber warten tatsächlich auf die Erlösung, und die Erlösung kommt nicht durch einen fernen, erdachten, ideenhaften Gott, sondern sie kommt durch den Menschen selbst, der sich immer tiefer und tiefer in seiner Hingabe und seiner Liebe zur Natur des Berges in Beziehung bringt, das Wesenhafte seines innersten Seins oder seiner innersten Form erschaut, und somit diese Form aus der wesenhaften Elementarwelt erlöst. Es ist die Erkenntnis das befreite Licht. Der Mensch, der das Wesen des Berges erschaut, erschaut das Wesenhafte in der Materie, er setzt die Idee aus dem Urbilde des schöpferischen Seins frei, und die Idee wird sichtbar. Je tiefer die innerste Erkenntnis gegenüber der Materie wird, um so mehr setzt sich jenes Ideenleben oder jenes geistige Leben, das verborgen in den Bergen beheimatet ist, in das Licht frei.

Die Freisetzung geschieht auf den Stufen der Imagination, Inspiration und Intuition. Ausschlaggebend dabei ist aber nicht die ideenhafte Form oder die abstrakte, gedankliche Orientierung, die der Mensch einschlägt, sondern es ist die innerste Beziehung, das innerste Hineingehen des Menschengeistes in den Geist der Natur ausschlaggebend. Wir werden einige schöne Beispiele heranführen, wie diese Beziehung am Beispiel der Berge aussehen kann. Wir wollen einige bekannte oder auch unbekanntere Gipfel herausgreifen und sie einmal ganz kurz in ein etwas deutlicheres Licht rücken. Was ist beispielsweise das geheime Wesen des Großvenedigers? Den Großvenediger sieht man von den meisten Voralpengipfeln, von unseren Kämmen ausgehend als sehr schöne, pyramidenförmige, weite Firngestalt. Sie ist umgeben von Gletschern und von weißem Firn. Er steht ziemlich in der Mitte der Hohen Tauern sehr deutlich als eine wohlgeformte Gestalt. Gerade diese Gestalt, die sich schon in der äußeren Formation ausdrückt, zeigt auf ein gewisses inneres Leben.

Der Mensch trägt ein inneres Leben oder eine Individualität. Der Berg trägt ebenfalls eine Art geheimnisvolle Individualität. Der Mensch ist vielleicht durch bestimmte Charaktereigenschaften gekennzeichnet, durch Tugenden und Untugenden. Genauso ist der Berg durch bestimmte Offenbarungen gekennzeichnet. Einzigartige Ausdrucksformen leben an ihm. Der Großvenediger (Bild Seite 194) nun ist der einsame und weite Herr. Er ist dieser weite Herr, der neben dem Großglockner eine der ganz wesentlichen und wichtigen Autoritäten darstellt. Er steht sehr zentral in der Mitte und zeigt auch so wunderbar jenes unendliche, jenes so unbegrenzte Leben des Kosmos. Er zeigt es durch seine Gestalt, er zeigt es durch seine Größe, durch seine Schönheit, einfach durch sein so scheinbar unendliches, weites Firnmeer. Der Großvenediger ist der weite Herr als Ausdruck des alleinigen Ewigen.

Ein ganz anderer Berg befindet sich im Wilden Kaiser. Es ist der höchste Berg des Wilden Kaisers, die Ellmauer Halt (Bild Seite 195). Wo liegt die Ellmauer Halt, wie sieht sie von der Form aus? Um eine Imagination zu erstellen, um einen Eindruck für das unaussprechliche Geheimnis zu gewinnen, ergründet man erst einmal die äußere Gestalt. In der Mitte des Zentralkammes liegt die Ellmauer Halt. Sie ragt einerseits als die höchste Spitze hervor, andererseits wirft sie aber keine so bizarre, große Dominanz auf das Tal. Sie fügt sich mit einigen schönen, auslaufenden Türmen in die Gesamtheit des Kammes unaufdringlich hinein. Sie steht in der Mitte und bietet dem aufschauenden Bergsteiger oder Besucher einen recht schönen, ruhigen Anblick.

Der Berg ist nicht schwer zu besteigen. Er erfordert etwas Geschicklichkeit und Trittsicherheit, aber keine großartige Selbstüberwindung. Er ist trotz seiner Felsengröße und Felsendimension relativ leicht zu ersteigen. Dieser Berg zeigt vom inneren Sinnbild eine sehr angenehme Seite, eine eher weibliche Seite. Man könnte sagen, er ist nicht als erhabener Herr in der Gestalt erkennbar, es ist mehr die Dame, die eine Einladung gibt. Es ist mehr die gebende, mehr einladende Gestalt, die den Menschen anzieht, die wahrhaftig anziehend wirkt und nichts Abschreckendes, nichts Bedrohliches an sich hat. Es zeigt sich hier mehr die weibliche Natur. Es ist jeder Berg gekennzeichnet durch ein vorherrschendes Sinnbild.

Wenn wir an einen anderen Berg denken, an die Marmolata, den höchsten Berg der Dolomiten, dann sehen wir imaginativ die Königin. Diese Charakteristiken von Weiblichkeit kann man schon in der Seele ahnen. Es ist tatsächlich die Königin, während der Civetta-Kamm (Bild Seite 196) mit der abschreckenden, großen Nordwest-Wand der danebenstehende König ist. Wer durch die Wände der Königin in der Marmolata klettert, hat trotz der Größe dieser Gestalt ein zart-sensibles Empfinden von anspruchsvoller Größe und himmlischer Würde, die vereint sind in der weiblichen Ausdrucksform. Sie hat nicht das so feste, kompakte des Männlichen, sondern mehr das Weibliche in sich. Die Marmolata ist die Königin der Dolomiten. Die Dolomiten sind die wunderbaren Berge, die ein umfassendes Zeichen der Schönheit selbst sind. Die Dolomiten sind tatsächlich von der Bergnatur die eindrucksvollsten, am bizarrsten geformten und schönsten Gestalten. Sie zeigen ein Farbenspiel gleich einem Zaubergarten. Jeder Berg trägt ein inneres Zeichen, ein Sinnbild, eine geheime Natur.

Der Mensch, der sich zu den Hoheiten der Berge in Beziehung bringt, erschafft langsam einen Plan, wie er durch eine Route steigt oder allgemein einfach auf den Gipfel kommt. Gerade die älteren Bergsteiger mußten noch wahrhaftige Pionierarbeit leisten. Diese Pionierarbeit ging unter viel Fleiß und Opfer einher, denn die Ausrüstung war zu früheren Zeiten nicht diejenige wie heute. Der gesamte Materialaufwand und pionierhafte Aufwand, der betrieben wurde, war äußerst eindrucksvoll. Heute tut sich der Bergsteiger wesentlich leichter, wenn er durch die Routen klettert. Die Wege, die der einzelne auf den Bergen vorfindet, sind einmal unter viel Schweiß und viel Pionierarbeit entstanden.

Die Grundlegung des Weges bedarf zunächst einmal der Motivation und der Idee des Menschen. Der Mensch muß Hand anlegen und nach einem Plan oder einer Vorstellung diesen Weg auf den Berg ausarbeiten. Er muß die Route finden, er muß die Steiganlage erst einmal in Gedanken konstruieren, damit die Arbeit eine Richtung erhält. Aus der Idee erfolgt eine praktische Umsetzung. Es gibt natürlich viele Wege, viele Kletterrouten, Klettersteige, schwierigere und einfachere. Auf jeden Berg gehen meist mehrere Routen und durchaus auch mehrere Steige. Zum Beispiel führt auf den Gipfel der Ellmauer Halt ein etwas anspruchsvoller, aber nicht schwieriger Klettersteig. Ein Weg geht von

Norden auf den Gipfel und einer von Süden. Dann gibt es noch den schönen Ostgrat, den Kopftörlgrat, eine leichte Kletterroute, die normalerweise für einen Anfänger recht gut geeignet ist.

Wenn man nun solche Wege begeht, dann kann man sich einen Eindruck verschaffen, mit welcher Idee solch ein Weg angelegt wurde. Die Wege sind früher viel mehr aus einem imaginativen oder schöpferischen Bewußtsein entstanden, denn der Mensch früher hatte noch nicht so gute Werkzeuge wie z. B. Bohrmaschinen. Er mußte das Haken- und Eisenmaterial in Ritzen anbringen, er mußte sich, um auf den Berg zu kommen, ganz genau orientieren. Er mußte viele Stunden der Aufmerksamkeit verbringen und genau den leichtesten Weg durch die Flanke oder über den Grat erkunden. Gerade bei Klettertouren mußten die alten Bergsteiger noch viel Zeit investieren, Biwaknächte einkalkulieren und die Bedingungen abwarten. Sie mußten also ganz genau die Linie finden, die naturgegeben vom Berg vorgegeben ist. Sie mußten diese Linie direkt herauslesen lernen. Sie mußten mit dem Berg zusammenleben, zusammenarbeiten, ihr Geist mußte hineinschmelzen in die Hoheit der Gestalt. Dadurch bekamen diese Berge von den ersten Routen einen ganz anderen Charakter, ein ganz anderes Leben als von den neueren Wegen, die heute angelegt werden.

Geht der Bergsteiger solche klassischen Wege, kann er noch so manches empfinden, wie ein Erstbegeher gerungen hat, um auf dem leichtesten Wege zum Gipfel zu kommen. Um so schmerzhafter ist es, wenn man heute die Oberflächlichkeit sieht, die so fehlende Beziehung und den Undank der zeitbedingten Mentalität. Der Mensch hat heute gar keinen rechten Sinn mehr für die einstmalige Pionierarbeit und er hat damit gar keinen Sinn mehr für den Berg und seine inliegende Schönheit. Der Massentourismus und allgemein einfach die Haltung, die den Menschen heutzutage ergreift, zerstört immer mehr die geheimnisvolle Schönheit der Berge. Die Belastung ist nicht nur an der zugrunde liegenden Umwelt oder der erschöpften, überbelasteten Pflanzenwelt zu sehen, sondern sie ist auch an der Unruhe der Atmosphäre zu spüren.

Wenn Menschen viel unterwegs sind und einen Berg erstürmen, verliert der Berg sein individuelles Gesicht und seine Anziehung. Es ist nicht mehr die Natur in ihrer eigenen Erhabenheit und Ruhe gegeben. Unruhe macht sich bemerkbar, geistige Wesen binden sich an die Gestalt der Stille. Es ist eine wahrhaft spirituelle Aufgabe, eine Beziehung zu jenen alten Pionieren auszuprägen, die mit dem Namen des Berges verbunden sind, und weiterhin auch eine Beziehung zu dieser hohen, erhabenen Gestalt des Berges selbst zu fördern. Der Bergsteiger wird bemerken, daß er dem Berg Schmerz zufügen kann durch seine Oberflächlichkeit, und er wird bemerken, daß er dem Berg ein gebendes, befreiendes Licht schenkt, wenn er Seele zu ihm bringt. Indem er eine innerste Empfindung erringt und in die Tiefe der Materie vordringen lernt, indem er seine Leistung zurückstellt, nicht mehr auf die Uhr schaut oder auf die Schwierigkeiten blickt, sondern die Natur wirklich betrachtet und die Schönheit darin ergründet, kann jene Meditation des Gebens erfolgen.

An den Bergen sieht man viele schöne Zeichen, man kann den Geist lesen lernen in den Bergen. Die Berge geben hier ein Sinnbild. Jedes andere Lebensgebiet mag aber ebenfalls ein Sinnbild geben, ein Sinnbild beispielsweise ist auch der Yoga. Im Yoga lebt ein Geist und man braucht nicht eine Idee hineinzuprojizieren. Im Yoga lebt der Geist unmittelbar, er ist angelegt. Man wendet sich dem Yoga hin, den einzelnen Übungen, den Seeleninhalten, den Schriften, und entdeckt unmittelbar in der Hinwendung den inliegenden Geist. Der Geist ist vorhanden, er lebt in der Materie. Er bildet mit der Materie eine zusammengehörige Einheit. Er ist nicht eine ferne Idee in einem fernen Himmel, sondern unmittelbar jenes Geheimnis in dem geschaffenen Kunstwerk oder in der geschaffenen Materie. So wäre es töricht oder einfach unbrauchbar, wenn man immer wieder mit Ideen an etwas herangeht. Der Geist oder die Idee, das Geheimnis liegt ausgegossen in allen Partikeln, in den geschaffenen Kunstwerken, in der Schöpfung, es lebt im Menschen selbst. Deshalb ist eine Hinwendung an eine ferne Idee gerade diejenige Versuchung, die gerne zu einer Spaltung und Trennung führt, wogegen aber die unmittelbare Hinwendung zum Leben oder zum Gegebenen zu der Erfüllung des Geistes und zur Liebe im Geistigen führt.

Das stille Geheimnis der Berge

1. Dezember 1997

Die Berge sind jene großartigen Gestalten, die uns wie eine Vaterfigur gegenüberstehen. Wir gehen hinein in die Bergwelt und besteigen die felsigen Gipfel, suchen insgeheim unseren Ursprung und unsere stille Heimat in dieser väterlichen, majestätischen Welt. Der Weg in die Berge hat fast immer etwas Meditatives und Besinnliches in sich. Er ist ein Gang zu unserer Heimat im innersten Geiste und im innersten Gefühl des Zugehörigseins zu einem tiefen, immerwährenden und existenten Urgrund. Der Weg ist eine Suche nach einem verlorengegangenen Wissen, das wir vielleicht einstmals in ganz alten Zeiten noch besaßen, das wir aber heute nicht mehr in uns als lebendiges Bewußtsein und lebendige Erinnerung tragen. Wir suchen nach einer Identität, wir suchen nach einem Geheimnis, wir suchen nach dem Sinn der Schöpfung, wir suchen nach dem Urgrund, von dem alles ausgegangen ist, und so suchen wir nach dem verborgenen Vater, der sich am Anfang allen Geschehens und allen Werdens befindet. Der Weg in die Berge und das Besteigen der faszinierenden Gipfelpunkte ist nichts anderes als ein Aufstieg zu einer geheimnisvollen Höhe und ein Sich-Öffnen für eine verblaßte Ahnung und Erinnerung. Der Vater ist Weisheit, der Vater symbolisiert Gerechtigkeit, der Vater ist ein Sinnbild für ein höchstes Wissen, er ist die anziehende Kraft des Gesetzes, das unserem Leben zugrunde liegt. Der Vater ist in diesem Sinne das höchste und unantastbare, das göttliche Reich eines einzigartigen Quellgrundes. Der Vater ist die Weisheit unseres Hauptes, und er ist das Gesetz unseres Lebens. Er ist die Macht unseres Bewußtseins und die Einzigartigkeit unserer Persönlichkeit. Die Berge sind wie ein Vater, der weit über unserem Haupte thront.

Alle geheimnisvollen Felsenköpfe, Nadelspitzen und Gletscherregionen mit ihren eisumrahmten Bergspitzen tragen die Elemente in sich. Sie tragen das Feuerelement in sich, denn sie sind zu der Sonne ausgerichtet und sie ziehen den Sonnenschein in ihre unmittelbare Nähe. Sie ziehen aber auch die Luft und die Winde heran. Auf den Bergen weht häufig ein lebhafter Wind. Gleichzeitig ziehen sie aber auch die Wetterfronten zu sich, die zu besonderer Unruhe neigen, was sich in Gewittern und vielen Regenfällen äußert. Die Berge sind aber auch ein Zeichen der Erde, ein

Symbol der Festigkeit, der Materie, der Mineralität und somit der gediegenen Erdhaftigkeit. Alle vier Elemente drücken sich in den Bergen aus. Ganz besonders herausragend von allen Elementen ist aber das Feuerelement, jenes geheimnisvolle Zeichen, das die ältere Gelehrsamkeit immer schon den himmlischen Welten zuordnete. Das Feuer ist das geheimnisvollste Element unter allen. Was hat es mit diesem Feuerelement auf sich, und wie steht es mit uns und unserem innersten Seelenleben in Verbindung? Damit wir diese Frage einigermaßen verständlich in das Licht der Betrachtung rücken, ist es wertvoll, auf die Gefühle und Empfindungen zu achten, die wir bei den Bergtouren in der verborgenen Welt unserer Seele tragen. Insgeheim wissen wir, daß wir großartige Wärmespeicher besteigen, Lager, in denen die Wärme aus dem Kosmos, aus der Sonne, aus dem Umfeld aufbewahrt wird. Die Berge sind wahrhaftige Wärmelager durch ihre besondere Position, die sie in der Höhe über den Tälern einnehmen. Sie sind dem Licht und der Hitze der Sonnenglut nahe. Wir erheben uns beim Besteigen der Berge aus den Talgründen hinauf in Höhenlagen und erleben dort immer ein gewisses Empfinden von Wärme, Geborgenheit und Einheit. Diese Wärme kommt auf natürliche Weise in unsere Seele hinein, da wir sie auf subtilste, innerste Weise in uns hineinnehmen. Die Wärme wirkt wie eine unsichtbare Seelenhülle oder Seelentiefe auf uns ein und sie bewirkt ein natürliches Selbstbewußtsein, eine natürliche Entspannung oder zumindest ein innigliches, friedvolles Empfinden, das man mehr als das Einswerden und Einssein mit der Natur und der Schöpfung bezeichnen kann. Die Wärme ist das Element der Seele, und diese Wärme finden wir in den Bergen geheimnisvoll in ihrer strahlungsintensiven Atmosphäre vor. Freilich wirken die Berge nicht direkt vordergründig strahlungsintensiv. Sie wirken auf uns, da wir selbst begabt mit Seele, begabt mit Weisheit, begabt mit Liebe sind, und wir spüren, daß der Berg ein verborgenes Lager dieser Wärme und dieser innersten Liebe ist.

Aber nicht nur bedingt durch die Höhenlage, auf die wir hinaufturnen, geschieht diese feinste, subtilste Einströmung in unsere Herzen, sie geschieht auch unmittelbar durch den starken Ausdruck des Berges selbst. Wir erleben auf ganz besondere, intensive und doch kaum bemerkbare Weise einen Abschied und einen Tod, ein Ende und eine Grenze. Der Berg ist wahrhaftig ein Endpunkt, er ist ein Endpunkt in der Schöpfung. Er ist Berg geworden, damit er sein Ende demonstriert als ein einstmals vielleicht lebendig gewesenes Leben. Wir wissen auch, daß der Berg aus dem Pflanzenreich, wie es beim Granit ist, entstanden ist. Oder wir wissen, daß die Kalkberge einstmals aus dem Tierreich durch die Absonderung des Kalkes von Meerestieren entstanden sind. Der Berg ist aber das Ergebnis eines ehemaligen Lebens und so stellt er einen gewissen Endpunkt dar. Dieser Endpunkt des Lebens strahlt uns nun entgegen wie ein neuer Anfang. Das Ende ist gleich einem Anfang, und dieser Anfang zeigt sich als eine heimliche, ungesehene Freude, als eine Liebe, als ein Leben, als ein Beginn der Hoffnung, als ein Dasein im Geiste, und somit zeigt sich diese hohe und höchste, verborgene, mysteriöse Macht als Wärme. Die Berge sind die Spender der Wärme. Sie sind nicht allein die Spender der Wärme, aber sie sind eines der größten Zeichen, die wir in unserer Schöpfung, in unseren Naturerscheinungen und Naturbildern als einen Ausdruck für innerste Wärme vorfinden. In den Bergen begegnen wir dem hohen Geist des Vaters, der sich offenbart in seinem äußersten und grazilsten Ausdruck einer Feuerflamme. Diese Feuerflamme ist der Engel, der in alten Zeiten als der Archai, als der Geist des Urbeginns bezeichnet wurde. Er ist Feuer, er ist Wärme, er ist Liebe, er ist unmittelbare Kraft, er ist unmittelbar eine entzündende Flamme, er ist Leben und Aktion aus höchster Überwältigung zugleich. Sicherlich empfinden wir diesen hohen Engel des Herrn nicht mit den Sinnesorganen in seiner unmittelbaren und sichtbaren Gestalt, denn er webt auf unsichtbare Weise. Er begleitet uns in der vollkommenen Stille und im vollkommenen, leisen Schimmer eines kaum bemerkbaren Bewußtseins. Die Berge sind aber bereits ein Ausdruck der Überwältigung, die uns Ehrfurcht und Größe, majestätische Anmut und ein Gefühl der immerwährenden Realität einflößen. Diese Begegnung, die wir im Stillen unserer Bergtouren mit diesen hohen Engeln, mit der Feuerflamme des Herrn haben, können wir vielleicht am trefflichsten mit einem innigfichen Zwiegespräch ausdrücken:

»Du steigst hier den Berg herauf, du erklimmst die Grate und Gipfelwände und stehst vielleicht auch einmal auf dem höchsten Gipfelpunkt dieser Region. Immerwährend aber spreche Ich zu dir Meine introvertierten Worte, damit du um die Realität des sterblichen und um die Realität des unsterblichen Sinnes weißt. Hier oben auf den einsamen Höhen spreche Ich fortwährend im leisen Klange und in einer feinen, inneren Melodie zu dir. Du siehst Mich noch nicht, du vernimmst Mich auch noch nicht wirklich, weil du Mich nicht in Meiner eigenen, inneren Gestalt vernehmen kannst. Du siehst aber den Ausdruck Meiner Gestalt und den Ausdruck Meiner Botschaft in Form von Felsen und Graten, von eintönigen Kanten und Wänden. Diese Wände und diese Grate sprechen nicht, weil sie keine Stimme haben; sie offenbaren sich, da sie sich nur offenbaren können. Ich aber, als dieser Berg, verkünde über den hohen Engel Meine Worte und sage dir, daß Ich bleiben werde, während du gehen wirst. Ich werde hier bleiben und Meine einsame Gestalt weiterhin denjenigen, die Mich besuchen, offenbaren. Ich werde über dem Lande thronen und werde im einsamen Zeichen der Schöpfung Meiner Gestalt würdig bleiben. Du aber steigst hinauf und gehst hinunter, du aber wirst Mich besuchen und du wirst gehen. Du wirst kommen und Mich wieder verlassen. Du wirst jener sterbliche Bürger bleiben, der Mir zu Füßen liegt. Du wirst Mir immer zu Füßen sitzen, selbst wenn du einmal auf Meine höchste Spitze kommen wirst. Du wirst immer von Mir abhängig sein und wirst Mich immer verehren müssen und in Mein Angesicht schauen. Aber in Wirklichkeit schaue Ich auf dich, denn du kannst nicht wirklich ein Licht auf Mich werfen, denn Ich bin es, der dich führt, Ich bin es, der dich leitet. Du wirst einstmals diese ganze Welt verlassen, und von dir wird ein Schimmer des Geistes zurückbleiben. Ich selbst aber, in Meiner erhabenen, inneren Seele bleibe viel länger als du. Erkenne dieses Geheimnis und sieh, daß dieses Geheimnis überall in der gesamten Schöpfung lebt, denn in Wirklichkeit ist Mein Zuhause nicht allein auf die Berge beschränkt. Dort aber, in den Bergen, besitze ich Meine liebste Wohnung, in der Ich Mich aufhalte und von der Ich Meine Zeichen sende. Sobald du Mich besuchen kommst hier oben auf diesen einsamen Höhen und an Meiner inniglichen Wärme in der Stille deines Herzens teilhast, wirst du überwältigt werden von Mir, und deine Überwältigung wird dein Leben sein. Denn in Wirklichkeit spende Ich dir Leben, nur hast du dieses Leben noch nicht erkannt, und du hast dieses Leben in deinem Herzen noch nicht als Leben entdeckt. Denn wahrhaftig, das, was Ich als dein anvertrauter, führender, lenkender und höchster Engel gebe, und das, was Ich durch dein ganzes Leben hindurch ausdrücke, das erfährst du auf einmal hier oben, in dieser meiner seligen Welt des Berges.«

Hier in diesen Bergen erleben wir das mysteriöse Symbol des Feuers, das Zeichen des ewigen Selbst. Wir erleben die erhabenste Kraft unseres Daseins im Sinne einer außerirdischen Macht, die uns immerfort leitet. Wir wissen, wenn wir auf diese Stimme horchen, daß wir selbst dem Tode unterworfen sind, und daß ein anderer es ist, der bleiben wird. Der Berg führt uns nahe zu der Begegnung mit dem Archai, mit dem Geist des Urbeginns. Dort erleben wir diesen höchsten aller Engel am nächsten.

Diese Begegnung mit dem hohen Engel, mit dem Archai, der der Engel der Hitze, der Aktivität und Feuersglut ist, führt uns zu einem Wachstum im individuellen Leben. Das sehen wir ganz besonders, wenn wir Bergsteiger und Bergsteigerkreise beobachten. Kletterer sind in der Regel von einem individualistischen Zeichen geprägt. Bergsteiger sind mehr Individualisten als andere Menschen. Dieses Persönlichkeitsmerkmal, das sich ganz besonders in bestimmten Alpenvereinskreisen äußert und sich auch unter den verschiedensten Kletterern, Alpinisten und Sportkletterern abzeichnet, ist durch diese Begegnung mit dem Wärmeelement im Engel, den wir Archai nennen, gegeben. So kommen wir nach einer Bergtour nach Hause und tragen in uns diese unbewußte Erinnerung, dieses unbewußte Beziehungsverhältnis, das wir in Wirklichkeit zu einer geistigen, schöpferischen Macht auf unserer Bergtour geknüpft haben. Wir sind in unserer Persönlichkeit erhoben, wir fühlen uns ein Stück weit in unserer Persönlichkeit gefördert. Nun kann aber jenes innere Wachstum, das wir in den Bergen durch das Beziehungsverhältnis knüpfen, auf zweierlei Weise eine Ausdruckswirkung und Ausdrucksart finden: Es kann sich auf eine negative Art, und damit auf eine eher machtvolle und zerstörende Weise in das Leben fortsetzen. Es kann sich aber auch mehr auf eine förderliche, schöne, ästhetische und kreative Weise zeichnen. Die Begegnung mit dem Archai in den Bergen führt zu einem Wachstum in der Persönlichkeit. Das Wachstum in der Persönlichkeit gibt mehr Seelentiefe, Innerlichkeit, Liebe und Leichtigkeit. Die Liebe kann aber mißverstanden werden, und sie kann zu Leidenschaftlichkeit führen. Ganz besonders sehen wir diese Leidenschaftlichkeit innerhalb der Bergsteigerkreise. Die Leidenschaftlichkeit ist ein Zeichen der Versuchung oder, anders ausgedrückt, sie ist ein Zeichen, das sich bemerkbar macht, wenn wir zu sehr dem Eroberungsdrängen und zu sehr unserem eigenen, inneren Befriedigungsdrang nachgeben. Leidenschaft ist das Ergebnis von Begierde, von eigenen, expansiven Bemühungen um Erfolg und Anerkennung. Leidenschaft ist ein schmerzliches Persönlichkeitsmerkmal, es ist das Merkmal, das wir mehr in negativer Hinsicht erleiden müssen, und somit auch in negativer Form in das Leben hinaustragen. Das positive Merkmal würde sich in kreativer Kraft äußern, die die Schöpferkraft unseres Menschseins ist, und die unsere Persönlichkeit veredelt. Wir können diese verborgene Sinnesfülle in den Bergen aufnehmen, da wir in den Bergen auf stille Weise Wärme aufnehmen und Seele gewinnen. Wir finden in den Bergen durch die Begegnung mit dem Archai im Stillen unserer Seele das wunderbare, innere religiöse Leben. Wir finden Bescheidenheit, Ehrfurcht und Einordnung. Wir finden Zufriedenheit und Achtung, Anerkennung und Wunschlosigkeit. Die Berge können uns daher wunschlos machen, aber sie können uns tatsächlich auch in unserer Wunschwelt bis hin zur Leidenschaftlichkeit steigern. Wir sollten im Leben nicht unbedingt den Begierden verfallen, und wir sollten aus unserem eigenen Interesse mehr Beziehung zum Leben entwickeln. Je mehr Beziehung wir in der Wirklichkeit unserer Aktivität zu den Bergen ausprägen und die Berge sehen, um so mehr werden wir auch Liebe und Bescheidenheit, Ehrfurcht, Anerkennung, Einordnung und Wunschlosigkeit aus den Bergen mit nach Hause bringen. Je mehr wir aber den eroberungsdrängenden Leistungsprinzipien und den persönlichen, eigennützigen Wünschen verfallen, um so mehr bringen wir ein negatives Persönlichkeitsmerkmal der Macht und der Vitalität mit nach Hause. Wir werden dem Leiden und dem vitalen, ja, ich möchte sagen, tierischen Leben verfallen. Diese innere Aufladung geschieht in den Bergen und sie steigert unsere Persönlichkeit. Sie steigert auf entsprechende Weise, je nachdem, wie wir die Beziehung zu der Bergwelt knüpfen, unser Innenleben.

Durch die wissenschaftlichen Methoden haben wir sehr viel über die Entwicklungsgeschichte der Berge in Erfahrung gebracht. Die Berge sind durch verschiedene Erdfaltungen und Übereinanderschiebungen entstanden, teilweise sind sie durch vulkanische Ausbrüche zustandegekommen. Die Wissenschaft lehrt uns an vielen Beispielen diese Entstehungsgeschichte der Berge, sie kann uns aber dennoch nicht das innere Geheimnis und den inneren Sinn ihres Ursprungs erklären. Der Ursprung der Berge bleibt zunächst, von der wissenschaftlichen Forschung aus betrachtet, ein Geheimnis. Noch ist die Logik, noch ist der tiefere, innere Urgrund und Sinn der Geschichte nicht wirklich geklärt. Diesen Sinn der Geschichte können wir vielleicht auch durch metaphysische und offenbarende Forschungen nicht vollständig entschlüsseln, aber wir können uns ihm auf eine erste Weise annähern, indem wir langsam eine tiefere Vorstellung ausbilden über das Verhältnis, das wir als Menschen zu den Bergen einnehmen. Dieses Verhältnis, das wir zu den Bergen einnehmen, äußert sich in einer innersten, verborgenen Beziehungsebene. Wir sind Mensch geworden und der Berg ist Berg geworden. Oder wir könnten es umgekehrt ausdrücken, der Berg ist Berg geworden, damit wir Menschen Menschen werden konnten. Der Berg ist in einem gewissen Sinne zurückgeblieben in der Evolution; wir sind in der Evolution aufgestiegen. Das ist ein tiefes Geheimnis. Wir sind zum Menschsein, zum Geiste, zum Selbstbewußtsein aufgestiegen, während der Berg in seiner Gestalt sich verfestigt hat und eine leblose Erinnerung, ein Denkmal für eine lange hinter uns liegende Zeit wurde.

Diese Beziehungsebene, die zwischen uns und dieser großartigen, majestätischen Naturschöpfung der Berge besteht, soll uns einmal für die weitere innere Entschlüsselung des Geheimnisses interessieren. Wir wollen uns in langsamen Schritten und langsamen Spuren durch verschiedene Vorstellungen und Bilder diesem inneren Mysterium und dieser innersten Beziehungsebene annähern. Wir werden uns damit mehr in ein bildhaftes Denken hineingeben, das den Intellekt übersteigt und das gewagte, bewußte und doch sehr einfach gehaltene, innere Gedanken und Sinnbilder enthält. Die Berge besitzen eine Struktur, sie besitzen Grate, Wände, Türme, Hänge, Steilstufen, Schluchten, Kanten, Pfeiler, Spitzen, Wiesen, Wälder und somit unterschiedliche Expressionen und Gesichter. Jeder Berg beschreibt eine eigene Persönlichkeit, ein eigenes Wesen, eine eigene Form und Charakteristik. Ein Berg kann niemals gleich einem anderen Berg sein. Jeder Berg weist unterschiedliche Dimensionen und Formationen auf.

Wir Menschen sind von unseren Gesichtern und unseren Ausdrucksformen, unseren Gesten, Anlagen, Formationen und körperlichen Strukturen ebenso verschieden. Jeder einzelne unterscheidet sich von dem anderen. Wenn auch gewisse Ähnlichkeiten und Gemeinsamkeiten zutreffen, so sind doch alle Menschen voneinander in ihren Ausdrucksformen verschieden. Nehmen wir einmal ein kleines Beispiel heraus, wie wir diese Analogie in einer wirklichen inneren Übertragung zu den Bergen finden können. Wir sind im inneren Sinne dem Berg ähnlich. Das zeigt sich beispielsweise daran, wenn wir uns einmal von der Größe her betrachten. Es gibt große Menschen und es gibt kleine Menschen. Weiterhin sehen wir, daß es große oder hohe Berge und niedrigere Berge, kleinere Formationen und Hügel gibt. Vielleicht könnten wir nun gleich der Einfachheit halber die Vermutung anstellen, daß jene großen Berge, hohe Gipfel und Spitzen auch zu einem Wachstumsprozeß führen, der große Menschen hervorbringt. Dies aber ist in keinster Weise zutreffend. Es wäre zu einfach und zu wenig mit Innerlichkeit und innersten Einsichten gedacht. Deshalb sind die Hintergründe hier etwas komplizierter und etwas tiefgründiger zu untersuchen. Was bedeutet es beispielsweise, wenn wir einen großen Menschen betrachten, und was bedeutet es, wenn wir einen kleinen Menschen betrachten? In dem großen Menschen leben mit Sicherheit doch andere Persönlichkeitsmerkmale als in einem kleinen Menschen, in jenem, der vielleicht von seiner gesamten Anlage nicht über einen Meter fünfundsechzig gewachsen ist. Eine großgewachsene Statur im Sinne des körperlichen Längenverhältnisses ist meistens, wenn wir dies zunächst einmal in einer pauschalen Form betrachten, nicht so flexibel und auch nicht so spontan in seinen Gefühlsäußerungen wie jener, der vom Wachstum her klein geblieben ist. Kleine Personen neigen zu Impulsivität, Flexibilität und wendiger Geschmeidigkeit. Sie sind sicherlich in ihrem Wesen leichter zu Anpassungen fähig als jene, die von ihrem Wachstum her groß geworden sind. Von diesen nicht charakterlichen Merkmalen, sondern von diesen konkreten Persönlichkeitsmerkmalen, die uns unveränderlich in die Gestalt und in das Wesen selbst hineingeschrieben sind, können wir nun die Analogie leichter finden und den Zusammenhang schließlich im Berge wiederentdecken. Dazu kann uns ein kleines Beispiel das innere Geheimnis und den inneren Sinn näher heranführen.

Wir kennen verschiedene Gebirgszonen, Bergketten und verschiedene Berggruppen. Eine Gebirgszone, die einen sehr westlichen Alpincharakter besitzt, ist das Bergell. In den Schweizer Bergen, nahe der italienischen Grenze, befindet sich ein wunderbar schönes, einzigartiges Gebirge, eine Zone aus Granitwänden mit sehr jungem Granitgestein. Diese Bergeller Spitzen haben einen jugendlichen, anziehenden Charakter. Sie sind vielseitig formiert, lebendig strukturiert und in einer unendlichen Vielfalt von Spitzen und Türmen gezeichnet. Diese Bergeller

Berge mit ihren faszinierenden, bizarren, fast unrealistischen Formationen sind ein Ausdruck für die Jugend. Sie sind ein Ausdruck für die Spontaneität. Sie bezeichnen ein junges Leben und äußern selbst eine lebendige Spontaneität und Vielfalt. So ist das Bergell ein Gebirge der Jugend. Sie sind die Berge, die die jugendlichen Jahre symbolisieren und jene Menschen wohl am meisten in den Bann ziehen, die sich dieses Persönlichkeitsmerkmal bewahrt haben. So dürfen wir mit einem vorsichtigen Bilde den merkurialen Menschen diesem Gebirge zuordnen. Derjenige, der in seinem verborgenen Herzen einen Hauch der merkurialen Weisheit und jene Eigenschaften der Jugendlichkeit, der Flexibilität, der Geschmeidigkeit und Wendigkeit, der Spontaneität und der Anpassungsfähigkeit bewahrt hat, wird hier einen verborgenen Sinn und einen lichten Teil der Seele entdecken.

Ganz anders nun erscheint aber das große Gebirge des Mont Blanc, das auch zahlreiche Wände und Grate aufweist. Dieses Gebirge ist ein typisches Granitgebirge, ein typisches Urgesteinsgebirge, das einen sehr harten, unnahbaren und damit steilen Granit aufweist. Es ist das Gebirge mehr für den weltlichen und selbstbewußten Menschen, der hier wohl seine liebliche Heimat, seinen verborgenen Sinn findet. Das Persönlichkeitszeichen des großen Menschen liegt mehr in der Ruhe, Gelassenheit, Festigkeit und Distanzierung. Das Mont-Blanc-Massiv (Bild Seite 117) drückt eine gewisse Distanz aus, es drückt eine gewisse Würde, Gelassenheit und Größe aus. Wir finden hier eine Anziehungskraft gerade für jenes Persönlichkeitszeichen in der Signatur des Mondes, das uns Menschen inniglich einverleibt und einverwoben ist.

Allgemein sprechen die Bergsteiger von gewissen Lieblingsbergen, und sie wissen von jener Anziehungskraft, die bestimmte Wände, Grate, Gipfel und Gebirgszonen auf sie ausüben. Bald jeder Bergsteiger hat ein Lieblingsgebirge oder einen Lieblingsberg, einen besonderen Berg, den er immer wieder gerne und mit neuer Sehnsucht aufsucht. Diese Anziehung ist in Wirklichkeit in der Seele begründet, und sie gründet sich in der Regel fast immer auf jenen verborgenen, inneren Schichten, die uns niemals ganz zur Erinnerung kommen, und die dennoch als ein Zeichen der inneren Verbundenheit und der tiefen Einheit, die wir im Verborgenen mit dem Berg leben, in uns bestehen. So fühlen sich manche Bergsteiger zu bestimmten Gebirgszonen ganz besonders hingezogen und meiden andere Gebirgsgruppen, da sie kein Interesse für sie aufbringen können. Vielleicht mögen die Interessen tatsächlich sehr verschieden sein, und sie mögen gerade durch die verschiedenen Leistungsfaszinationen in dem eigentlichen Sinngehalt nicht mehr recht in das Bewußtsein rücken. Dennoch aber lassen sich gemeinsame Beziehungsebenen erkennen, die mit den Persönlichkeitsmerkmalen sehr nahe, ja, direkt und unmittelbar in einer unbewußten Faszination gegeben sind. Wir können daher sagen, daß wir als Bergsteiger oder Bergabenteuerer, als Kletterer oder Alpinisten ein bestimmtes inneres Drängen verspüren, uns gerade jenen Berggipfeln oder Bergzonen hinzuwenden, die uns im innersten der Seele, im allerverborgensten unserer Persönlichkeit verwandt sind.

Nun wollen wir aber diese Verbindung, die in den innersten Schichten unserer Persönlichkeit und unseres seelischen Daseins lebt, noch einmal viel genauer und viel exakter herausarbeiten, damit wir die Empfindung ausprägen für dasjenige Signaturenmerkmal, das in der Evolution als das Geheimnis der Persönlichkeit und als das Geheimnis der innersten Beziehung selbst lebt. Wir stellen uns hierzu einmal die Frage, was ein Persönlichkeitsmerkmal ist. Das Größenwachstum kann beispielsweise ein Persönlichkeitsmerkmal sein. Dieses Wachstum wird sich nicht mehr verändern, wenn einmal die Pubertät abgeschlossen ist. Wenn wir einen Meter fünfundsiebzig groß geworden sind, so werden wir etwa immer im gleichen Sinne dieses Maß der Größe beibehalten. Ebenso verhält es sich aber auch mit den verschiedenen Organstrukturen und Organanlagen. Nur zu einem ganz geringfügigen Grad können sich diese innersten angelegten Strukturen innerhalb der organischen Welten in uns verändern. Wir haben beispielsweise eine schwache Leber oder wir haben eine starke Leber, wir haben eine schwache Lunge oder wir haben eine schwache Nierenanlage, wir haben ein gut ausgeprägtes Nervensystem oder wir haben ein entsprechend sensibles Nervensystem, das ganz besonders für Einflüsse von außen offen ist. Die Anlagen sind sehr unterschiedlich, und sie wurzeln zutiefst in der Struktur und Gestalt des Organes selbst. Wenn auch ganz geringfügige Veränderungen hier durch weitere Erziehungsmaßnahmen und Trainingsmethoden möglich sind, so werden dennoch die Organe sich in ihrer Gesamtgestalt kaum nennenswert verändern können. Dies ist wenigstens im normalen Leben der Fall. Besitzen wir beispielsweise eine dunkle Hautfarbe und dunkle Haarfarbe, so werden wir wohl im Leben nicht plötzlich eine sehr helle Tönung der Haut und auch keine blonden Haare bekommen. Die Veränderungen sind in der Regel unter den normalen Bedingungen immer nur in ganz geringfügigem Grade möglich. Betrachten wir nun den Berg in seiner inneren Mineralwelt und in seiner inneren Struktur und Anlage. Bei dem Berge können wir nicht von einem organischen Mantel oder von einem organischen Innenleben sprechen. Wir können den Berg vielleicht in seiner Mineralisation kennenlernen. Diese mineralische Zusammensetzung ist jeweils von Berg zu Berg verschieden. Manche Berge haben mehr Eisen in den Kalk hineingegliedert und sind dadurch etwas dunkler bis hin zu dunkelblau gefärbt, andere haben sehr wenig Eisen aufgenommen und ihr Kalkgestein ist daher sehr hell. Schließlich gibt es Schwefeleinlagerungen, die das Gestein meistens gelblich zeichnen, und es gibt Einlagerungen von den verschiedensten Elementen und weiteren zugehörigen Mineralien. Dieser Mineralhaushalt des Berges wird sich ebenfalls kaum im Laufe von einigen Jahren verändern können. Er besitzt in sich ein stabiles Gleichgewicht. Jene Persönlichkeitsmerkmale, die wir durch unsere Organe in uns tragen, sind deshalb in Analogie zu sehen mit jenen Merkmalen des Mineralhaushaltes eines Berges. Auf dieser Zusammensetzung und diesen inneren Strukturen, die relativ stabil und fixiert sind, erbauen sich unsere äußere Formation und Ausdrucksweise. Sie sind das Zeichen der Persönlichkeit. Wohl gehören zu der Persönlichkeit noch viele weitere Merkmale hinzu, und viele weitere Charaktereigenschaften bringen die Summe erst in eine komplette Darstellung. Dies sollte uns aber nun im weiteren Verlauf nicht mehr im einzelnen interessieren, denn wir wollen vor allem von einigen wenigen Punkten ausgehen, die beispielhaft und signifikant erscheinen. Es soll uns einmal genügen, daß wir lediglich auf diesen einfachen Vergleich unsere weitere Betrachtungsweise in ihrer bildhaften, übereinstimmenden Form erschauen.

Wir stellen uns hierzu in diesem Gedankenaufbau die Frage: Was ist ein Persönlichkeitsmerkmal? Diese Frage leitet uns nun zu einer sehr innig-lichen, intensiven und durchaus auch etwas schwierigen Betrachtung über. Ein Persönlichkeitsmerkmal ist ein sehr signifikantes Zeichen, das auf Einzigartigkeit und einer unvergänglichen Ausdrucksweise beruht. Ein Persönlichkeitsmerkmal sollte grundsätzlich frei von Gut und Böse,

jenen moralischen Wertvorstellungen sein. Das Persönlichkeitsmerkmal ist nicht der Charakter, und es ist nicht ein gewisses Gefühl noch ein gewisses gedankliches Leben, sondern es ist ein einzigartiger Ausdruck der innersten Personalität und der Uranlage des Leibes selbst. Diese Uranlage des Leibes bringt die Gestalt hervor, und auf dieser Gestalt erst erbaut sich im weiteren Verlauf der Charakter und das Bewußtsein. Nehmen wir einmal ein Beispiel heraus, was ein Persönlichkeitsmerkmal ist. Es gibt Menschen, die haben eine sehr feste, sehr gediegene, kräftige und damit eine eher hart klingende Stimme. Diese hart klingende Stimme beruht auf einer organischen Uranlage, die nicht nur einzig allein im Kehlkopf ihren Ausgang findet, sondern auch in den Organanlagen des Bauchraumes. Wäre beispielsweise unsere Leber nicht sehr stark in der Strukturanlage in den Leib eingegliedert, so wäre damit eine Festigkeit in der Stimme gar nicht leicht möglich. Die Stimme in ihrer Ausdrucksart und Form kann natürlich durch Schulung gefördert werden. Es zeigt sich aber dennoch in der Stimme eine weichere oder eine härtere Tonart. Diese weiche Tonart ist weder als gut noch schlecht zu werten, und auch die harte Tonart mag ebenso frei von Negativem oder Positivem sein, denn sie ist mehr als ein Merkmal zu sehen, das uns als eine Persönlichkeit mitgegeben ist. Durch die Stimme drückt sich eine Festigkeit oder eine Weichheit aus. In diesem Sinne ist die Stimme ein Persönlichkeitsmerkmal.

Wir besitzen zahlreiche solche Merkmale, denen wir uns wohl gar nicht in umfangreichem Maße bewußt werden können. Diese Merkmale in unserer Persönlichkeit, die auf Einzigartigkeit und auf der Festigkeit und inneren Formation der Organe beruhen, soll aber nun im rechten Lichte einen Zusammenhang erhalten, der evolutionsgemäß vom Sinne des Geistes aus erschaut werden kann. Betrachten wir in diesem Zusammenhang den Berg. Betrachten wir ihn einmal in seiner Gestalt und in seinem Leben. Der Berg besitzt ein erdachtes Leben, ein verborgenes Dasein. Er besitzt keine wirkliche Regsamkeit, er besitzt keine wirkliche Bewegung, er besitzt keine wirkliche innere Möglichkeit zu einem Auf- oder Abstieg. Er ist gegeben, und er bleibt in seiner Gestalt als eine zeitlose Erscheinung bestehen. Wir selbst tragen ebenfalls in uns diese zeitlose oder hohe Natur des inneren physischen Urdaseins in uns. Das innere physische Urdasein aber besitzt eine Tönung, eine Melodie. Sie ist getragen durch die Bewußtseinskräfte und durch die Aktionen unseres Entscheidens, unseres Fühlens, unseres Denkens, unseres Handelns, unseres innersten Wollens zu weiteren Schritten und Werken. So gesehen tönen durch unsere Körperlichkeit ständig die verschiedensten Stimmen des Bewußtseins, und es tönen die verschiedensten Erscheinungen durch diese Anlage der Organe hindurch. Wir selbst leben, weil wir uns in diesem Lebensgefüge befinden. Wir selbst atmen, weil wir uns in der lebendigen Durchströmung des Atems befinden. Wir selbst wandeln uns, weil wir uns fortwährend im Zeichen der Wandlung bewegen. So sind unsere Organe nicht die gleichen Organe oder Konsolidierungen wie sie beim Berg bestehen. Im Berg haben sie das Endglied des Todes gefunden, während sie bei uns, in unserer Anlage eine Offenbarung des Lebens erhalten haben. Unsere Kräfte, unsere Merkmale und unsere Zeichen, die die Persönlichkeit von innen heraus aus der schöpferischen Uranlage prägen, bleiben unverändert, obwohl durch sie der Ton des Bewußtseins und die Melodie des schöpferischen Geistes spielen. Durch den Berg aber entsteht nur ein Schweigen und eine ungesehene, unnennbare, unausgesprochene Form der Ausstrahlung, die immerfort in der Abgeschiedenheit des Todes bleiben wird. So ist der Berg in sich gestorben, er ist in sich zurückgewichen, damit wir selbst Mensch werden konnten und das Zeichen des Lebens und das Zeichen der innersten physischen Persönlichkeitsstruktur, die in Wirklichkeit das Geheimnis des schöpferischen Geistes selbst ist, aufzunehmen vermögen. Wir haben das Organ der Lebendigkeit aufgenommen, während der Berg in seinem Dasein sich hingeopfert hat und das schweigsame Gleichnis des organischen Todes trägt.

Betrachten wir nun weiterhin diese Persönlichkeitsmerkmale, versuchen wir einmal, eine vorsichtige quantitative Einschätzung über diese Merkmale zu gewinnen. Wir werden sicherlich zu jenem Ergebnis gelangen, daß wir unzählig viele organische Äußerungen und somit feste, fixierte Konsolidierungen in unserer inneren physischen Formation tragen. Diese Konsolidierungen sind weder gut, noch sind sie moralisch schlecht; sie sind weder fröhlich noch traurig, sie sind weder zu verdammen noch zu loben. Sie sind ein Ausdruck einer höchsten schöpferischen Urweisheit, der wir kaum ein Beispiel der Bewußtheit entgegensetzen können. Vielleicht könnten wir vorsichtig eine Schätzung in quantitativer Form vornehmen, und vielleicht könnten wir sogar leicht jenem Eindruck zustimmen, daß wir so viele Persönlichkeitsmerkmale besitzen, wie es auch Berge gibt. Das ist aber leider nicht der Fall. Die Geheimnisse unserer Schöpfung sind noch viel komplizierter und wesentlich vielseitiger als mit diesem einen Vergleich aufgezählt werden kann. Dennoch, wir besitzen eine großartige Zahl von solchen Persönlichkeitsmerkmalen. Wir besitzen, möchte ich sagen, eine unzählige, eine so vielseitige und damit unnennbare Quantität an inneren Formationen und Zeichen, so daß wir uns immer nur wenigen Beispielen annähern können.

In den weiteren Betrachtungen wollen wir nun auf konkrete Beispiele übergehen und jene Anziehungspunke charakterisieren, die zwischen uns selbst, unseren innersten organischen und einzigartigen Merkmalen zu dem Berg hin bestehen. Wir haben Berge, die uns etwas in der Seele sagen wollen. Wir fühlen uns, wie von einem innersten Drange getrieben, zu diesen Bergen hingezogen. Wir wollen den Berg kennenlernen, wir wollen den Berg erschauen, wir wollen ihn erleben, wir wollen ihn betasten, wir wollen ihn besteigen, wir wollen ihn in der Erinnerung wiederentdecken, wir wollen ihn tatsächlich in der Tiefe seiner inneren Aussage erfahren, erleben, erkennen. Die Beispiele sind wenige an der Zahl, aber sie können uns eine erste Hilfe und einen ersten Eindruck schenken, wie wir uns in der Zukunft forschend und empfindend zu dieser geheimnisvollen Naturschöpfung mit ihren einzigartigen Ausdrucksformen in Beziehung bringen können.

So wollen wir einige Berge herausgreifen und sie in das Licht einer tiefen, offenbarenden Anschauung stellen. Wagen wir uns einmal auf langsame Weise zu diesen sehr schwierigen und scheinbar utopisch klingenden Betrachtungen vor. Wir müssen hierfür den Berg in seiner Ganzheit von unten nach oben, von links nach rechts und von seiner gesamten Zugehörigkeit zu einer Region anschauen. Wir dürfen den Berg nicht nur von einem Pfeiler, von einer Kante, von einer speziellen Struktur oder von einer speziellen Zeichnung aus betrachten, sondern wir müssen ihn in seiner Ganzheit und in seinem integralen Sein erkennen, wie er hineinverwoben ist in die gesamte Schöpfung. Leider hat man diese weite, ganzheitliche Sicht und dieses umfangreiche Betrachten fast gänzlich verloren. Unsere Blicke sind heute weitaus enger und spezialisierter geworden als früher. Diese Tatsache bemerkt man auch, wenn wir zum Bergsteigen gehen. Früher war das Erleben noch immer von den gesamten abenteuerlichen Wegen geleitet und man stellte sich nicht nur auf ein spezielles Klettererlebnis ein, sondern man sah den Talgrund, den Aufstieg, den Gipfelpunkt, die verschiedenen Eigenschaften des Aufstieges, man sah den Abstieg und man sah das gesamte Gebirge. Heute dagegen liegt es sehr nahe, daß wir sehr viele technische Mittel zu Hilfe nehmen wie Seilbahn, Auto oder gar vielleicht einen Fallschirm, und wir nehmen damit verschiedene Teile des Auf- und Abstieges hinweg. Die Klettergeneration der jungen Zeit pflegt vor allen Dingen auch einen sehr speziellen, auf den exaktesten materiellen Aspekt der Leistung ausgerichteten Bezug zu den Bergen, sie sucht sich Wände und Kanten, die meist gar nicht sehr hoch sind, sondern in der Schwierigkeit ihres Leistungsvermögens liegen und die damit zum reinen Instrument eines technischen Abenteuers im Können und in der Selbstbestätigung werden. Dieses spezialisierte Bewußtsein, das auf Leistung oder auf die Besonderheit des herausgegliederten Erlebens ausgerichtet ist, büßt in sich leider das gesamte Wahrnehmen und gesamte Empfinden zu dem Berg ein. Das wirkliche Beziehungsleben zu dem Berg kann nicht mehr entstehen. Deshalb können manche Kletterer sich auch mit Brückenpfeilern, mit Wänden, die künstlich erbaut sind, oder eben nur mit einigen Felsen zufriedengeben, denn dort können sie ihr Leistungsbergsteigen zur Selbstbestätigung erproben. Das Bergsteigen gewinnt zu sehr einen materialistisch-instrumentalen Charakter in unserer Zeit und verhindert ein ganzheitliches, weites Gesamterleben der Schöpfung und des inneren Gleichnisses, das mit dem Berg in Verbindung steht. Wir wollen aber jenes innere Gleichnis des Berges tiefer erleben, wir wollen seine Stimme wahrnehmen und wir wollen mehr und mehr in die Natur des geschaffenen Geistes eindringen, der in der Form erstarrt, aber im Mysterium doch lebendig ist. Wir betrachten den Berg nicht mit dem Auge eines Spezialisten oder mit dem Auge eines Wollens nach besonderer innerer Bestätigung und Genugtuung, sondern wir betrachten ihn als ein vor uns befindliches hohes, großartiges, lebendiges weites Objekt, das wir von vielen Blickrichtungen aus weiter studieren. Wir betrachten den Berg meditativ und kontemplativ zugleich und schaffen uns einen bildhaften Eindruck, was er uns mit seiner Gestalt sagen möchte. Wir beschäftigen uns schließlich mit dem Berg und mit seiner Geschichte. Welche Eigenheiten besitzt dieser Berg? Wie reagieren die Bergsteiger? Wie erleben die Bergsteiger diesen Berg? Fanden viele Menschen den Tod an ihm oder fanden viele Menschen an ihm Freude? Was will der Berg von sich aus durch seine verborgene Natur zum Ausdruck bringen?

Im Wilden Kaiser, jenem zackigen Felsengebirge der nördlichen Kalkalpen, befinden sich die bekanntesten Kletterberge der Tiroler Alpen. Einer der bekanntesten Berggipfel ist das Totenkirchl (Bild Seite 197), das seinen Namen nicht ganz zu unrecht erhalten hat, denn es ist ein Berg, der über viele Jahre hinweg zahlreiche Todesopfer forderte. Dieser Berg, der wie ein nördlicher Eckpfeiler etwa in der Mitte des Kaiserkammes hochragt, ist nicht der höchste Berg des Wilden Kaisers, aber er ist wohl der am schwierigsten erreichbare Gipfelpunkt. Die älteren Bergsteiger noch vor Beginn dieses Jahrhunderts sahen ihn über lange Jahre hinweg als einen unbesteigbaren Berg an. Von keiner Seite läßt er sich kaum auf eine bequeme Weise erreichen. Die leichteste Route, die auf ihn hinaufführt, trägt den dritten Schwierigkeitsgrad.

Dieser dritte Schwierigkeitsgrad ist aber durch zahlreiche anstrengende Passagen, Kamine, Schluchten und Bandstellen zu einem doch anspruchsvollen Unternehmen zu zählen. Der Berg selbst besitzt, von Norden aus gesehen, eine sehr massive, durchaus etwas plumpe Gestalt, die hoch aufragt und sich wie ein kräftiger, orgelpfeifenartiger Organismus auftürmt. Vom Westen dagegen hat dieser Berg eine einzigartig hohe Wand, die im höchsten Punkt bis zu sechshundert Meter in einen Schluchtgrund hinabstürzt. Diese Totenkirchl-Westwand ist die größte und bekannteste alpine Wand im Wilden Kaiser. Ihre Ersteigungsgeschichte durch Hans Dülfer erregte großes Aufsehen, denn diese Wand war schwierig zu bewältigen, und sie war 1913 für die Erstbesteiger ein außergewöhnliches Abenteuer, das faszinierende Erzählungen hinterließ, die heute noch dem Leser Schweißnässe in die Hände treibt.

Wenn wir diesen mächtigen Eckpfeiler im Wilden Kaiser betrachten, so gewinnen wir unter Umständen den Eindruck, daß es sich hier um eine solide Autorität handelt. Das Totenkirchl wird den Menschen nicht leicht an sich heran lassen. Der Besucher muß Disziplin und Mut aufbringen, um den Gipfelpunkt sicher zu erreichen, und er benötigt weiterhin Ruhe und Ausdauer, um auch wieder in den Talgrund zurückzukehren. Der Berg ist die solide Autorität, die den Dilettanten nicht leicht gewähren läßt, und die den leichtsinnigen Bergsteiger, den Frevler, der mit leichten Worten und übermäßigem Geschwätz sich dem überschwenglichen Reden preisgibt, geradezu einen Denkzettel verpaßt. Jener, der im Übermut diesen Berg besteigen möchte, wird wohl immer von der Schroffheit und Kühnheit dieses Berges überrascht werden. Vielleicht mag dieser Berg etwas Konservatives in sich tragen und an dem progressiven Fortschrittsdenken seiner Kameraden, die neben der zentralen Steinernen Rinne sich auftürmen, nicht teilnehmen. Er mag vielleicht an einer gewissen Tradition und somit an einer innersten Solidität und innersten Wertvorstellung festhalten. Er wird aber durch seine Eigenart immer eine Autorität und eine Art Denkmal bleiben, das Größe und solide Festigkeit miteinander vereint. Jeder Berg besitzt durch seine Ausdrucksweise, seinen inneren, tiefen Symbolgehalt und seine tiefe, geistige Bedeutung eine Zugehörigkeit zu den menschlichen Organen und zu den innersten Urbildekräften unseres physischen Leibes. Wenn wir das Totenkirchl als eine Autorität bezeichnen mit Solidität und Kapazität zugleich, so dürfen wir jenes Persönlichkeitsmerkmal auch auf eine organische Grundlage in unserer Körperlichkeit übertragen. Diese organische Grundlage tragen wir in unserem Brustraum oder in unserer Gestalt des Brustkorbes. Der Brustkorb ist ein Zeichen für Größe und Mut, und er ist die urbildliche Verkörperung für Aufrichtigkeit und für etwas, das wir wahrhaftig als sonnenhaft bezeichnen können. Das Sonnenhafte ist aber wiederum das durch Erfahrung gewonnene und persönliche Leben selbst. Diese solide Würde der Persönlichkeit finden wir in der Anlage unserer gesamten mittleren Leibesorganisation vor.

Weiterhin können wir uns die Frage stellen, welche Bedeutung der Tod am Berg hat und wie dieser Tod mit dem Berg selbst zusammenhängt. Es scheint geradewegs wie vorgegeben und auserwählt zu sein, daß bestimmte Bergsteiger zu einem bestimmten Augenblick ihres Lebens zu jenem Berg gehen müssen und dort auch ihr Lebensende finden. Gibt es hier einen Zusammenhang von Tod und Leben, und von Menschsein und Bergsein? Hier gibt es wahrhaftig einen tiefen, inneren, mystischen Zusammenhang. Wir finden den Tod dort, an jenem Berg, an jener Stelle, die exakt für uns auserwählt ist. Der Berg hat einen Zusammenhang mit unserem Leben. Er trägt ein Merkmal, das auch für unsere Persönlichkeit von ausschlaggebender und eindringlicher Bedeutung ist. Nehmen wir einmal an, wir sterben am Untersberg, jenem weitzügigen und doch schroffen Berg in den Berchtesgadener Alpen. Es ist dies der Berg, der etwas Königliches symbolisiert; er ist der Berg der Könige. Nehmen wir einmal an, wir würden aus schicksalsweisenden Fügungen dorthin gehen und dort den Tod finden. Wir würden jene Eigenschaft des Berges in uns aufnehmen und das ist eine königliche Eigenschaft; das ist die Eigenschaft, daß wir auch geboren werden würden in einem späteren Leben mit königlichen, auserwählten Eigenschaften. Freilich mag jetzt der von der Theologie geprägte Denker einwenden, daß eine Wiederverkörperung der Seele nach dem Tode nicht gegeben ist, denn es erzählt uns die christliche Geschichte, daß dieser Gedanke eines weiteren Erdenlebens nach dem Tode nicht mit dem Erlösungswerk vereinbar ist. Hier aber ist deutlich einzuwenden, daß diese Theologie heute nur glaubt, aber die Bestätigung der visionären Erfahrung nicht besitzt und daß sie somit fern von aller wirklichen Wahrheit und von allen tiefen Urgründen des schöpferischen Gesetzes liegt. Wir haben als Menschen die Wiedergeburt aus unserem Denken verbannt und aus den religiösen Lehren eliminiert. Die Konsequenz war eine materialistische Auffassung des Christentums, das zu einer kirchlichen Autoritätsbestimmung erhoben wurde. Die Wiedergeburtslehre aber ist so tief in unserem Menschsein verankert wie unser innerstes Seelenleben selbst. Niemals kann das geistige Gesetz des Lebens verstanden werden und die Gerechtigkeit aus Gott erfahren werden, wenn wir nicht die Wiedergeburtslehre als eine wesentliche Aussage der Religion werten. Aus den Erfahrungen und aus den geistigen Forschungen ergeben sich hier die Bestätigungen für diese Aussagen. Wir werden den Tod vielleicht am Berge finden, und wir werden jenes Persönlichkeitsmerkmal des Berges aufnehmen. Es ist ein tiefer Zusammenhang zu jenem Ort gegeben, an dem wir einmal den Tod finden werden. Wir werden den Geist unseres Gegenübers oder unseres Gegners aufnehmen, mit dem wir unendlich viele Stunden des Kampfes und Ringens vollbracht haben; oder wir werden den Geist unseres Freundes, für den wir Verehrung, Liebe und Achtung besaßen, in uns hineinnehmen. Es ist eine tiefe Wahrheit, daß jene, die ihren Gegner verfolgen und verdammen, einmal die Eigenheiten des Gegners aufnehmen, denn ihr Herz war bei dem Gegner. Durch die Beziehung, die wir knüpfen, nehmen wir den Geist des Lebens auf. Wir nehmen mit dem Tod dieses Leben in uns, in die Seele mit hinein, oder, anders ausgedrückt, wir finden den Tod am Berge und unsere Seele verschmilzt mit der verborgenen, ungeoffenbarten und doch existenten Wesensnatur des Berges. Unser innerstes Sein verschmilzt mit der Urbildekraft des verborgenen Lebens im Berge.

Aus diesem Grunde erfüllt sich im Geheimen das Gesetz der Evolution und des Abstiegs des Geistes, durch das wir im ganzen Leben Liebe und Achtung, Anerkennung und Würde offenbaren gegenüber unseren Mitmenschen. Diese Liebe wird im Gesetz der Erfüllung immerfort entwickelt werden, sowohl für das personale Gegenüber wie auch für die Naturschöpfungen, für die Pflanzen und für die Erscheinungen unserer Erde. Wir nehmen lebendige Geistessubstanz und eine feurige Urbildekraft aus diesem Geist der Hingabe von unserem Gegenüber auf.

Nehmen wir ein anderes Beispiel, um das bisher Gesagte noch zu ergänzen. Vielleicht kennen manche den kleinen, bizarren Berg am Gardasee mit dem Namen Colodri (Bild Seite 198), der inmitten der Ortschaft von Arco wie eine bezaubernde Kalksäule steht. Der Colodri besteht aus drei Gipfeln, welche sehr nahe miteinander verbunden sind, obwohl sie von verschiedenen Seiten bestiegen werden. Der Fels ist ein sehr weicher, scheinbar noch sehr junger Kalk, der viele Rauhigkeiten, Verwitterungen und somit Griffe und Risse aufweist. Das Gestein ist einmal gelb, einmal rot, einmal braun und einmal grau. Auch schon von südlichem Einschlag gekennzeichnete Gewächse sind hier in dieser Region zu finden, und sie bekleiden an verschiedenen Seiten diese Felsriffe. In früheren Zeiten wurde diesem Berg sehr viel Verehrung und Ehrfurcht entgegengebracht. Das Volk ringsum, das in diesem Berg etwas Heiliges erblickte, besaß eine tiefe Religiosität. Der Colodri-Berg ist tatsächlich ein verborgener Prinz, eine sehr reine, edle, ja, heilige Gestalt inmitten der Häuser von Arco. Der Frieden des Landes, die Beschaulichkeit der Umgebung, die Natürlichkeit und Gelassenheit der Dorfbewohner und die veranlagte Religiosität geben dieser Atmosphäre einen zauberhaften Duft. Der Colodri ist ein sanfter Märchenprinz. Er trägt die Eigenschaften eines heiligen, unberührten, edlen Prinzen in sich. Diese Bergspitzen inmitten der Ortschaft von Arco stehen ebenfalls mit einer inneren organischen Urbildekraft unseres Menschseins in Verbindung.

Dieses Organ, das mit dem Colodri in Verbindung steht, mit dem heiligen Prinzen von Arco, ist kaum mit einem Namen zu benennen, denn es ist ein solch schönes inneres Organ, daß man es wahrhaftig nicht mehr als Organ bewerten mag. Es ist das Innenohr. Es ist das Hören, das Organ des Hörens, das das hohe Geheimnis der Meditation verbirgt. So ist der Colodri, der Prinz der heiligen Region, der kleine, innerste, edle Felsen, tatsächlich mit einem Meditationsgeheimnis in Verbindung. Die Menschen früher würdigten diesen Berg als etwas Besonderes und verehrten diesen Berg.

Ein anderes Beispiel, wie die erwähnten Persönlichkeitsmerkmale mit den Bergen zusammenhängen, sei einmal im Hinblick auf den höchsten Berg der Berchtesgadener Alpen interpretiert. Der Hochkönig (Bild Seite 199) thront über den Bischofshofener und Saalfeldener Tälern wie ein mächtiger und breiter Kalkklotz, der für das Besucherauge durchaus einen recht massiven, trotzigen und unbeweglichen Eindruck vermittelt. Seine Schotter- und Firnhänge, seine kalkhaltigen Flanken und seine steile und breitgezogene Südwand ruhen unbeweglich, aber gleichzeitig auch beruhigend und sanftmütig über den Wäldern. Seine Aussage deutet auf ein Organ in uns Menschen, das sehr wesentlich unsere persönlichen Eigenheiten prägt. Es ist die Leber, die in ganz besonderer, vielleicht durchaus sehr trotziger Weise eine äußerste Beharrlichkeit zum Ausdruck bringt, wenn ihr Volumen groß ist. Eine große Leber schenkt dem Menschen ein gutes Vermögen an Beharrlichkeit, die sich sowohl in ihrer unflexiblen Negativität als auch in ihrer geduldigen Positivität ausdrückt. Die Beharrlichkeit ist ein typisches Merkmal einer Persönlichkeit. Der Hochkönig mit seiner massiven, ruhigen Gestalt spricht jene stille Sprache einer längst verflossenen Mystik, die uns in den geheimsten Kammern des Bewußtseins zur leisen Erinnerung wird. Der Berg aber ist in seinem Leben erstorben und wirkt nun in seinem Merkmal wie ein Spiegel, während wir das persönliche Zeichen in einem geisterfüllten und geistbelebten Körper tragen.

In unserem Körper, in seiner physischen Uranlage, die ein sehr statischer und somit sehr wenig wandelbarer Apparat ist, liegen die Urbildekräfte, die die Persönlichkeitsmerkmale hervorbringen oder tragen und die diese in einer einzigartigen und signifikanten Äußerung durch unser Leben darstellen. Diese Urbildekräfte legen sich in der frühesten Kindheit bis hin zu dem fünften und sechsten Lebensjahr an. Wir besitzen beispielsweise eine individuelle Form und Anlage des

Herzmuskels, der, wie wir aus der Anatomie wissen, aus zwei Kammern besteht. Diese beiden Kammern sind nebeneinander gelagert und durch eine Scheidewand voneinander getrennt. Das Herz schlägt in einer beständigen rhythmischen Schlagfolge. An diesen Herzmuskel mit seinen Kammern, Klappen, Gefäßen und Knoten sind sehr viele Empfindungen und Gefühle gebunden. Wir tragen aber neben bewußten und unbewußten Gefühlen im Herzen das Merkmal einer Rhythmusempfindung, einer innersten tiefen Äußerung für Harmonie, eine Art künstlerische Substanzkraft für künstlerische Harmoniedarstellung oder zumindest Harmoniewahrnehmung. Diese hängt mit dem Verhältnis zwischen der linken und der rechten Herzkammer zusammen.

Für diesen hier angedeuteten inneren Zusammenhang der Uranlage des Leibes mit den Persönlichkeitsmerkmalen der Harmonieempfindung können wir nun ein Zeichen in der Natur suchen, das dieses ähnliche und verwandte Merkmal aufzeigt. Wir sind ein Teil der Schöpfung und stehen mit allem mineralischen, pflanzlichen, tierischen Leben und in letzter Konsequenz mit den kosmischen Hierarchien in einer zumindest geistigen Verbindung. Das Merkmal aus der Uranlage des Herzens findet sich im Mineralreich, im Gestein, und dieses läßt sich beispielsweise dort entdecken, wo eine signifikante Harmonie in der Gestaltung einer Felsenzone oder einer Gebirgskette liegt. Dies ist ganz besonders die Sella-Gruppe in den Dolomiten (Bild Seite 200), die mit ihren breitgezogenen Bänderzonen und wohlgeordneten Wandaufbauten, mit ihren hintereinander geordneten drei Türmen eine rhythmische Harmonieäußerung zum Ausdruck bringt.

Wir finden im Gebirge sicherlich viele harmonisch geordnete Ketten, Grate und Türme. Auch der ganze Körper unseres Menschseins und die gesamte Schöpfung ist nach einer wohlgeordneten rhythmischen Harmonie und Analogie aufgebaut. Das Sella-Gebirge appelliert aber ganz besonders an unsere Herzenswelt in ihrer verborgenen Wahrnehmung und Äußerung. Wir haben für die Zukunft die herrliche weite und sensitive Möglichkeit, jene schöpferischen Gedanken der Analogie im Gebirge zu entdecken und eine geistige Forschungsarbeit in ihren ersten Atemzügen zu beginnen. Mit diesen Gedanken entdecken wir eine tiefe Freude und wir entdecken die Einzigartigkeit unseres Selbst und den

Atem Gottes in der Schöpfung. In diesem Weg der Erkenntnis- und Empfindungsentwicklung liegt ein tiefer Heilsweg verborgen.

So tief sind die Geheimnisse unseres Seelenlebens, unserer innersten, unsterblichen Schöpferkraft des Urleibes mit den Bergen und ihrer feinsten und intimsten Offenbarung in Verbindung. Wir betreten die Wege, erklimmen die Pfade, berühren die Griffe, schmiegen uns an die Wände und klettern durch die Kamine, bis wir einmal den Gipfelpunkt erreichen. Jener Gipfelpunkt ist vielleicht ein Höhepunkt, und er beschreibt die Höhe des Gedankens, den wir selbst erklimmen wollen. Und der Abstieg beschreibt den wehmütigen Pfad hinunter ins Tal, oder, anders ausgedrückt, der Abstieg beschreibt ein Zurückkehren von den Himmelshöhen des Gedankens, von der lichten Freiheit einer Offenbarung hinein in die Fixierung und Festigkeit unserer Materie des Leibes, in der wir uns in Wirklichkeit gefangen und unfrei fühlen. Der Abstieg vom Berg hinunter ins Tal ist jener unliebsame Weg, gegen den wir uns eigentlich aus der Seele wehren und an den wir immerfort durch die Mächte der Versuchung gebunden sind. Beide aber gehören zusammen, der Aufstieg hinauf auf die Spitze, auf jene Himmelshöhen des Gedankens, der in sich frei und rein webt im Lichte der eigenen Beschauung, und der Abstieg wieder zurück zur Erde und hinein in die Fixierung des Leibes. Beide Wege gehören zusammen, und wir betreten am Berg geheimnisvoll diesen Pfad, der, ohne daß wir es wissen, ein immerwährender Pfad der Seele ist.

Großvenediger
Er ist der weite und einsame Herr der Tauern,
der von seiner Seele mehr die Großzügigkeit
des menschlichen Gedankenlebens widerspiegelt.

Ellmauer Halt
Links ist der Gipfel, zu dem sich der steile Kapuzenturm anlehnt und in der Mitte rechts der Leuchsturm über der Gruttenhütte.

Civetta
Die klassische Nordwestwand bricht steil ab. Sie ist eine der klassischen Dolomiten-Wände.

Totenkirchl
mit der Westwand über Hinterbärenbad.

Colodri
Das Gestein ist ein heller Kalk mit vielen Farben, der durch seinen Magnesiumgehalt sehr viel Licht abgibt.

Hochkönig

Die drei Sella-Türme
Die Dolomiten sind vielfach in einem Dreier-Rhythmus gegliedert.

Bergberichte aus der früheren und späteren Jugend

Erinnerungen aus der Jugend

(Ein Erlebnisbericht, der auf Bitte von Bergsteigerkollegen verfaßt wurde, damit er in einer Alpinzeitschrift veröffentlicht werden kann. Die Alpinzeitschriften folgten zu dieser Zeit sehr dem modernen Trend des Sportkletterns und einer mehr leistungsorientierten Erlebensdarstellung. Der Bericht wurde deshalb von den Bergmagazinen nicht zur Veröffentlichung angenommen.)

Jedesmal, wenn ich unter der Ciavaces-Südwand in der Nähe des Sella-Passes stand und einen Blick in die bezaubernden übereinanderliegenden Mauern richtete, kam immer wieder ein leises Empfinden einer vergangenen und doch immer gegenwärtigen Freude in das Bewußtsein. Diese Erinnerung betrifft vor allem die scheinbar so unwürdige und im Schatten der Sportkletterer stehende Solda-Führe. Die heute schon nahezu vergessene Route benützt nicht die schönen kompakten Platten, Risse und Verschneidungen der zentralen Wandzone, sondern eine tief eingerissene und doch völlig senkrechte, ja, sogar überhängende Schluchtwand mit vielfach tropfend-nassen, gelb-schwarzen und brüchigen Wülsten. Es ist beim Anblick der furchterregenden Wandschlucht nicht verwunderlich, wenn die jüngeren Kletterer andere Touren bevorzugen und ihr Gemüt mehr an den sonnenwarmen und gut gesicherten Platten zufriedenstellen, als sich unnötigen Abenteuern in gefährlichen, brüchigen Passagen auszuliefern. Zudem fand im oberen Teil, im Schlüsselstück der Solda-Führe, ein großer Felsausbruch statt, der eine ganze Seillänge unbegehbar machte.

Obwohl es nahezu schon zwanzig Jahre zurückliegt, als mich mein jugendlicher Eifer allein, ungesichert und ohne Mitnahme eines Seiles durch diese schwarz-gelben Wülste der Solda-Führe hindurchwies, blieb bis zum heutigen Tage eine so genaue und lebendige Erinnerung im Gedächtnis, als ob die Tour nur wenige Tage zurückläge. Welchen Grund mag es haben, daß sich Erinnerungen über so lange Zeit so real und nahe erhalten? Waren es die angsteinflößenden, wasserübertropften Überhänge, der dunkle, lichtarme Kamin, der aus Versehen neben der Originalroute begangen wurde und mich mehr in einen von Schmutz befleckten Kaminkehrer verwandelte? Waren es die Schwierigkeiten in der Schlüsselseillänge, die hohle Piazschuppe mit den rostigen

Ringhaken, oder was war die Ursache? Nein, es war nicht eine einzelne Passage, eine aufregende Wandstelle, ein besonders heikler Quergang, eine überdurchschnittliche Schwierigkeit, es war etwas mehr Ungreifbares, das sich so tief in das Gedächtnis einprägte und zu einer immer wiederkehrenden, entzückenden Erinnerung führte. Es war nicht etwas Konkretes, das man erzählen könnte, es war nicht eine kurzlebige Erinnerung an eine einstmalige erbrachte Leistung. Im Gedächtnis verblieb ein tiefer Eindruck um etwas Geheimnisvolles, und somit um etwas, von dem man heute nicht mehr spricht.

Eine Route ist in ihrem Charakter und in ihrem Wesen eine Geschichte, sie ist durch ihre Faszination, durch ihren Geist, ihre Logik, ihre Ästhetik und Dynamik ein lebendiges Kunstwerk. Eine Route im klassischen Stil ist weniger dem Berg von außen aufgezwungen, sie ist mehr herausgearbeitet, im lebendigen Zusammenspiel erkundet und in Mut und Geschicklichkeit von einem Anfang zu einem Ende geschaffen. Obwohl der Anfang am Einstieg liegt und das Ende am Gipfelpunkt, so existiert sie in einer doch unendlichen Natur als ein geschaffener und immer hinzugehöriger Teil. Eine Tour ist in ihrem unsichtbaren Wesen von dem Geist ihres Erstbegehers getragen, so wie eine Musik vom Geiste des Komponisten inspiriert ist. In den klassischen Routen leben noch die Ehrfurcht und der Respekt der Erstbegeher wie auch das Können und die Begeisterung in einer feinen Sphäre über den Felsen.

Diese feinen Eindrücke über die Wesensart und Wesensstimmung der Solda-Führe sind es, die mich immer wieder in der Erinnerung mit einem freudigen Herzenslicht an die schon lange vergangene Alleinbegehung beglücken. Nicht die Leistung im Selbstwertgefühl vermag diese inneren Seeleneindrücke zu ersetzen, denn viele, weitaus noch schwierigere Alleinbegehungen sind mir in meiner Jugendzeit geglückt. Eine Bestätigung des eigenen Wertgefühles ist von einem so sehr begrenzten Maße und sogar von einem gewissen Schmerz geprägt, da diese nur äußeren Wertgefühle von der Natur und der inneren Wesensseite der Berge das eigene Herz entfremden. Die Freude des Herzens und die sanfte Wärme der Erinnerung kommen tatsächlich von jener ureigenen Schönheit des Berges selbst und seiner Route, die in einer Einheit und Zusammengehörigkeit ein lebendiger Teil von ihm geworden ist.

Für mich sind die Berge großartige Persönlichkeiten, ein jeder nach seinem Charakter anders, von einem stillen Schöpfergeist gestaltet, edel und rein im Ausdruck der Wände und Grate, in der Einfalt gütig und gerecht. Die Berge sind immer die größeren, zu deren Antlitz das Auge mit einer größtmöglichen Ehrfurcht hinaufblickt. Der Bergsteiger kann sich eigentlich keine Stunde des Eindrucks verwehren, daß er in der Klettertour, und dies ganz besonders in einer der klassisch großen Führen, sich immer in der Abhängigkeit dieses größeren Herrn befindet. Das Alleinsein beim Klettern durch große Wände und von selten begangenen Routen stärkte mich jedesmal in der Einordnung und gab meinem Tun eine Note der Bescheidenheit. Was wäre, wenn die entscheidende Piazschuppe herausbricht, oder wenn der letzte Ausstiegsriß durch Vereisung ungangbar ist? Im Alleingang am Berg fehlt der Gesprächspartner, mit dem man seine Bedenken, Ängste, Freuden und seine Begeisterung austauschen könnte. Es bleibt nur noch der Berg in seiner so unmittelbaren Größe als der stille Gesprächspartner. Um seine Antworten zu hören, war es mir nötig, sein inneres Wesen zu erkennen und in stiller Bescheidenheit um seine Gunst zu werben. Diese Einordnung und dieses Bewußtsein der Abhängigkeit von seiner unermeßlichen Größe schenkten meinem jungen Gemüte gerade dann, wenn der Ehrgeiz und Stolz seine Stimme verkündete, eine doch achtsame und bis ins Fromme neigende Seelenstimmung.

Der Weg über eine Kletterroute auf einen Gipfel ist nicht wirklich ein Weg zu einem endgültigen, bestimmten Fixpunkt, er ist ein langsames Emporturnen im Spiel der Bewegung von der Talsohle beginnend, in eine scheinbar erdfernere, gewagte Höhe. Die einzelnen Schritte gleiten im wachsenden Rhythmus leichter und gewinnen den Charakter eines Tanzes, bei dem ständig die Schwerkraft im dynamischen Auf und Nieder überwunden wird. Gerade hier am Piz Ciavazes wurde jener so faszinierende Atem eines unendlichen Bewegungsspiels spürbar, der sich ganz in den Höhen und Weiten der Felsmauern verliert. Dieses sich Verlieren und Vergessen in den Gliedern führte mich zu einem Empfinden, das erst viele Jahre später eine konkrete Form erhielt. Vielleicht war noch ein Hauch von Leistungssuche in der Gesamtmotivation beigemischt, aber es war nicht diese Suche nach dem gesteigerten Selbstwertgefühl, es war die unentrinnbare Sehnsucht nach einer Einheit mit dem Berg. In jenem feinen Atem der hinaufgleitenden Bewegungen werden die Sinne freier und die Gedanken so gelöst und bescheiden, daß ein winziger Hauch der Unendlichkeit in das Bewußtsein einzumünden vermag. Es war nur ein winziger Hauch dieser unaussprechlich bestehenden Realität, die sich so geheimnisvoll in den fernabliegenden Höhen und scheinbar noch unberührten Felsdimensionen verströmte, aber dieser nur geringe Hauch erfüllte mich mit tiefster Dankbarkeit und Ehrfurcht. Der Anblick der hohen und größeren Dimensionen, das gewagte und gewährte Spiel der Bewegungen in schwindelnder Höhe, die vollkommene Reinheit des Berges und sein zeitloses Wesen machten mich im Selbstwertgefühl kleiner, aber dafür um so erfüllter.

Wir Menschen gehen in die Berge und steigen auf leichteren, schwierigen oder ganz extremen Wegen auf die Gipfel. Wir suchen uns immer wieder neue Ziele, größere Möglichkeiten, Steigerung im Reiz und Anspruch. Gleichzeitig ist mit dieser Suche eine unmerkliche Sehnsucht nach einer verlorenen Harmonie und Einheit mit der Natur verbunden. Wir sehen die Realität der Berge, aber wir sehen sie von außen und setzen ihnen unseren individuellen Stempel auf. Die Wirklichkeit ihres Seins und Wesens nehmen wir dennoch nicht wahr. Doch wird es wohl bei jedem Bergsteiger Augenblicke geben, in denen das äußere Wertempfinden zerbricht und sich ein stiller Eindruck von einer unendlichen Realität öffnet, die die Berge selbst durch ihre Weite und vielleicht auch durch ihre beständig mahnende Gefahr ermöglichen.

Nach der Alleinbegehung der Solda-Führe kam mir damals am Gipfel die Idee, über die benachbarte Vinatzer-Führe abzusteigen, die etwas leichter und angenehmer vom Charakter ist. Für die damalige Zeit vor zwanzig Jahren war ein solcher Abstieg ohne Seil über eine doch immer noch anspruchsvolle Kletterroute eine sehr verwegene und ungewöhnliche Idee. Es ereignete sich aber auch deshalb bei diesem Abstieg eine recht beschämende Situation, die meinem Gewissen ein tiefes Merkmal einprägte. Die Vinatzer-Route am Piz Ciavazes wurde deshalb zu einer meiner letzten Routen, die als Abstieg benützt wurde.

Die Sonne schien am damaligen Tage herbstlich und warm, und die Felsen zeigten sich im trockenen, ruhigen Schimmer des milden Lichtes. Es lag eine ausgesprochen friedvolle Stimmung über den Bergen. Das Abklettern der ersten beiden Seillängen bereitete einige Schwierigkeiten mit der Wegorientierung. Das Gelände versteckte sich förmlich unter den Überhängen. Schließlich, nach Überwindung der Schlüsselstelle, erblickte mein Auge eine heraufsteigende Seilschaft. Mit diesem überraschenden Blick überkam mich eine belastende Unruhe, die das rhythmische Bewegungsspiel mit Angst zu lähmen drohte. Was werden sich diese Bergsteiger denken, wenn da jemand ganz ohne Seil in der umgekehrten Richtung von oben nach unten an ihnen vorbeiturnt? Ist es nicht eine unausgesprochene Beleidigung für jene, die sich des Aufsteigens erfreuen, wenn da einer in seinem jugendlichen Turnerstil entgegen jeder Bergsteigerregel herabklettert?

Zu dieser Zeit gab es noch nicht den heute allseits bekannten Begriff des Sportkletterns und auch die Schwierigkeitsskala war noch nicht über den sechsten Grad hinaus erweitert. Man kletterte noch mit festen Schuhen mit Stahleinlage und führte fast immer Rucksack, Hammer, Haken und Fiffi in der Tour mit. Die Vinatzer-Führe stand im Lichte einer anspruchsvollen, ernsten Freikletterei, die niemand zu dieser Zeit auf die leichte Schulter nahm. Sie zeigt eine klassische, zwingende Linie durch ihr ausgeprägtes Riß- und Verschneidungssystem. Die Schlüsselstelle liegt in der Mitte bei einem ausladenden Überhang, der in freier Kletterei überwunden wird. Mein leichtfertig gewählter Abstieg kam mir nun sehr unangebracht vor und erschien mir als eine Verletzung der Route. Gehört nicht eine Tour in ihrer Stilform so rein erhalten wie möglich? Sollte nicht eine so schöne, herrlich erdachte und herausgearbeitete Linie, wie es die Vinatzer-Route am Piz Ciavazes ist, frei von solch eigenartigen Ideen bleiben, daß man sie einfach im umgekehrten Sinne im Abstieg benützt? Mein Gewissen signalisierte ein so deutliches Gefühl über mein verletzendes Tun, daß mich das Bedürfnis überkam, mich vor der heraufsteigenden Seilschaft zu verstecken.

Die Bergsteiger besaßen zu dieser Zeit allgemein noch ein achtsameres Empfinden für die Einzigartigkeit einer Kletterroute. Man schätzte ihren Charakter, man wußte um ihre Eigenart. Sie lebten noch mehr mit ihren Gliedern in den Seillängen, empfanden die Haken als notwendige Hilfe und auch als einen unschätzbaren Teil in der Gesamtheit der Linie. Diese Empfindungen sind heute in der gegenwärtigen Sportkletterei ganz verloren gegangen. Dies zeigen die vielen Veränderungen, die in den Routen vorgenommen werden, die ihre Wesensnatur verändern und sie nahezu zu Autobahnen des Klettersportes machen.

Neue und schwierigere Routen entstehen und kreuzen oftmals die klassisch so lebendig erdachten Linien. Die Griffe sind vom Magnesiumpulver weiß gezeichnet. Der alte Holzkeil ist durch einen in die Platte geschlagenen Bohrhaken ersetzt. Der Bergsteiger klettert heute hinauf und hinunter, oftmals seilfrei und sportlich, mit kürzesten Begehungszeiten mißt er seine akrobatischen Kräfte, indem er mehrere Routen an einem Tag erklettert. Diese vielen Fortschritte in der Entwicklung von einer Tradition zu einer sportlichen Disziplin brachten unweigerlich ganz andere Empfindungen in die Gegenwart. So wie die einzigartige Wesensnatur einer Kletterroute im Geiste der Zeit doch sehr verlorengeht, so neigt auch der einzelne dazu, sich in seiner Individualität im Strome des Leistungswettbewerbes zu verlieren.

Gerade beim Abklettern der Vinatzer-Führe, als jene Seilschaft von unten entgegenkam, drückte mich mein Gewissen, denn mir war zumute, daß jenes so schnelle Benützen der Führe als Abstiegsweg eine Entweihung ihrer Einzigartigkeit ist. Es schien mir so deutlich, daß mit einer solchen Tat die Harmonie des ganzen Berges einen Hauch des Schmerzes erhält. Ein Aufstieg ist erdacht als ein Aufstieg und er besitzt darin seine Einzigartigkeit. Der Abstieg gehört aber an jene Seite des Berges, die leicht und begehbar sich von der Natur her anbietet. So verlangte die Vinatzer-Führe nun auch ein beständiges Herumsuchen nach dem richtigen Kamin oder einem begehbaren Riß. Von oben her sieht die ganze Linie anders aus, sie versteckt sich förmlich vor den Augen ihres unerwünschten Eindringlings, während sie sich im Gegensatz für die von unten kommenden Kletterer ohne jede Schwierigkeit anbietet.

Die Kletterer, die die Wand heraufkamen, waren überaus freundliche Italiener, die aber kein Deutsch sprachen. Meine Italienisch-Kenntnisse reichten nicht aus, um überhaupt mehr zu sagen als »Ciao«. Sichtlich aber bewunderten sie im Erstaunen die ungewöhnliche Begehung von oben herab. Mir aber war ganz und gar nicht nach Bewunderung zumute. Mein Gewissen ließ mich ängstlich, fast wie einen Dieb, an ihnen vorbeischleichen.

Diese Gedanken aus einigen Erinnerungen der Jugend waren schon damals für andere schwierig zu verstehen, und sie sind heute ebenfalls sehr schwer nachvollziehbar. Wir Menschen aber brauchen wieder eine innigliche, ästhetische und achtsame Verbindung zu der Natur und zu den Bergen. Nichts benötigen wir mehr als ein tieferes Erleben und Mitfühlen mit den Geheimnissen der Schöpfung, mit ihren Schönheiten und Faszinationen. In diesen tieferen Empfindungen liegen bleibende Werte und freudige, erbauende Gedanken. Wir benötigen ebenfalls wieder einen tieferen Sinn für das einzigartige Wesen eines Weges oder einer Route. Denn dies haben vor allem die Kletterer unter dem Druck des Leistungsehrgeizes verloren. Der Weg des Bergsteigers führt mit diesen Bemühungen in die tiefe Einheits- und Harmoniewelt der Berge. Der Weg führt auch zu einer inneren Klarheit und persönlichen Freiheit, zu einer Sicherheit im eigenen Beurteilen. Der leidenschaftliche Drang nach dem Gipfel der Leistung verliert darin seinen unbenannten Schmerz, und die Freude, die mit dem in die Einheit führenden Erleben verbunden ist, ist größer als der größte Erfolg.

Erinnerung an eine winterliche Klettertour

(Ein Erlebnisbericht über eine Alleinbegehung der Otto-Eisenstecken-Route im linken Wandteil der Rotwand)

Ein Freund, der unter der beständigen Entfremdung des Klettersportes litt und langjährige Erfahrungen als Alpinkletterer mitbrachte, sagte einmal: »In den leichteren Touren begegnet man den angenehmsten Menschen.« Diese Beobachtung konnten wohl so manche Naturliebhaber und Felsenfreunde machen. Das extreme Bergsteigen, hoch hinaus über die einfachen Wege, gehalten in der Tollkühnheit einer vertikalen Linie und dem Abenteuer der Lüfte ausgesetzt, führt das Gemüt allzuleicht in hochmütige Ebenen und stolze Überheblichkeit. Wer es gewohnt ist, sich von der Masse der Wanderer abzusondern und auf gewagten Höhen über ihren Köpfen zu turnen, kann wohl kaum an jener Versuchung vorbeigehen, daß er sich mit seiner höher zugeordneten Lage auch als ein besserer Kerl empfindet. Wie ein Höhenrausch packt heimlich so manchen Bergkletterer ein eiferndes und stolzes Überlegenheitsgefühl. Die Wanderer, die auf ganz gewöhnlichen Wegen marschieren und sich dort sogar noch in Ungeübtheit manchmal mit allen Vieren festhalten müssen, bewundern vom Wegrand aus den Höhenkletterer, und dieser mag im Rausche der Höhenekstase vielleicht diese Bewunderung insgeheim für sich genießen. Das vogelabgehobene Gefühl eines Hochmutes dürfte für den Kletterer wohl eines der bekanntesten sein, die ihm ganz besonders nach der überstandenen Bergtour in den Kopf schießt.

Einige Erinnerungen gleiten mir heute aus der sicheren Lehnstuhl-Perspektive zu einer neunzehn Jahre zurückliegenden, gewagten Klettertour. Das Klettern, vor allem im Alleingang ohne Mitnahme eines Seiles und vollkommen abseits von allen Menschenmassen und zivilisierten Stationen, führte mich damals, in der Jugendzeit, zu einer tiefen Auseinandersetzung, Gedankenentwicklung und einem Empfindungserleben, die wohl mehr in der Art einem kindlichen intuitiven Reinsein entsprachen. Gleichzeitig führte mich der einsame Weg auch zu Eindrücken und Wertschätzungen von all dem, was Kameradschaft, Einordnung in einer Gemeinschaft und innere Achtsamkeit im Umgange mit den Mitmenschen bedeuten. Der Alleingang am steilen Fels war deshalb mehr ein Weg hinein in eine innere Einordnung der Seele, damit die alltäglichen Verhältnisse mit ihren oftmals wettkampfmäßigen Anforderungen wieder mehr bescheiden, distanzierter und somit als ein relativer Teil erlebt werden konnten. Es war das Leben, das in direktem Sinne naherückte, wenn der Weg verlassen wurde und die steile Wand mit ihren oftmals so unberechenbaren Anforderungen wartete. Das Klettern in einsamen Wänden, verlassen von aller Zivilisation, unbeobachtet von Zuschauern und manchmal sogar noch abgeschieden durch Nebelschleier, führte meine Sinne in die Nähe der Materie und in ein achtsames Fühlen dem Berge gegenüber.

Wenn eine Erinnerung wie diese nach neunzehn Jahren wieder in das Gedächtnis hereinrückt, so verbleibt mehr das Wesentliche, während alles Unwesentliche und Relative im Dunkeln des Unbewußten verschwindet. Es war im Winter in der Rotwand (Bild Seite 237), jener klassischen Dolomitenwand am Karerpaß, die an diesem Tage kaum durch den Nebel ihr gelbrotes Gesicht durchscheinen ließ. An den Hängen standen die Lifte in Betrieb und es herrschte infolge der Saison reger Andrang. Die Freunde blieben auf der Piste, während mich die Faszination des oben gewußten Felsenmeeres nicht mehr losließ. Glücklicherweise fanden sich im Auto meine ganz neu erstandenen Kletterstiefel, die »Superfriction«, die zu dieser Zeit die besten Kletterschuhe waren. Solche Kletterschuhe waren für uns in den jungen Jahren eine große Errungenschaft. Seile, Karabiner, Schlingen und anderweitiges Klettermaterial hatten wir zu Hause gelassen, da es in der Winterzeit nicht zu erwarten gewesen wäre, daß Kletterrouten begehbar sein würden. Der Aufstiegsweg begann hinweg von der Piste, hinüber über steile, halb gefrorene Hänge, hinein in die Nebelmasse bis hinauf zum Fuße der gewaltigen Mauer der Rotwand. Die Route von Otto Eisenstecken im linken Wandteil war das Ziel.

Da mir keine Ausrüstung zur Verfügung stand, entnahm ich eine vier Millimeter dicke Reepschnurschlinge aus dem Rucksack-Verschluß, die mir in der Tour zum Einfädeln für Haken dienen sollte. Es war sehr kalt, windig und abweisend. Wohl verstärkte das Gesicht der Wand mit den hellgelben und oftmals etwas brüchigen, sulfurischen Felsen den nicht leicht zu ertragenden Eindruck der ohnehin schon zitternden Atmosphäre. Die Risse aber gingen erstaunlich gut zu klettern, und oben am

Überhang, etwa dort, wo sich die Wandmitte zu einer Steilrampe, die gipfelwärts zieht, öffnet, steckten genügend Haken, die von mir einmal mit dem Finger und einmal mit der Reepschnur abwechselnd belastet wurden. Die Gefühle, die heute nach neunzehn Jahren verblieben sind, sind weniger an die Einzelheiten der Route angelegt, sondern viel mehr an ihre Gesamtheit und ihren besonderen Charakter. Einerseits war der Charakter der Kletterei elegant, aber andererseits war er wagnisreich, und es brachte die Geschlossenheit der Linie ein gewisses Gefühl des Gefangenseins hervor, das sich zu einem Gefühl des Ausgeliefertseins innerhalb der Tour steigerte. Ab einer gewissen Höhe, und das war ganz besonders nach Überkletterung des mittleren Überhangs der Fall, führte kaum mehr der Gedanke an den Abstieg zurück, während aber auch der Gedanke an den Aufstieg noch im Ungewissen ruhte. Ein undurchsichtiger Nebel lag unter mir und eine dicke, fast klaffend dunkle Schleierschicht über meinem Haupte. Die Rampe mit einem gut faustbreiten Riß war vielfach mit dicken Eissanduhren versehen.

Bei der Erinnerung an diesen Alleingang zu meiner Jugendzeit wird mir heute durchaus schon etwas bange zumute, denn es war eine gewisse, mehr vitale Intuition, die mich Schritt für Schritt immer weiter und tiefer in die abgeschlossene Natur des Berges hineinführte. Hier oben war niemand um diese Jahreszeit unterwegs. Der gesamte Rosengarten schien einsam vom Nebelschleier abgeschirmt. Meine Finger klebten am Eisen der Haken, selbst der Fels schien wie klebrig zu sein vor Kälte. Scheinbar ließ mich aber diese Kälte recht gut gewähren, denn sie beeinträchtigte nicht die Kletterei. Immer weiter ging der Weg, höher hinauf über die Steilrampe, über Platten und leichte Überhänge, bis sich schließlich nach einer letzten Passage die Wand neigte und zunehmend Schnee zum Vorschein kam. Die letzten Meter bis hinauf zum Klettersteig, der zum Gipfel führte, ließen sich gut im Rhythmus der Bewegung bewältigen.

In einer gewissen Weise war es damals, in der Jugendzeit, für mich schon eine gewisse Ahnung von der bestehenden höheren Führung, die bei derartigen wagnisreichen Klettertouren besteht. Von einem logischen Standpunkt der Überlegung ausgehend, einer Reserve in der Sicherheit und einer bestmöglichen Abstimmung des Trainingszustandes, konnte bei diesen Alleingängen niemals die Rede sein. Wie sollte ein

Alleingänger zurückkommen, wenn der obere Wandteil durch die Verhältnisse von Eis und Schnee ungangbar ist? Ohne Seil bleiben wenige Möglichkeiten der Flucht. Genau genommen wäre nur die einzige Möglichkeit eines Zurückkletterns gegeben, eine Möglichkeit des Hinunterkletterns über die schon längst bewältigten Überhänge im unsicheren Hineintasten mit den Fußspitzen an die kalten Tritte.

Die Intuition damals in der Jugend war ein Gefühl des Geführtseins oder, besser gesagt, des Wirkens von höheren, geistigen Mächten, die über dem Leben schützend und weise walten. Wohl mögen sich diese Ahnungen am stärksten in den Rhythmen der Bewegungen kundgetan haben, die sich im Spiel des Auf und Nieders zu einem immer tiefer werdenden Einsempfinden mit der Materie des Steines entwickelten. Aber es war mehr ein unbewußtes, intuitives Wahrnehmen dieser Region, die aber doch aus dem Unterschwelligen heraus eine Sicherheit und eine rechte Handlungsfreiheit aufkommen ließ. Wir haben tatsächlich das Leben nicht selbst in der Hand, gleich, ob wir etwas wagnisreicher unsere Wege am Berg gestalten oder ob wir sie ganz innerhalb der engen Sicherheitsvorkehrungen und Reserven halten. Der Tod kann freilich in einer alpinen Wand leichter hereinbrechen als auf einem Wanderweg oder auf einer gut abgesicherten Route, die mit Seil zu bewältigen ist. Aber wie ist das Leben in der Wirklichkeit? Das Leben ist genau genommen ein Alleingang über verschiedenste Überhänge, Hindernisse und über oftmals so schwer einschätzbare Risiken. Es ist das Dasein ein Grenzertasten von einem Punkt zum nächsten, von einer Welt in eine andere, von der Gegenwart in die unsichere Zukunft, von einem Abhängigsein in einen neuen Schritt der Unabhängigkeit. Und was bleibt auf diesem Pfad zum Festhalten? Das Klettern im Alleingang in einsamen Wänden erfüllte damals das mehr unbewußte, elementare Grenzüberschreiten von einem Punkt zum nächsten, das meinen Charakter zu einem größeren Umfassungsvermögen und einer weiteren Glaubensperspektive vorbereitete.

Das seilfreie Klettern in einsamen und vielleicht sogar noch winterlichen Felsenmeeren ist sicherlich nicht eine Botschaft, die heute mit gutem Gewissen an eine Jugend gerichtet werden kann. Warum leiden aber die meisten Menschen heute unter der schrecklichen Krankheit des Hochmutes, der kleinlichen Besserwisserei und der so abhängig machenden, narzißtischen Eigenliebe? Die Antwort mag von pädagogisch-psychologischer Seite hier sehr vielschichtig sein. Eine dieser Antworten kann hier am Beispiel direkt gegeben werden: In der Jugendzeit, in jenen wertvollen Jahren, in denen eine expansive Willenskraft nach neuen Möglichkeiten und nach einer ersten Erfüllung innerhalb der Taten drängt, beengen die vielen Ängste und die daraus resultierenden Vorsichtsmaßnahmen das Gemüt des einzelnen. Nur wenige Jugendliche erfahren heute eine wirkliche Beziehung von ihrem Individuum zur Materie und von dieser ausgehend wieder eine aufrichtige Beziehung in Form von Kameradschaft und Verantwortung gegenüber den Mitmenschen. Der jungen Generation wird die Kletterausrüstung geschenkt, sie müssen sich das erste Seil nicht mehr ersparen, ihnen wird der Weg durch die Wand mit den Bohrhaken vorbereitet und der Fels wird vorpoliert, damit sie den Stein nicht mehr wirklich erleben und kennenlernen müssen. Die wenigsten Jugendlichen lernen sich infolge dieser mangelhaften Erfahrungswerte mit der Materie in diesem Lebensabschnitt selbst kennen und auch selbst verantworten. Sie erahnen das inwendige Leben in der eigenen, verborgenen Wirklichkeit wie auch die gegebene weisheitsvolle Freude in der Schöpfung nicht mehr wirklich. Das Grenzüberschreiten in eine weite, freudige Welt bleibt fast gänzlich verschlossen. So lernen die jungen Menschen nicht mehr die lichtvolle Wahrheit kennen, daß höhere Kräfte das Leben von innen heraus oder vom Geiste ausgehend führen. Der überflutende Stolz der heutigen Zeit ist nicht ein Ergebnis eines aufrichtigen, weisen Überschreitens des Individuums über die eigenen körperlichen Grenzen hinweg und eines In-Beziehung-Tretens zur Materie und ihrer weisheitsvollen Logik, die innerhalb der Weltenschöpfung wie eine Musik spielt, sondern er ist mehr ein Ergebnis einer Beziehungslosigkeit und einer schon früh in der gesamten Entwicklung begonnenen Entfremdung mit einseitiger Leistungsfixierung an den sterblichen und kurzfristig errungenen Erfolg. Der Weg zum Berg sollte aber doch in diesem Sinne mehr ein einsamer Weg bleiben.

Das rettende Holzstück

(Ein Erlebnisbericht aus den frühesten Aufzeichnungen von 1981)

Vier Tage haben die Italiener Armando Aste und Toni Groß für ihre Erstbegehung durch die Vorgipfel-Südwand des Piz Serauta gebraucht. Sie nannten die Führe »Ezio Polo« (Bild Seite 238) und gaben die Schwierigkeiten mit der vielsagenden Gesamtbewertung sechs plus an. Zehn Jahre später rangen bekannte italienische Kletterer drei Tage lang um die zweite Begehung der sechshundert Meter hohen Wandflucht. Weitere Wiederholungen sind bisher noch nicht bekannt geworden.

In Langes Kletterführer finde ich keine genauen Angaben über die Führe, nur die etwas ungenaue, schemenhafte Beschreibung über den Verlauf der Route. Mit welchen technischen Mitteln und Tricks die Erst- und Zweitbegeher gearbeitet haben, ist mir nicht bekannt. Die Informationen des Führers beinhalten nicht einmal, ob es sich vorwiegend um freie oder um technische Kletterei handelt. Ein Freund, der italienisch spricht, erzählt mir, daß er etwas von einem überhängenden Schulterriß gehört habe, der eine der Schlüsselstellen darstelle. In dem kompakten, kleinsplittrigen Felsen soll man keine Haken schlagen können und ohne Sicherung über den überhängenden Riß klettern müssen. Das in den extremen Kreisen allzubekannte Gerücht fällt mir plötzlich wieder ein, daß Armando Aste einen Besenstiel zersägt haben soll und dann die aufs Maß geschnittenen Holzstücke quer in den Riß gekeilt habe, um sich daran hochzuarbeiten. Ich kenne bereits mehrere Routen von Armando Aste und weiß, daß er von seinem verwendeten Material nie etwas in der Wand läßt. Seine Routen sind oft so sauber wie am Tage der Erstbegehung. Trotzdem glaube ich, daß ich die Route im Alleingang und an einem Tag klettern kann. Meine lange Erfahrung als Alleingänger gibt mir das nötige Selbstvertrauen, so daß ich die Ausrüstung auf ein Minimum zusammenstelle: vier Haken, Hammer, einige Schlingen und Karabiner. Auf Seil und Klettergurt verzichte ich, da ich glaube, nicht sichern zu müssen.

Es ist die Linie, die mich anzieht: eine unbeschreiblich, natürlich vorgegebene Linie in dieser eindrucksvollen senkrechten Wand. Zweimal habe ich schon am Einstieg gestanden, einmal bin ich sogar bis zum Beginn der dritten Seillänge geklettert. Jetzt, ein Jahr später, bin ich wieder hier und es ist schon später Vormittag. Bedachtsam beginne ich neben den riesigen Melaphierstreifen hochzuklettern, die die gelbbraunen Felsen der unteren Wandzone durchziehen. Die Einstiegsseillängen sind bereits sehr schwierig, da sich die Wand von Anfang an steil aufbäumt. Doch ich fühle mich sicher. Ohne Angst, auf meine Kraft vertrauend, begebe ich mich an die großen Schwierigkeiten, von denen ich noch immer eine recht ungenaue Vorstellung habe.

In der dritten Seillänge beginnt ein feiner, überhängender Piazriß. Ausgeschlagene Hakenlöcher lassen vermuten, daß hier einmal technisch geklettert wurde. Ohne Mühe gelingt es mir, diese Seillänge zu klettern und ich bin erstaunt, wie schnell ich an Höhe gewinne. Mit jedem Meter, den ich höherturne, verlieren sich auch die letzten Bedenken und Zweifel. Obwohl noch sechshundert Meter Kletterei warten, obwohl das Schlüsselstück der Wand noch vor mir liegt, denke ich nicht im geringsten daran, daß diese Wand mich in ihrer Größe gefangennehmen könnte.

Es ist auch eigenartig still, nur ab und zu höre ich leises Glockengeläute, das von den Almweiden heraufdringt und sich in der Wand verliert. Einmal trete ich von einem schottrigen Standplatz Steine los, die in die Tiefe surren und erst ganz unten in der Nähe des Einstieges aufschlagen. Jetzt erst werde ich mir der Größe dieser Wand bewußt, dieser Dimensionen, die mich umgeben; riesige Felsregionen über mir und unter mir. Trotzdem habe ich keinerlei Bedenken. Die Wand ist überhängend und wenn ich emporblicke, läuft alles wie ein eindrucksvoller Filmstreifen ab. Bald habe ich eine Höhe erreicht, von der Anfang und Ende der Wand in der ausgedehnten Weite verschwimmen; eine Höhe, in der sowohl Aufstieg als auch Rückzug unmöglich erscheinen.

Bevor ich in die Verschneidung am Beginn der Wandmitte einsteige, ordne ich meine Schlingen und Karabiner. Die vier Haken hänge ich paarweise an zwei Karabiner, von denen ich den einen zu meiner linken, den anderen zu meiner rechten Seite befestige. Mit dem Gedanken, meine Ausrüstung möglichst schnell zur Hand zu haben, steige ich in das Schlüsselstück der Wand ein, das sich jetzt als unüberwindbares, überhängendes Felsengewirr auftürmt.

Im Inneren der Verschneidung klebt Moos, welches so trocken ist, daß es bei Berührung zu Staub zerfällt. Meist klettere ich außerhalb der Verschneidung über geneigte Platten. Hier stecken auch vereinzelt Haken, die die Erstbegeher zurückgelassen haben; altes, rostiges Eisen, das keinen vertrauenswürdigen Eindruck macht.

Plötzlich bäumen sich die Platten senkrecht und überhängend auf, es drängt mich zurück in den Winkel der Verschneidung. Jetzt erst sehe ich den überhängenden Schulterriß, der aus dem Grunde der Verschneidung emporstrebt und die einzige Möglichkeit bildet, das bevorstehende steile Wandstück zu überwinden. Nach oben hin, sich konisch verengend, schließt er sich zu einem schmalen Einriß, der mit einem ausladenden Überhang das obere Ende des Rißsystems begrenzt. Ich atme hastig und unregelmäßig, während ich mich in Klemmhaltung höherarbeite. Der Felsen ist an der Oberfläche splittrig und mit einer feinen Staubschicht bedeckt. Ich zwänge mich aus Angst, stürzen zu können, so tief wie möglich in den Riß hinein. Nirgends sind Griffe, die ein Vorankommen erleichtern würden. Die Schuhsohlen, die ich immer wieder auf Reibung setze, gleiten am staubigen Felsen ab.

Plötzlich überrennt mich ein entsetzlicher Gedanke. Die durchdringende Angst, etwas verloren zu haben, erfüllt meinen Körper mit einer seltsamen Kraft und läßt mich meine Bewegungen schneller und hastiger ausführen. Auf einer schmalen Leiste oberhalb des Überhanges kann ich mich endlich wieder aufrichten und ausruhen. Unmittelbar greife ich zur Seite, wo ich die Karabiner mit den Haken befestigt habe. Einer der beiden fehlt! Eine Vision, die doch Wirklichkeit ist. Er muß sich von selbst geöffnet haben und ist, ohne daß ich es bemerkt habe, in die Tiefe gestürzt.

In dieser Situation mitten in der senkrechten Wand durchfährt mich die Angst des Ausgeliefertseins. Ich bin allein in einer riesigen Marmolata-Tour. Getrieben von einem schrecklichen Gefühl klettere ich sofort weiter. Nur noch zwei Haken bleiben mir für den gesamten Aufstieg durch die obere Wandhälfte. Zunehmend wird die Kletterei nun schwieriger. An einen Rückzug ist nicht mehr zu denken. Unter einem Dachüberhang quere ich nach links in eine luftige Plattenwand hinaus und erreiche dort einen schmalen Piazriß. In der Hoffnung, alles frei erklettern zu können, taste ich mich Meter für Meter in den überhängenden Felsen empor.

Auf einem kleinen Absatz finde ich erstmals wieder eine Standmöglichkeit. Ich setze mich im Schneidersitz auf die tischbreite, ebene Fläche und lausche gedankenlos in die Leere des Raumes. Den Einstieg, der vierhundert Meter unter mir liegt, kann ich nur noch erahnen, so weit weg ist er, und so überhängend ist die Wand. Ein noch nie gekanntes Gefühl wühlt sich in mir auf, ein Gefühl, das wie eine schwere Last auf mich drückt. Ich bin allein, allein in dieser riesigen Wandflucht. Zu sehr habe ich mich auf mein Glück verlassen; ohne Bedenken, ohne die Route vorher zu studieren, war ich eingestiegen. Jetzt quälte mich Angst, das schreckliche Erlebnis, in der riesigen Wand keinen Ausweg mehr zu finden.

Auf dem Absatz liegt ein Stück Holz. Fast hätte ich es in den tiefen Abgrund geworfen, aber eine unbewußte Eingebung ließ mich dieses seltsame Stück näher betrachten. Vielleicht der Griff eines Schraubenziehers, denke ich mir, während ich es nehme und in die Hosentasche stecke. Daß dieses Holzstück der Schlüssel zum Gipfel sein wird, ahne ich nicht.

Unruhig, von einem Gefühl der Aufregung getrieben, klettere ich weiter, quere in der Folge von grauen Platten und abschüssigen Bändern nach links unter eine steile, kompakte Wand. Riesige Pfeiler, die mit elementarer Wucht über mir aufstreben, vermitteln zu der Angst noch ein tiefes Gefühl der Hilflosigkeit. Es sind überall Platten, senkrecht übereinander geschichtete Platten, die im Widerschein des Lichtes völlig unbegehbar aussehen. Langsam steige ich auf winzigen Leisten und mit Hilfe von fingerkuppenbreiten Löchern höher, drehe mich, als es senkrecht wird, seitwärts zur Wand, um das Gleichgewicht halten zu können. Es erscheint mir, als wäre hier noch niemand geklettert. Der Fels ist glatt und geschlossen, nirgends sind Spuren von ausgeschlagenen Hakenlöchern erkennbar. Aber mir bleibt keine Wahl. Nur der Weg nach oben ist möglich, ein Weg der immer luftiger und schwieriger wird.

Als der Fels überhängend wird, beginnt ein fingerbreiter Riß. Abwechselnd schlage ich die beiden Haken ein. Mit aller Energie hämmernd und zugleich konzentriert auf dieses feinfühlige Spiel, auf das vorsichtige Belasten der Haken, arbeite ich mich langsam in den überhängenden Felsen aufwärts. Am oberen Ende des Risses lasse ich einen der Haken zurück und klettere frei über kompakte Wandstufen und graue Überhänge weiter. Auch den letzten Haken schlage ich nun und lasse ihn im Felsen stecken. Ohne Material bin ich jetzt gezwungen, den weiteren Aufstieg völlig frei zu erklettern.

Nach einem Rechtsquergang erreiche ich eine Nische, über der die Wandstruktur wieder gegliederter ist. Aber noch ist kein Ende abzusehen. Risse, Überhänge, Verschneidungen, eine endlose Folge von neuen Felsaufschwüngen. Das Gestein wird zunehmend brüchiger und deutet damit auf Gipfelnähe hin. Aber eine zwanzig Meter hohe Wandstufe versperrt den Weiterweg. An der schwächsten Stelle der senkrechten Felsen tröpfelt Schmelzwasser, vermutlich von dem darüberliegenden Schnee. Zwei parallele Risse bieten mir gute Haltepunkte, verlieren sich aber dort, wo die Felsen wasserüberronnen sind und mit einer feinen Schmierschicht bedeckt sind.

Ich sehe bereits über die senkrechte Wandstufe hinweg zu den flacheren Gipfelfelsen hinüber. Aber ich finde jetzt keine Griffe in der nassen Platte und merke plötzlich, daß meine Schuhsohlen langsam von den schmierigen Tritten abgleiten.

Hastig, mit hangelnden Bewegungen, klettere ich wieder auf den darunterliegenden Standplatz zurück und setze mich erst einmal. Es gibt keine andere Möglichkeit als den Weg über diese nasse Platte. Mit einem Haken wäre es kein Problem, nur mit einem einzigen Haken. Wieder versuche ich es und scheitere an der gleiche Stelle. Nur ein Haken! Wie lächerlich. Mir ist, als würde die Wand grinsen. Fünfhundert Meter äußerst schwierige Kletterei liegen unter mir und jetzt habe ich bereits die Hand am Siegestor, zu dem mir der Eintritt verwehrt bleibt.

Nicht sofort werde ich mir dieser dramatischen Situation bewußt, dieser eigentlich harmlosen und doch so ernsten Situation. Da sind die Gipfelfelsen und nur eine glatte Platte versperrt den Weg. Nichts drängt mich zur Eile, keine hereinbrechende Dunkelheit, kein schlechtes Wetter, und doch kann ich nicht auf Hilfe hoffen. Ich bin in einer selten aufgesuchten Marmolata-Route und überlege fieberhaft, wie ich der Laune des Schicksals entfliehen kann.

Langsam verstreichen die Minuten. Oder sind es Stunden? Diese Unruhe quält mich, diese Hilflosigkeit. Es ist alles gespenstisch ruhig um mich herum, die Felsen, der Schotter, drüben der Hauptgipfel der Serauta-Gruppe, der sich als majestätischer Turm erhebt, und über mir dieses leise Rieseln der Wassertropfen, das mich zunehmend mit einer inneren Spannung erfüllt. Ich habe jetzt keine Angst, doch das Wissen, am Ende meiner Möglichkeiten zu sein, ausweglos auf einen Wink des Schicksals warten zu müssen, beginnt mich zu zermürben.

Plötzlich erinnere ich mich an das Holzstück, das ich noch immer in meiner Tasche habe. Es ist ein einfaches Stück Holz, eigentlich wertlos, mit braunem Lack überstrichen, der langsam abbröckelt. Ich klettere wieder zur nassen Platte hinauf, nehme es aus der Hosentasche und schlage es mit einigen dumpfen Schlägen in einen seichten Einriß. Zwischen Holz und Fels verklemme ich eine Schlinge, so daß ich eine Fortbewegungshilfe, ähnlich der eines Holzkeiles, erhalte. Mit Hilfe dieser Schlinge kann ich ohne Schwierigkeit über die nasse Platte klettern und erreiche sogleich ein breites Band, auf dem Schnee liegt.

Als ich die Gipfelfelsen emporsteige, verspüre ich plötzlich die Müdigkeit in den Waden, werde unkonzentriert und denke bereits an den Abstieg. Ich habe wieder vergessen, wo ich soeben noch war. Am Gipfel lege ich mich mit dem Kopf an einen Steinbrocken und schlafe ein.

Ein lauter Knall, der von den Sprengarbeiten der Marmolata-Seilbahn herüberkommt, läßt mich aufschrecken. Es ist kein Traum gewesen. Irgendwann am Nachmittag, nach einer langen Gipfelrast, beginne ich mit dem Abstieg.

Die Erfahrung der Ausweglosigkeit am Berg

(Dieser Erlebnisbericht stammt aus dem Jahre 1993 und beschreibt eine spannende, für einen Alleingänger außergewöhnliche Situation am Berg)

Nun waren für mich neue, interessante Klettertouren mit klassischem Charakter von mittlerer und höherer Schwierigkeit in unseren heimischen Bergen des Wilden Kaisers, der Berchtesgadener Alpen, des Karwendels und Rofans tatsächlich rar geworden. Nach den vergangenen einundzwanzig Jahren aktiven Kletterns waren mir fast alle der namhaften Wege des Hias Rebitsch oder Toni Kurz und Anderl Hinterstoißer bekannt. Die Sportklettereien der letzten fünfzehn Jahre mit ihrer Faszination für überdimensionale Schwierigkeiten interessierten mich ganz und gar nicht, so blieb die Suche weiter auf den schon einsam gewordenen Wegen durch bekanntere und unbekanntere Gebirgszüge. Eine dieser wenig populären, ja, noch gar nicht entdeckten Wände der Alpen ist die Antelao-Südwand in den Dolomiten. Sie zog meine Aufmerksamkeit ganz zufällig während einer Autofahrt von Cortina nach Forno di Zoldo an. Der Höhe nach gleicht die Wand der Marmolata-Südwand, ihrem optischen, mächtigen Eindruck nach, mit ihren Pfeilern und Rissen, erinnert sie mehr an eine bislang noch unberührte Felsburg. Die Wand ist teils geschlossen und plattig, dann in anderen Teilen wild zerklüftet und von Schluchten zerrissen. Ja, hier sollte das nächste Ziel sein, fernab von allen üblichen Wegen, die die Kletterer der Gegenwart einschlagen.

Welches Abenteuer mit diesem Berg in den südöstlichen Dolomiten auf mich wartete, wußte mein so unbedachtes und eigentlich doch noch recht jugendliches Gemüt nicht. Aber immerhin sagte sich mein Verstand bei der Betrachtung der im Morgennebel auftauchenden Wand, daß es doch besser wäre, einen Rucksack mit warmem Pullover, etwas Proviant und sogar den Felshammer mit einigen Haken auf die bevorstehende lange Tour mitzunehmen. Allein unterwegs benötigt man ja nicht viel Ausrüstung, und durch die Schnelligkeit des seilfreien Kletterns ohne lange Standpausen braucht man keine Regenkleidung und keine Biwakausrüstung.

Die Wolken aber zogen schon am Morgen sehr dicht und bedrohlich herein. Leise fielen schon während des Aufstieges zum Wandfuß die ersten Regentropfen durch den Föhrenwald. Die Wand thronte noch frei, uneingehüllt und erhaben über den begrünten Waldhängen und letzten Schotterfeldern.

Die Route mußte ohne Beschreibung und Wissen über die Schwierigkeit nach der optischen Betrachtung festgelegt werden. Von den verschiedenen Möglichkeiten, die sich zur Auswahl anboten, kam eine vielversprechend und ohne Zweifel in Frage. Der untere Wandteil war eher einfach, vorwiegend im dritten Schwierigkeitsbereich, das Mittelstück der Wand zeigte aber auf einer Höhe von dreihundert Metern eine sehr anspruchsvolle und noch nicht ganz klar zu erkennende Durchstiegsmöglichkeit. Nach diesem Schlüsselstück neigt sich die Wand wieder zurück, doch war nicht ganz vom Wandfuß aus einzusehen, ob dieses obere Gipfelstück nun schwierig werden könnte oder nicht. Jedenfalls war mein Gemüt voller Zuversicht und auch Freude, denn die Sonne schien bald wieder. Am Bivacco Brunetti, das am Wandfuß liegt und aus einigen nebeneinandergelegten Steinen besteht, kamen die Turnschuhe in den Rucksack und die Kletterei begann über die schrofigen ersten Aufschwünge bis hinauf zum Mittelstück der Wand. Einige herrliche längere Kletterstellen, die sich auf natürlichem, logischem Wege ergaben, erfreuten mich, so daß nach etwa vierhundert Metern leichtem Gelände der Wunsch stärker aufkam, auch etwas anspruchsvoller zu klettern. Nun kam aber schon die Steigerung, die sich noch in ein völlig auswegloses Abenteuer hineinmanövrieren sollte.

Das Bergsteigen und Klettern in völliger Abgeschiedenheit, allein und ohne viel Materialaufwand ist für mich eine ganz tiefe reale Hingabe an die größere und mächtigere Welt der Berge, die wie eine Ganzheit und vollkommene Einheit vor meinem Herzen aufflammt. Wie klein ist dieses Individuum mit seinem Verstand und seinen Gefühlen, und wie abhängig ist dieser Körper von den Gewalten und Einflüssen der Natur. Während die Bewegungen im Spiel des Auf und Nieders an den Rissen und Platten höhergleiten, kann man nur die Bescheidenheit bewahren, sich nicht im Übereifer oder in Anmaßung auflehnen, sondern nur hoffen, daß sich nicht der Berg in seiner erhabenen thronenden Gestalt gegen den Eindringling auflehnt, der um den Gipfelsieg ringt. Daß es mich immer wieder in die abgeschiedenen großen Wände der Alpen zieht, ist ein inneres Bedürfnis meiner Seele nach Einheit und Zufriedenheit, denn hier oben auf der Bergeshöhe war das Erlebnis ein sehr reines, lichtes und klares. Der Trubel in den bekannten Touren führte mich immer wieder in die Versuchung, eine Persönlichkeit werden zu wollen, die groß in der Welt ist, die eine Identität erringt in den starken Werten unserer gegenwärtigen Zeit. Die Begegnung in der stillen Welt der Berge, fernab von den Schauplätzen der Selbstdarstellung und Eigenliebe, ließ mein Gemüt immer wieder auf ein bescheidenes Niveau von Einordnung und Weisung schrumpfen. Das Alleingehen durch die steilen Wände zeigt für mich ein tiefes Sinnbild für die gesamte Ordnung, die allgemein das individuelle Leben in bezug zum größeren, umfassenden, schöpferischen Ganzen einnimmt. Die Berge sind das Weite, das Größere, Mächtigere, und der Mensch, der sie besteigt, ist in ihrem Banne und in ihrer Abhängigkeit.

Nach dem ersten Drittel der Wand begannen die Schwierigkeiten mit einer Rißverschneidung. Hier zeigten sich die ersten menschlichen Begehungsspuren in Form von alten Holzkeilen. Beim Klettern begann der Rucksack mit dem inliegenden Seil, der Brotzeit und der warmen Kleidung sehr hinderlich zu werden. Die Lösung war nicht so schwierig, denn Standplätze gab es ausreichend gute und auch genügend, so daß ein Nachziehen am Seil recht gut zu handhaben war. So wurde der treue und zugleich stumme Kamerad immer solide auf den Standplatz gelegt, das Seil darüber locker zurechtgerichet, und er durfte nach weiteren vierzig Metern wieder nachkommen.

Die Holzkeile und auch die Haken waren bereits sehr alt. An den Standplätzen hingen viele Abseilschlingen, die auf die bisherigen Rückzüge deuteten. Einerseits war damit aufgrund des vorhandenen Materials ein beruhigendes Gefühl zu verspüren, gleichzeitig gab dieses Zeichen aber auch Grund zur Besorgnis über den weiteren Weg. Denn die Hauptschwierigkeiten mußten also noch kommen. Und sie kamen auch.

Ergeben folgte der Gefährte Rucksack von Standplatz zu Standplatz. Der Fels wurde nun aber hinterhältig, gemein, brüchig und gelb, die Haken weniger, die Holzkeile schlechter. Eine überhängende splittrige Zone ließ sich mit einigen Tricks noch überwinden. Ein Standplatz mit sechs Abseilschlingen war darüber. An diesen Schlingen, die die alten von Rost zerfressenen Haken verbanden, konnte man die Jahre erahnen.

Wohl kletterte hier wirklich selten jemand. Jedesmal, wenn jemand hier heraufkam und nicht mehr weiterfand, so kam eine Abseilschlinge hinzu. Es war auch kein Wunder, daß hier viele Schlingen hingen. Denn der folgende Riß war nur noch brüchig, und die Schuppe, die sich oberhalb des Risses fortsetzte, klang erschreckend hohl, so daß sie als Hangelleiste ein nicht kalkulierbares Risiko bot.

Man könnte vielleicht der Annahme verfallen, das Soloklettern stelle deshalb eine Faszination dar, da die Selbstbestätigung im Überwinden der Gefahr größer ist. Das absolute Freiklettern ohne sichernden Kameraden, ohne das beruhigende Seil, im Wissen des totalen Ausgeliefertseins stellt einen Reiz dar, der das verarmte Innenleben des Herzens ersetzt. Das mag heute vielleicht bei vielen die Grundmotivation sein. Wohl zog mich in jugendlichen Jahren schon manche Tour einfach aus dem Grunde des Wissens und Wollens um ein Bestätigtsein in ihren Bann, doch wurde diese Art des Denkens unter der Gesamtheit und der Liebe zur Natur nebensächlich. Vielfach bewegte mich gerade die Art und Weise des heutigen Kletterns zum Alleingehen. Die Menschheit strebt in der Mehrzahl nach einem sehr niederen Ideal, das in der Selbstbestätigung, Verbesserung des persönlichen Könnens und im Erlangen von äußerer Anerkennung aufgrund von sehr fragwürdigen menschlichen Werten und Begriffen existiert. Das Bergsteigen um des eigenen Bestätigtseins willen ist sicherlich, wenn es die Hauptmotivation darstellt, die niedrigste Form des Kletterns. Eine ganz wesentlich aus dem persönlichen engen Leistungsdenken abgegrenzte und gehobene Form entsteht, wenn die Liebe zur Natur, zur Schöpfung und allem in ihr Enthaltenen die Hauptmotivation bildet. Eine weitere, noch höhere und gesteigerte Erlebensform entsteht durch das reife und reine Bewußtsein aus der Seele des Menschen, die unmittelbar Anteil nimmt an der Harmonie der Schöpfung. Ein Berg ist eine erhabene, vollkommene Gestalt, zeitlos, ästhetisch und somit schön. Eine Route, die in Harmonie und durch Logik auf diesem Berg gefunden wird, fügt sich in dieses gesamte Bild der Schöpfung hinein. So macht mir die Begehung der älteren Routen, gleich welcher Schwierigkeit sie sind, eine größere Freude, da sie mich mit einem ästhetischen und reinen Bewußtsein erfüllen.

Die Frage, ob es sinnvoll sei, weiterzuklettern oder umzukehren, stand nun an. Eigentlich wäre die Antwort bei Betrachtung der Schwierigkeit recht leicht gefallen; da kam der Gedanke in das Bewußtsein, daß es ja auch nicht immer gut ist, sogleich bei Betrachtung der Schwierigkeiten aufzugeben. Immerhin waren der Hammer und einige Haken dabei. Nach einigem Hin und Her fiel die Entscheidung für das Weitergehen. Denn dem optischen Eindruck nach mußten nur noch fünfzig Meter des steilen Wandteils bewältigt werden, dann versprach das Gelände geneigt und leicht zu werden. Mittlerweile aber regnete es, doch die darüberliegenden Überhänge hielten den Regen noch von dem Felsen fern.

Die gefährliche Schuppe ließ sich mit einem Seilquergang in einem Bogen umgehen. Ein weiterer Standplatz im brüchigen Fels ohne Standsicherung kam. Der Gefährte wurde wieder nachgeholt und auf dem kleinen Podest sorgfältig hingelegt, damit er über die nächste Länge wieder ordentlich ohne Schwierigkeit nachgezogen werden konnte. Diese Gedanken waren alle wohlüberlegt, aber das Wichtigste blieb im Eifer des Arbeitens unberücksichtigt. Denn wegen der Seilzugpassage mußte das Seil vom Klettergurt ausgehängt werden. Die nächste letzte Seillänge, die das Schlüsselstück bildete, bot alles an Unannehmlichkeiten, die sich ein Kletterer erträumen kann. Der Fels war naturgegeben naß, teils sandig und splittrig, hinterhältig und brüchig. Aber es ging trotz der großen Schwierigkeiten Meter für Meter aufwärts. Sogar ein ganz alter Haken fand sich wieder, der aber so schlecht war, daß er nichts brachte. Ein Felsköpflein hätte sich als Sicherung zum Abseilen angeboten. Aber noch ging der Weg nach oben weiter. Ein weiterer Überhang ließ sich überwinden, und schließlich lag die ganze Schlüsselzone der Wand hinter mir. Voller Freude über das bewältigte, schwierige Stück wollten die Hände nach dem Seil greifen und den Rucksack heraufholen. Welch ein Entsetzen! Das Seil war weg. Ein Blick nach unten bestätigte, daß der treue Kamerad nun unten allein verweilte.

Die dramatische Situation wurde mir gar nicht richtig bewußt. Denn mein Verstand dachte gar nicht daran, wieder zurückzuklettern, um den Kameraden zu holen. Der Autoschlüssel ist unten am Auto. Auf die Gipfelbrotzeit kann man ja verzichten. Schade ist es nur um den materiellen Wert des Seiles und des Rucksacks selbst. Diese Gedanken dachte sich eben der im Eifer des Gefechtes verwickelte Verstand, ohne sich auf weiterer Ebene über das Kommende eine sorgfältige Überlegung zurechtzuarbeiten. Denn das wirkliche Abenteuer sollte nun erst hier, achthundert Meter über dem Bivacco Brunetti, beginnen.

Jetzt durchzuckten auch Blitze den Nebel, der sich mittlerweile düster um den ganzen Berg kleidete und den Anschein erweckte, es werde Nacht. Eile wurde notwendig, um auf den Gipfel zu gelangen und den Abstieg auf die andere Seite zu begehen. Aber neuerdings stellten sich Schwierigkeiten in den Weg. Auf den größeren Absätzen und in den Schlunden der Kamine lag Eis und Schnee. Etwa nach weiteren zweihundertfünfzig Metern Kletterei in brüchigem Gestein befand sich ein schmaler Gipfel gleich einem Turm. Ein kleiner Eisenstift markierte den höchsten Punkt. Aber sonst fand sich keine Spur von menschlichen Begehungen. Wo ist der Abstieg? Nicht ein einziges Steinmännchen war vorhanden.

Die Sicht betrug insgesamt vielleicht zwanzig Meter. Immer wieder erscholl Donner inmitten des dichten Nebels. Ohne lange zu überlegen und zu zögern mußte der Abstieg begonnen werden. Aber wohin, nach Osten, nach Westen oder nach Norden? Schwarz, schluchtartig, düster und mit Eisschlunden durchwachsen zeigte sich die Westseite. Mein Gemüt war immer noch recht heiter, meine Vitalkraft auch lebendig, obwohl schon eine entsetzliche Furcht über die Ausweglosigkeit wie ein Gespenst hinter meinem Rücken einherschlich. Aus der Seele fand ich deshalb auch keine Ruhe und mochte nicht mehr so recht auf jene Stimme hören, die mich in solchen Situationen immer sicher aus dem Chaos leitete. Also nicht nach Westen, sondern nach Norden absteigen, sagte sich der denkende Verstand, und sogleich ging es mit schnellsten Kletterbewegungen hinab über die Felsen. Die Schwierigkeiten hielten sich in Grenzen. Im dichtesten Nebel aber konnte nur die Hoffnung auf einen baldigen Ausweg die Führung übernehmen. Nach etwa vierhundert Metern Kletterei im dritten bis fünften Schwierigkeitsgrad kamen so steile und tückische Abbrüche, die nicht mehr zu überwinden waren. An keiner Stelle ging es mehr voran. Jetzt erst wurde mir die Gefangenschaft auf diesem Berg richtig bewußt. Das Seil zum Abseilen lag in unerreichbarer Ferne in der Mitte der Südwand. Aber es mußte doch einen Abstieg geben. Warum riß einfach der Nebel nicht auf? Wenigstens für einen Augenblick, für wenige Sekunden. Aber nichts mochte ab diesem Zeitpunkt mehr gelingen. Während meines Rückweges zum Gipfel blitzte es heftig, die Erdströme schlugen mir einige Male heftig mit ihrer Elektrizität durch die Arme. Was hätte ein Abwarten noch bringen können? Das Gewitter tobte und der Graupel fiel wie der Zorn Gottes vom Himmel, um der ohnehin fatalen Situation ein weiteres Zeichen aufzudrücken. Innerhalb weniger Minuten war es tiefer Winter geworden. Die Kleidung, die sehr bescheiden bemessen war, triefte vor Nässe; der Wind hier auf der Höhe von dreitausend Metern zerrte an den ohnehin schon ausgefrorenen Knochen. Die Hände bluteten vom scharfen, spitzen Fels, der bedingungslos angepackt werden mußte. Jetzt riß für ganz wenige Minuten der Nebelschleier auf, und die verschneite Felsszenerie zeigte ihr schreckliches Gesicht. Ja, der Abstieg nach Norden endete in jähen, ungangbaren Schluchten. Nicht weit entfernt von meinem Gipfelturm ragten weitere, mächtig verschneite Gipfel mit steilen Wänden und Schluchten empor. Aber diese konnten infolge der tiefen dazwischenliegenden Abgründe nicht erreicht werden. Ist dies das Schicksal? Kein Ausweg war ersichtlich. Dieser Blick ließ jede Hoffnung in die Hoffnungslosigkeit und Resignation sinken. Der Nebel schloß sein unbarmherziges Tor und nahm die Augen seines Knechtes auf dem Berg wieder gefangen.

Wie sehr ersehnte sich mein deprimiertes Herz hier einen Ausweg hinunter ins rettende Tal. Wie schön wäre es, wenn ein Rettungshubschrauber kommen würde. Aber bei diesem dichten Wetter ohne Sicht könnte nicht einmal ein Hubschrauber fliegen. Ein Hilferuf müßte in den Wolken ersticken. Warum stellte sich nur alles mit auflehnender Gewalt der Naturmächte gegen mich? Mit diesem Bewußtsein der absoluten Ausweglosigkeit sank mein Körper in den Knien zusammen. Durch den Schnee war auch der gewagte Gedanke des Zurücksteigens zum Rucksack in die Südwand zerstört. Nun blieb nichts mehr, außer dem alleinigen Bewußtsein des hoffnungslosen Gefangenseins, das das einzige und wirklich reale Bewußtsein war.

Wie wenig kennen wir Menschen in unserer Geschäftigkeit, in unserem Eifer der Gefühle und des Erfolgsstrebens die wahre innere menschliche Existenz. Die Situation am Berg im Nebel, bei Gewitter und Schneetreiben ist ein wahrhaftiges Spiegelbild für die menschliche Seele im Leben. Durch das Solo-Bergsteigen, fernab von den Tumulten der bekannten Wege, ergeben sich manchmal Grenzsituationen mit hohen, außergewöhnlichen Beanspruchungen und Grenzerfahrungen. Hier ist niemand, der einem wirklich helfen könnte. Die Abhängigkeit von den Launen des Berges und des Wetters ist jeden Augenblick bis in die Glieder hinein spürbar. Das äußere Selbstbewußtsein verliert vollkommen seine sonst übliche Dominanz, und das Individuum ordnet sich dem höheren Willen unter. In den anspruchsvollsten Stunden am Berg, dann, wenn der Tod sein nahes Gesicht zeigt, öffnet sich das versiegelte innere Tor einer höheren Weisheit und Sicht im Leben. Jeder Mensch ist in seinem Leben, das ihm ja nur für begrenzte Zeitdauer gegeben ist, in Wirklichkeit allein. Er steht dem ganzen Dasein gegenüber in der Verantwortung und kann nicht wirklich entfliehen. Einmal muß er sterben, und damit verliert er alles, was er an materiellem Reichtum und ideellem Erfolg geschaffen hat. Zurück bleiben nur Erinnerungen und ein Grabstein. Das Alleinsein führt das Bewußtsein nahe an diese Wirklichkeit, erinnert an das Wahrhaftige im Leben und öffnet bei einem religiösen Menschen schließlich den Blick zu einem viel weiteren Umfassungsvermögen und zu einer ersten, beginnenden, höheren metaphysischen Schau. Das Alleinsein und das Bewußtsein dieser Realität, die insgeheim ein jeder Mensch in seiner Mitte trägt, ist in letzter Konsequenz, wie das Wort auch aussagt, ein Sein, ein Leben im Allsein und Einssein, eine Wirklichkeit und existierende Einheit.

Heute sind fast alle Menschen, ob sie Bergsteiger sind oder nicht, von einem solchen Wahrheitsbewußtsein sehr weit entfernt. Deshalb rennt man heute durch die Wände und stoppt mit der Zeituhr und entwickelt die ins Utopische gleitenden modernen Formen des Sportkletterns. Dieses moderne Klettern mag durchaus eine relativ große Nervenanforderung darstellen und eine daraus resultierende Reizbefriedigung und Selbstbestätigung geben, sie ist aber das Gegenteil einer harmonischen Beziehungsebene von Natur und Mensch. Der Mensch ist auf diesen Pfaden ein Eroberer der Natur, aber nicht mehr jener, der die Einheit und Verbindung in frommer Liebe und Hingabe sucht. Insgeheim trägt jede menschliche Seele dieses eine Ziel nach Verbindung und Einswerdung mit dem allumfassenden Ganzen in sich. Die Zeit mit den äußeren Bildern und Idealen ändert sich pausenlos. In diesem so schnell fließenden Zeitstrom verliert sich das Bewußtsein und der Mensch kennt seine innersten Wünsche und Bedürfnisse nach Einswerdung und einer lebendig frommen Naturempfindung nicht mehr.

Es gab hier auf dieser winterlichen Höhe ohne Seil und Kameraden, eingehüllt in dichte Wolken und Nebel, durchnäßt bis auf die Haut, keinen Ausweg. Jeder Gedanke eines weiteren Abstiegversuches wurde im Schmerz der Hoffnungslosigkeit der Situation erstickt. Prophezeit hatten mir ja die Bergsteiger schon vor zwanzig Jahren ein sicheres Ende. Mit erhobenem Zeigefinger warnten sie mich, den jungen Knaben von vierzehn Jahren, vor dem seilfreien und so gewagten Klettern. Sollten sich diese Prophezeiungen nun erfüllen? Wie viele Routen lagen nun auf den Wegen des Alleingehens zurück? Einige hundert sind es. Selten wurden sie von mir gezählt, denn mein Interesse und meine Identitätsgefühle lagen nicht an den Schwierigkeiten, Höhen oder Zeiten, sondern am reinen Erleben und der Hingabe an die Berge, die immer wie ein Vaterhaus für mich waren.

Jetzt saß der Tod im Nacken, obwohl noch ein großer Wille und eine kaum versiegende vitale Kraft durch meine Glieder pulste. Nein, niedersitzen und beim Schlottern in der Kälte auf das Nichts warten war sinnlos. Innerlich wußte mein Herz doch im Vertrauen um den Ausweg. Also mußte trotz des so erbarmungslosen Widerstandes des Wetters ein Weg gefunden werden. Die Stimme wies mich nach Westen, dort wo die Felsen am schwärzesten, steilsten und schrecklichsten waren. Mit einigen Sprüngen von Band zu Band und von Absatz zu Absatz gelang es, einen steilen Felsturm zu umgehen. Neuerdings ragten Türme auf. Das vereiste Gelände konnte nur mit besonderem Körpereinsatz und sehr viel Druck und Stützen bewältigt werden. Eigenartigerweise ging es nun immer höher hinauf. Dies erweckte eine ernste wiederkehrende Hoffnung. Durch einen zerklüfteten Kamin ließ sich wieder ein Turm nehmen. Wo führt diese Kletterei in kaum begehbarem Gelände nur hin? Nach etwa zweihundertfünfzig Metern sah mein Auge erstmals einen Steinmann. Hier war ein Gipfel, diesmal wohl ein richtiger Gipfel. Eine Madonna ohne Kopf stand in einer Nische, daneben ein Gipfelbüchlein. Es machte mir ernste Schwierigkeiten, es mit den kalten Fingern aus der Kassette zu nehmen. Die Namen waren italienisch. Aber es mußte dieser Gipfel doch der Antelao sein. Mit dem weiteren Forschen über einen möglichen Abstieg zerbrach mein Herz fast vor dankbarer Freude. Hier war unter dem Schnee eine rote Markierung, die den Steig hinunterwies. Bedächtig auf die Farbbezeichnungen achtend, doch schnellstens, ja, laufenden Schrittes glitten meine Beine über den vereisten Klettersteig hinab, weiter und weiter hinunter vom höchsten Punkt.

Schließlich tauchte im Nebel eine rote Biwakschachtel auf. Das war schon fast zu viel an Geschenk und Entgegenkommen in dieser so harten und fordernden Situation am Berg. Im Inneren der Blechtonne fand sich etwas weißer Kristallzucker, den mein ausgelaugter Körper begierig aus der Tüte zu sich nahm. Gerade zog noch einmal ein Gewitter auf, so daß es wiederholt laut zischte und krachte, als die Blitze über den Blitzableiter weggelenkt wurden. Als das Gewitter mit den furchterregenden Donnergeräuschen wieder zur Ruhe fand, entschied ich mich für den weiteren Abstieg hinunter Richtung Tal. Während dieses langen Weges kamen noch zwei weitere Gewitter, die mir aber nichts Gefährliches mehr antun konnten. Der Regen fiel in gewaltigen Güssen vom Himmel. Die Kleider konnten aber nicht mehr nässer werden. Nach dem langen Abstiegsweg kam eine bewirtschaftete Hütte. Der Weg zurück nach Borca di Cadore, dem Ausgangspunkt, dauerte noch weitere drei Stunden. Das Auto stand dort einsam und verlassen am letzten Parkplatz. Als es schon dunkel geworden war, kroch der dankbare Knecht in neue, trockene Kleider und legte sich mit allen zur Verfügung stehenden Decken in den hergerichteten Schlafraum des Autos. Der verlorene Kamerad Rucksack blieb einsam auf den verschneiten Höhen zurück.

Flucht oder Sinnerfüllung

Eine Erzählung über eine Alleinbegehung der Comici-Führe in der Civetta-Nordwestwand

Zuhause angekommen, nach einer glücklichen und gut überstandenen Bergfahrt, fragte mich einmal ein anthroposophischer Akademiker, was denn meine Motivation zum Bergsteigen sei. Er meinte, daß mein Alter ja doch nicht mehr das Jüngste sei und die Bergsteigerei mehr eine Sache der Jugend sein sollte. Ältere Personen sollten sich nicht mehr dem steilen Wettkampfprinzip in den Kletterwänden aussetzen, denn sie hätten eine andere und höhere soziale Verantwortung für das Leben zu leisten. Zudem sei es ein Risikoabenteuer, das mehr der sinnlichen Welt zugehörig sei. Als spiritueller Lehrer erschiene ihm meine Person unglaubwürdig, wenn sie immer noch das Erlebnis in der Senkrechten aufsuche. Hier schienen ihm meine privaten Lebensverhältnisse mit der Bergsteigerei zu leidenschaftlich und unstimmig und unangebracht zu sein mit dem, was in Vorträgen und Veröffentlichungen auf dem Gebiet des Yoga und der Spiritualität erschienen ist.

»Nun ja,« entgegnete ich ihm etwas verunsichert über die überraschenden Fragen und Bedenken, die so ganz an meine berufliche und persönliche Situation anknüpften. Mir war geradewegs das Bergsteigen eine dringliche, zum Arbeitstag ergänzende Notwendigkeit geworden, die mir sehr wichtig erschien. So eröffnete die Frage jedoch einen interessanten Dialog.

»Wissen Sie, in einer gewissen Weise schäme ich mich für dieses Bergvagabundenleben, aber auf der anderen Seite ist das Klettern für mich so etwas ähnliches wie ein Bekenntnis.«

»Was meinen Sie mit dem Bekenntnis?«, fragte der neugierige Akademiker.

»In der Jugend,« so meine Antwort, »mochte sich mein doch recht empfindsames Gemüt ganz und gar nicht den Leistungsmaßstäben und materiellen Gedankensystemen, die in unserer Kultur zwingend sind, anpassen. Mit Hilfe von neuen Ideen und neuartigen Zielen über die

Welt der Berge ließ sich doch so manche anstrengende Wirtschaftsstunde und so mancher anstrengende Chemieunterricht etwas leichter hinnehmen, und so manche Tage waren angenehmer in den Bergen als in der Schulbank. Heute ist das wieder ganz ähnlich geworden, denn heute ist es ebenfalls wieder die Hingabe zu einer ganz anderen Idee.«

»Was ist denn diese ganz andersartige Zielsetzung?«, fragte der Anthroposoph ganz verständnislos. »Ist es so etwas wie eine Suche nach einem alternativen Lebensideal?«

Etwas ironisch kam meine Antwort: »Nein, eine Alternative zum herkömmlichen Leben ist das Bergsteigen und Klettern für mich nicht, es ist auch nicht der befriedigende Ersatz für unerfüllte Wünsche oder eine Kompensation zu Langeweile. Mein Weg erfolgt in die Berge und Wände um ihrer Geistigkeit willen, und es lebt eine Art Sinnenfreude im Erleben der Elementarwesen am Berge in mir auf. Die Sinnenfreude ist nicht ein ekstatisches Glücksgefühl oder ein romantisches Sentimentalerleben, vielmehr ist es die sensitive Berührung der verschiedenen Formen, Kanten, Griffe, das Empfinden der Rißformationen und ihre einladenden Möglichkeiten der harmonischen Kletterbarkeit, schließlich das Gesicht der Wände und ihre einzigartigen Linien im Ausdruck, die ruhig und ohne Absicht auf eine Begegnung warten. Das Klettern ist nur der äußere Anlaß zu einer tieferen, inneren Kommunikation.«

»Aber ich verstehe es noch nicht, wie Sie ein Bekenntnis in den Bergen ablegen. Normalerweise bekennt man sich doch vor dem Altar zu Gott, man geht in die Kirche und bekennt sich zu Christus«, fragte forschend der Anthroposoph weiter.

»Ein Bekenntnis, das in der Regel in den Kirchen ausgesprochen wird, erscheint mir fast durchwegs als ein Bekenntnis zu einem materiellen oder ideologisierten Christus. Man will sich dort nur mit Christus bereichern. Zu einem wirklichen Bekenntnis wird alles Kirchentum nichts beitragen können. Das Bergsteigen ist dagegen für mich nicht eine Bereicherung im materiellen oder ideologischen Sinne, sondern es bedeutet für mich eine Art Heraustreten aus allen Gewohnheiten und zu gewissen Graden auch ein Heraussteigen aus allen Sicherheiten. Die Berge lieben eine Unabhängigkeit und Freiheit und versinnbildlichen diese in ihrem einzigartigen Schweigen. Sie belohnen den Menschen, der sich nicht mit ihnen in äußeren Wertgefühlen und Wertmaßstäben bereichern möchte. Mein Weg in die Berge ist ein Weg der Einsamkeit und ein bewußtes Zurücklassen von all jenen Lasten, die sich doch den Tag über als Übermacht im Gedächtnis ansammeln.«

Der Anthroposoph wurde immer neugieriger. »Wie sieht das aus? Dann ist ja das Bergsteigen eine reine Angelegenheit des ekstatischen Wagemuts, ein Spielen und Probieren um die Grenzen, so wie die Kinder die Grenzen gegenüber den Erwachsenen ausloten.«

»Nein, das sei damit nicht gesagt, hier verstehen Sie das Gefühl, das mit dem Erleben des Felsens verbunden ist, noch nicht. Ein Bekenntnis, wie ich es hier etwas illustriert meine, ist nicht eine Art Glaube oder Fürwahrhalten, wie das im gewöhnlichen Sinne gemeint ist. Ein Bekenntnis ist für mich mit einer beginnenden und tiefer auftauchenden Erinnerung verbunden. Ganz besonders in abgeschiedenen Kletterwegen und Höhenregionen wird für mich eine Erinnerung greifbar über das, was der Stein, der Kalk, der Felsen in seinem Wesensgrund ist. Eine Erinnerung ist wie ein tiefes Hineinsteigen in verborgene, unbekannte Bewußtseinsregionen. Durch diese Sehnsucht an die Erinnerung des Felsens und seinen Wesensurgrund entsteht beim Klettern eine Nähe zu der Materie und eine feine Sinnesfreude, die gleich einer empfindenden Innerlichkeit ist. Das Bekenntnis ist nicht über die Lippen ausdrückbar, sondern es ist ein tieferes, erinnerndes Gewahrsein. Der Berg wird wie ein ehemaliger Verwandter und Vertrauter erlebt.«

»Kann das ein normal Sterblicher, so jemand wie ich es bin denn auch erleben?«, fragte der Anthroposoph auf rührende Weise. »Sie erleben und empfinden die Welt ja ganz anders als unsereins.«

»Das wäre normalerweise gar nicht so schwer nachempfindbar, jedoch ist zu bedenken, daß man beim Bergsteigen tausendfachen äußeren Einflüssen ausgesetzt ist. Wenn Angst oder Leistungsdruck bestehen, kann das innere Empfinden nicht so leicht zur Entwicklung gelangen. Eine große Ablenkung zu der tieferen Erfahrung über die Bergnatur entsteht heute durch die Popularität des Bergsteigertrends und der einseitigen Zielsetzung. Wer den modernen Kletterszenen heute zuschaut, kann meist nur abwehrende Gefühle in der Seele gegenüber dieser Disziplin empfinden. Für das innere, tiefere Wahrnehmen der Bergnatur benötigt der Bergsteiger durchaus ein Vorbild, an dem er den Unterschied zu einem leistungsorientierten oder oberflächlichen Klettern sieht. Die Bewegungen drücken die Unterschiede aus. Sie sind bei mir beispielsweise zu der Materie ausgerichtet, während sie bei anderen fast immer von der Materie hinweggerichtet sind. Wenn diese unterschiedliche Dynamik und Ästhetik gesehen wird, gewinnt man eine ganz neue Perspektive. Man kann auf diese Weise das Bergsteigen zu einer Art Hinneigung zur Natur entwickeln.«

»Aber wie war es bei ihrer Bergtour?«, kam der Anthroposoph wieder auf die Frage zurück. So erzählte ich die Geschichte von den vergangenen Tagen in den Bergen:

»Mein Körper war erschöpft von vielen Gesprächen und Tagungen und von den beständigen Verfolgungen von seiten der katholischen Kirche. Im Bergsteigen konnte ich leichter den Ausgleich finden, wenn die mentale Kraft sehr erschöpft war.«

»Und was haben Sie dann gemacht?«

Dieses Erzählen rief die eindrucksvollen Tage wieder ganz gegenwärtig in die Erinnerung: »Auf der Tissi-Hütte, die auf einer Anhöhe direkt gegenüber der großartigen Nordwestwandflucht liegt, suchte mein ermüdeter Körper Ruhe und Einkehr. Die nette, junge Wirtsbesetzung machte einen sehr zuvorkommenden Eindruck, und die Hilfen auf der Hütte, lauter junge Mädchen und Burschen, gefielen mir. Sie strahlten eine Gastfreundschaft und Unaufdringlichkeit aus. Denn nicht nur die Schönheit der reinen Bergnatur, sondern auch die Schönheit der Menschheit ist jene Quelle für mich, die eine Freude vermittelt, die in jeder Hinsicht erbauend und somit auf den Körper stärkend wirkt. Die wenigsten Menschen fühlen heute eine natürliche Schönheit und ihre erbauende, hoffnungsvolle Wirkung, die das Herz öffnen kann und in auszehrenden Tagen manche Schwäche wieder aufzurichten vermag.«

»Entschuldigen Sie bitte«, sagte ich noch einmal zu dem Anthroposophen, der sich nun immer mehr für die Bergsteigerei interessierte und schon den Eindruck machte, daß er, obwohl älteren Jahrgangs, bald einen Kletterkurs besuchen wird, »die Arbeit von mir ist weitaus mehr Alleingang als jeder Alleingang im Gebirge. Das, was der geistige Weg an Anforderungen und Lasten bringt, ist nicht vergleichbar mit irgendeiner anderen Disziplin. Der Alleingang im Gebirge ist wirkliche Erholung. Durch die Umstände an manchen Tagen wird der Berg als ein reiner Bürger dieser Schöpfung zu jenem Geliebten, der gerne einmal in seiner Abgeschiedenheit aufgesucht wird. Der Weg auf den Berg ist schon manches mal ein Weg um des gesunden Regenerierens willen gewesen.«

»Aber wie war denn das Klettern in diesem Zustand der Erschöpfung?«, fragte der Anthroposoph ganz neugierig weiter.

»Am nächsten Morgen, nach einem angenehmen Frühstück auf der Tissi-Hütte, tröpfelte es, und die Civetta-Wand, das Ziel, war im oberen Teil mit einer dicken Haube verhüllt. Meine Kräfte schienen sich schon zu sammeln. Vielleicht war diese Einhüllung gut, denn so konnte mein Auge den frisch heruntergefallenen Schnee, der die Gipfelzone in der Nacht berieselt hatte, nicht sehen. So verblieb ein Gefühl der Sicherheit über das Vorhaben. Die Comici-Führe, das Ziel für den bevorstehenden Tag, ist eine der ältesten Routen durch die Wand. Die Linienführung ist relativ kompliziert, mit Quergängen und einer Unzahl von abwechslungsreichen Passagen wie Platten, Kamine, Traversen, Überhänge, Schluchten, einmal rot-gelber, einmal grauer, einmal schwarzer Fels. Die Schwierigkeit dieser klassischen Route war gerade im richtigen Maße, denn sie war noch gut kalkulierbar und doch stellte die Gesamtheit der Linie eine gewisse Herausforderung dar. Eine Klettertour sollte nicht zu leicht sein, sondern die Phantasie und Geschicklichkeit in einem anspruchsvollen Maße fordern. Das war gerade in diesen Bereichen des fünften und sechsten Schwierigkeitsgrades, in der sich die Comici-Route bewegt, gegeben. Das morgendliche Tröpfeln ließ auf dem Weg hinunter zum Wandfuß nach, und so glitten meine Bewegungen schon leichteren Gemütes die ersten Passagen hinauf zu einer Querung. Überall hingen die Abseilschlingen von Rückzügen. Der Fels war manchmal etwas sandig, teilweise unsicher, aber dennoch mit vielen Griffen und Leisten versehen. Die Führerbeschreibung ließ manche Bedenken aufkommen, denn sie konnte sich mit dem vorliegenden Riß-

und Kaminsystem nicht ganz in Übereinstimmung bringen lassen. Erst als die erste Schlüsselstelle herannahte, ein Grotten-Überhang mit Haken, schien der Weg mit der Originallinie zusammenzustimmen. Nach der Überwindung dieses Überhangs folgten sehr viele steile und anhaltend schwierige Passagen. Das Eigentümliche der Kletterei war durch das Stehen am Felsen geprägt, das sich nie so ganz zufriedenstellend ergab. Immerfort war ein Hauch des Abdrängenden oder ein Gefühl spürbar, daß die Tritte doch in der Folge etwas besser angeordnet sein könnten. Aber aus den früheren Begehungen der benachbarten Routen in dieser Wand blieb mir noch die Erinnerung an die Eigentümlichkeit der Trittfolgen. Die Civetta-Nordwestwand-Routen mögen ihre Besucher scheinbar auf die Wendigkeit der Schritte prüfen und ihn innerhalb der Seillängen viele langanhaltende und ungemütliche Trittfolgen abverlangen. Wenn der linke Fuß höher hinauf sollte, ist der Tritt rechts, und wenn der Körper in den Kamin hochstemmt, so befinden sich die besseren Leisten an der Rückwand.

Meine körperliche Kondition wurde aber zunehmend besser. Der Rhythmus der Bewegungen in einem Auf und Nieder brachte manche Unsicherheiten der Psyche zum Verschwinden. Dieses Gefühl der Sicherheit war sehr wichtig, denn die Schwierigkeiten nahmen in den oberen Wandschluchten mehr zu als ab. Der Fels war jetzt oftmals naß und sehr glatt. Scheinbar kamen mehrere Möglichkeiten des Weges in Frage und wohl war es der falsche Einriß, der von mir zur weiteren Benützung gewählt wurde. Es steckten plötzlich keine Haken mehr und keine Ausquermöglichkeit in einen Seitenriß war ersichtlich. Zudem fing es an zu schneien.

Hier aber mußte die klassische Phillip-Flamm-Führe in die gleiche Schlucht einmünden und so hätten sich wohl mehrere Begehungsspuren zeigen müssen. Erst nachdem die schwarzen, sehr steilen Risse zurücklagen, steckten wieder Haken. Bald kam eine gelb-rötliche Höhle mit Lehmauflagen. Hier war der Fels deutlich besser abgegriffen und wies auf die bisherigen Begehungen hin. Die Phillip-Flamm-Route war in den letzten Jahrzehnten sehr häufig begangen, während die Comici-Führe äußerst selten wiederholt wird. Nach der Beschreibung biegt die Comici-Route schon bald wieder nach rechts ab und möchte die Gipfelwand möglichst in der direkten Linie des Wassertropfens nehmen.

An den Bändern und Standplätzen lag bereits der erste Schnee. Noch trennten mich etwa zweihundert Meter vom Gipfel. Nicht die technischen Schwierigkeiten der Wand, die sich nun in Grenzen hielten, brachten die letzte Aufregung, sondern die Verhältnisse von Nässe und Neuschneeauflagen, die so manche flachere Passage in eine beachtliche Komplikation verwandelten. Platten wurden zu den Schlüsselstellen. Tief und dicht umkleidete der Nebel den Gipfelstock. Leise fielen die Flocken aus der Haube und blieben zunehmend auf dem Gestein liegen. Einmal kam ein Standplatz, an dem mehrere Karabiner hingen und zwei Seile ineinander verknotet nach unten baumelten. Hier mußte wohl einmal eine Rettung stattgefunden haben.

Es war aber trotz des Schneefalls ein Gefühl der Sicherheit, daß diese Tausend-Meter-Wand mich auch wieder glücklich entlassen wird. Der Weg war wohl nun nicht mehr mit der Beschreibung identisch, sondern nach den Möglichkeiten, wie sich die Wand öffnete, vorgegeben. Am Gipfel lagen zu meinem Erstaunen bereits zwanzig Zentimeter Neuschnee. Der Abstieg war ebenfalls durch die Winde von der Ostseite mit einer unangenehmen Eisschicht glasiert. Staunen und Dankbarkeit überkamen mich über diese Verhältnisse, die mir nun am gesicherten Klettersteig keine Barriere mehr geben konnten. In der Wand wäre aber diese Eisglasur zu einem unausweichlichen Verhängnis geworden.

Diese Route war motiviert durch die auszehrenden Tage der Arbeit. Sie war fast ein letzter Traum, der auf meinen vielen hunderten Alleingängen noch zur Verwirklichung ausstand. Viermal war ich früher schon im Alleingang auf anderen Routen durch die Wand geklettert. Die Comici-Führe war eine sozusagen letzte Lücke. Wohl liegt es in vielen Bergsteigerherzen tief und unbewußt begründet, daß sie sich ein kleines Stückchen Freiheit und eigene Liebhaberei am Berge suchen. Es waren meine Gegner, die mich in die Berge zum Klettern gehen ließen, denn in der Religion der Welt war mir und meinem Wort kein Platz eingeräumt. Dort, in den Tälern, war ich mehr ein Alleingänger als im Gebirge. Es waren aber auch meine Gegner, die mich immer mehr in den Geist erhoben.«

Rotwand

Ezio Polo, Piz Serauta
Der Piz Serauta in der Marmolata mit der auffälligen sich von rechts nach links neigenden Wandverschneidung, die den logischen Weg der Aufstiegsroute vorgibt.

Die Berührung am Felsen verbirgt ein inneres seelisches Element.

Erkenntnisgrundlagen zur Bhagavad Gita
Der östliche Pfad des Yoga und der westliche Pfad der Nachfolge Christi
3-935925-62-X

Erziehung und Selbsterziehung
Die Seele als schöpferisches Geheimnis der werdenden Persönlichkeit
3-935925-66-2

Erklärung, Prophylaxe, Therapie der Krebskrankheit aus ganzheitlicher medizinischer und spiritueller Sicht
3-935925-67-0

Initiatorische Schulung in Arco, Band V
Die Seelsorge für die Toten
3-935925-68-9

Initiatorische Schulung in Arco, Band IV
Der Hüter der Schwelle und der Lebensauftrag
3-935925-69-7

Initiatorische Schulung in Arco, Band III
Ein neuer Yogawille für ein integratives Bewusstsein in Geist und Welt
3-935925-70-0

Initiatorische Schulung in Arco, Band II
Übungen zur Erkenntnisbildung der höheren Welten
3-935925-71-9

Initiatorische Schulung in Arco, Band I
Die Herzmittelstellung und die Standposition im Leben
3-935925-72-7

Verborgene Konstellationen der Seele
Wie wirken das Ich, der Engel, Erzengel und Archai im Werden der Seele?
3-935925-73-5

Der Archai und der Weg in die Berge
Eine spirituell-praktische Anleitung in der Ergründung der Wesensnatur des Berges
3-935925-65-4

Cass. Die Wirkungen von Karma aus seelisch-geistiger Sicht
3-935925-75-1

Die Orientierung und Zielsetzung des »Yoga aus der Reinheit der Seele«
Eine exoterische Arbeitsgrundlage
3-935925-77-8

Die geistige Bedeutung des Schlafes
3-935925-78-6

Cass. Die Philosophie des Yoga und die verschiedenen Arten der christlichen Einweihung und der Einweihung der Bhagavad Gita
3-935925-79-4

Cass. Die Zunahme von Ängsten und ihre Heilung – Selbsterziehung und unterstützende Maßnahmen bei Ängsten
3-935925-81-6

Kosmos und Mensch – Ein Weg der Selbsterkenntnis und Selbstheilung durch das Studium des Yoga, der Anatomie und Physiologie des Körpers
3-935925-63-8

Cass. Die Bedeutung von Gebeten und spirituellen Übungen auf die jenseitige Welt des Totenreiches
3-935925-83-2

Über die Einheit von Körper, Seele und Geist
Vorträge vom Frühjahr und Sommer 1997
3-935925-84-0

Geistige Individuation innerhalb der Polaritäten von Gut und Böse
Das Bewußtsein an der Schwelle zur geistigen Welt
3-935925-85-9

Die Wirksamkeit des Heiligen Geistes in Sakrament und Wort – Ein ökumenischer Beitrag
3-935925-87-5

Lebensgang und Lebensauftrag für Religion und Kirche – Eine autobiographische Skizze
3-935925-88-3

Die Kirche und ihr geistiger Weltenzusammenhang
3-935925-89-1

Die Angst als eine jenseitige Krankheit
Praktische und spirituelle Grundlagen zur Überwindung von Depressionen und Ängsten
3-935925-91-3

Die Heilkraft der Seele und das Wesen des selbstlosen Dienens
3-935925-92-1

Die Vergeistigung des Leibes
Ein künstlerisch-spiritueller Weg mit Yoga
3-935925-93-X

Die sieben Lebensjahrsiebte, die sieben Energiezentren und die Geburt aus Geist und Wasser
3-935925-94-8

Die Offenbarung nach Johannes
Vorträge über das geheimnisvolle Dokument
3-935925-95-6

Yoga und Christentum
Grundlagen zu einer christlich-geistigen Meditations- und Übungsweise
3-935925-96-4

Lieder in Hingabe an Gott
3-935925-97-2

Das Hohelied der Asanas – Fortgeschrittene Asanas – ihre geistige Bedeutung und praktische Ausführung
3-935925-98-0

Ernährung und die gebende Kraft des Menschen
Die geistige Bedeutung der Nahrungsmittel
3-935925-99-9

Elberg, Karl, Swami Sivananda
Von einem, der auszog, das Glück zu verschenken
3-935925-76-X

Elberg, Karl, Vom Wesen des Berges
Bergberichte und philosophische Betrachtungen von und über Heinz Grill
3-935925-80-8